마음의 빛으로

제3차 여성 불자 108인의 불교와 나의 삶

마음의 빛으로

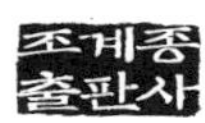

발간사

불교여성개발원은 불교의 여성 인재를 발굴하고 전문 인력 연결망을 구축하여, 여성 불자의 위상을 높이고 부처님의 가르침으로 세상을 변화시키는 구심점을 만들고자 2003년 이래 격년으로 여성 불자 108인을 선정하여 3차에 이르렀습니다. 그에 맞춰 108인에 선정된 여성 불자의 불교와 삶에 관한 이야기를 엮어서 『불교와 나의 삶』, 『불교와 나의 삶 – 두 번째 이야기』를 발간한 바 있습니다. 이 책은 〈여성 불자 108인의 불교와 나의 삶〉에 관한 세 번째 수필집으로 각 분야에서 보살행을 실천하고 있는 우바이들의 이야기입니다.

세상살이가 갈수록 어렵다고들 합니다. 부처님께서는 일찍이 삶이 괴로움이라 설하셨으니 새삼스러울 것도 없겠습니다. 그러나 부처님은 고(苦)가 괴로움으로 끝나지 않고 괴로움도 또한 성스러운 진리가 됨을 일깨워 주셨습니다. 거룩한 네 가지 진리 가운데 첫 번째는 바로 고성제(苦聖諦), 즉 괴로움의 성스러운 진리입니다. 괴로움의 실체를 바로 알 때 그 괴로움으로부터 벗어나는 멸성제에 이르게 되는 것입니다. 그러므로 우리는 괴로움을 외면하고 피할 것이 아니라 적극적으로 받아들이고 극복함으로써, 그 안에서 진리를 발견하게 되고 인생의 참맛을 알아가게 됩니다.

이 책『마음의 빛으로』에서는 불교에 대해서 많이 알면 많이 아는 대로 조금 알면 조금 아는 대로 부처님의 가르침에 따라 살아가고자 발원하고 신행하는 진실한 여성 불자들을 만나게 됩니다. 부처님의 가르침이 과거와 현재를 이어 미래로 이어지는 역사의 현장에서 여성 불자의 숨결이 언제나 함께해 왔으며 앞으로도 그러할 것임을 알게 됩니다.

이 책에서 펼쳐지는 여성 불자들의 불교와 삶에 관한 이야기는 진솔하고 꾸밈이 없어 우리 모두의 본성인 부처님의 마음을 엿보게 해 줍니다. 또한 우리 모두에게 바로 그 마음의 빛으로 자신을 가꾸고 세상을 비추어야 함을 깨닫게 해 줍니다. 마음의 빛은 성공 속에서 자신을 겸손하게 하고 역경 속에서도 당당하게 합니다. 우리가 스스로 그 빛을 등지지만 않는다면 언제나 찬란하게 빛나고 있음을 알게 합니다.

이 책이, 힘들고 어려운 이들에게 격려와 희망이 되길 바라며 여성 불자들이 '마음의 빛'으로 자신 안의 내면을 밝게 비추고, 그 밝은 빛으로 세상을 비추는 데 불씨가 되길 바랍니다. 그리하여 스스로 자신을 평화롭게 하고 가족과 이웃 곁에 한걸음 더 다가가는 데 힘이 되었으면 합니다.

　바쁘신 가운데 원고를 써 주신 제3차 여성 불자 108인 여러분과 훌륭한 작품을 표지로 쓸 수 있도록 보시해 주신 방혜자 화백님, 이 책이 나오기까지 실무를 지원해 주신 '여성 불자 108인회' 강보향 부회장님, 편집기획을 해 주신 형난옥 님께 진심으로 감사드립니다.

불교여성개발원 원장 이 은 영 　합장

격려사

만물이 역동하고 신록의 새로움이 마음 곳곳에 넘치는 싱그러운 계절입니다. 부처님이 이 땅에 나투심에 우리는 생사윤회의 어두움을 벗어나서 무한한 자유의 삶을 꿈꾸고 만들어 가는 보살의 길을 걸을 수 있게 되었고, 부처님이 오신 깊은 의미를 대중과 함께 나누고 보태는 역할을 행하게 되었습니다. 그러하기에 여기에 모인 우리는 모두 부처의 길을 걷고 있는 도반입니다.

제3차 여성 불자 108인이 불교와의 인연을 담은 글 모둠『마음의 빛으로』는, 부처님께서 걸으신 전법의 길을 지금 각자의 위치에서 되돌아보고, 깨달은 바를 소탈하게 적어 나누고자 하는 발원이 담겨 있습니다. 일상생활에서 느끼는 부처님의 가르침은 그 어느 법문보다 생생하며 감동적입니다. 가장 작은 곳에서 느끼는 가르침이야말로 실천과 동행하는 넉넉한 마음을 전해 줄 수 있을 것입니다. 여기에 담긴 글의 무게도 가볍게만 볼 수 없는 것은, 나날의 바쁜 일상 속에서 새삼 자신과 불교와의 인연을 짧은 글로 정리해 내기가 쉽지 않을 뿐만 아니라, 글에 담긴 진실성은 그 무엇보다도 빛나는 것임을 모두가 알기 때문입니다.

오늘날을 살아가는 여성의 의식이 하루가 다르게 바뀌고, 사회도 이에 따라 여성의 변화된 역할과 책임을 요구하고 있으며, 불교계도 그 흐름에 동참하고 있습니다. 이에 그동안 불교여성개발원에서는 불교 여성 지도자를 발굴하고 조직하는 '여성 불자 108인' 선정 사업을 지속적으로 펼쳐 왔습니다. 수필집 『마음의 빛으로』는 이러한 과정의 결과물이며, 노력의 산물입니다. 이 책 곳곳에서 수동적이며 순응적인 자세에서 벗어나 능동적이며 역동적인 삶을 살아가는 여성을 만날 수 있는 것이 무엇보다도 기쁩니다.

바쁘신 가운데에도 직접 원고를 써 주신 제3차 여성 불자 108인 여러분과 기획과 실무를 맡아 주신 불교여성개발원 원장님을 비롯한 실무자 여러분, 삼보에 대한 깊은 신심으로 가정과 사회와 교단의 발전을 위해 묵묵히 노력하신 모든 여성 불자들에게 거듭 깊은 존경의 박수를 보냅니다.

이 책의 발간을 계기로 여성 불자들이 더욱 당당하게 서로를 격려하고, 힘찬 화합의 손을 맞잡고 상구보리 하화중생의 보살도를 실천하는 데 함께 나아가기를 부처님 전에 기원합니다.

성불하십시오.

대한불교조계종 포교원장, 불교여성개발원 이사장 혜 총

선정사

　한동안 한국불교는 "치마불교"라고 불리어 왔다. 부처님을 믿고 절에 다니는 사람들이 대부분 할머니, 어머니들뿐이었으므로 불교를 깎아내리려고 "치마불교"라고 폄하한 것이다. 이 지칭 속에는 다분히 '기도를 통해서 복이나 구하는' 무식한 종교라는 나쁜 뜻도 포함되어 있다.

　그러나 한국불교 1600여 년의 역사 가운데 600여 년에 이르는 조선왕조시대의 배불숭유 정책 밑에서 만일 "치마불교"가 없었다면 그나마 한국불교는 명맥이 끊겨 이 땅에서 사라지고 말았을지도 모른다. 남아로 이 땅에 태어나서 입신출세하려면 한사코 불교를 멀리하지 않으면 안 되고 싫든 좋든 유교를 숭상치 않으면 안 되던 시대에, 우리 할머니, 어머니마저 절에 가는 발길을 돌려버렸다면, 한국불교는 그야말로 이사지경을 면치 못했으리라. 불교가 이 땅에서 짓밟히고 천대받던 기나긴 6백여 년 악몽의 세월동안, 그래도 한국불교의 숨통을 살려 준 것은 우리네 할머니, 어머니의 지극한 불심이었고, 백 리도 넘는 첩첩산중을 오르내리시던 우리네 할머니, 어머니의 지극정성이었다. 다시 말해 한국불교의 명맥을 지키고, 한국불교의 숨결을 이어온 것은 바로 "치마불교" 덕분이었음에 틀림없다.

그리고 서양종교를 광신하는 일부 얼빠진 족속이 불교를 기복종교, 다시 말해 기도나 불공을 통해 복이나 얻으려는 잘못된 종교라고 헐뜯고 있지만, 이 세상에 존재하는 종교 가운데 기도를 통해 복을 구하지 않는 종교가 과연 어디 있는가? 가톨릭이건, 개신교건, 회교건, 유대교건, 힌두교건, 어느 종교든 기도를 통해 건강과 안녕을 기원하고 행복한 인생을 누리고자 하는 염원이 없는 종교는 단 하나도 없다. 다시 말해 '기복'은 모든 종교의 기본이다. 따라서 기도와 불공을 통해 본인과 가족과 이웃의 건강과 안녕, 행복한 삶을 얻고자 하는 것은 너무나 당연한 것이며 조금도 부끄러운 일이 아니요, "내 자식, 내 손자 잘되게 해 주십사." 하고 빌고 빌었던 우리네 할머니, 어머니의 신앙행위가 잘못된 것이 결코 아니다. 본래 신앙심은 나와 자식과 남편과 손자의 건강과 안녕을 갈구하는 데서부터 출발하는 것이 당연한 것이요, 이는 동서고금을 막론하고 모든 종교의 출발점이다.

그렇다면 우리가 신봉하는 불교는 과연 나와 가족의 안녕과 건강과 행복만을 추구하라고 가르치는 종교인가? 한마디로 대답하자면 '그렇지 않다.' 불교의 교조이신 석가모니 부처님은 "자리이타(自利利他), 나도 좋고 너도 좋은 삶"을 살아야 한다고 가르치셨다. '나와 가족과 이웃, 더 나아가 모든 생명이 더불어 고통에서 벗어나 즐겁게 살아가는 세상', 바로 그것이 불교의 지향점이라 할 수 있다. 탐·진·치 세 가지 독이 인생을 불행하게 만드는 원인임을 깨달아, 만족할 줄 알고 가진 것을 나누면서 살아가는 지혜와 자비를 실천함으로써 우리 인생을 행복하게 가꾸라는 것이 바로 불교의 가르침이다.

불교여성개발원이 그동안 3차에 걸쳐 '여성 불자 108인'을 선정·발표하고 그분들의 신행활동을 널리 선양하는 이 일에는, 바로 불교의 이러한 가르침을 더욱 확산시켜 이 땅에 극락세계를 구현하자는 크고 거룩한 뜻이 담겨 있다. 옛날 옛적 우리네 할머니, 어머니는 비록 '내 자식, 내 손자 잘되기'를 비는 데서 신심을 키워 왔지만, 우리가 나와 가족만을 위해서 신심을 키운다면 그것은 바로 중생심에서 한 치도 벗어나지 못한 기복행위에 머물 수밖에 없다. 하지만 나와 이웃과 사회, 나아가 이 나라, 이 민족, 세계 인류, 그리고 이 세상 모든 중생의 평안과 행복을 위해 지혜를 터득하고, 자비를 실천한다면 바로 그것이 참다운 보살의 길이라 할 것이다.

불교여성개발원이 여성 불자 108인을 선정하는 데도 바로 이러한 '보살도의 실천'이 지표가 되었다. 불교를 신행하면서 배우고 터득한 지혜를 이웃과 사회를 위해 나누고, 베풀고, 이끌어 가는 살아 있는 여성불자들이 이 나라 방방곡곡, 온갖 분야에서 눈부신 보살행을 펼치고 있으니, 한국불교가 1600여 년 만에 드디어 '내 가정의 기복'에서 벗어나 이웃과 사회를 위해 팔을 걷어붙이고 땀 흘려 실천하는 살아 있는 불교로 거듭나고 있다.

이제 우리 여성 불자들은 집안에서 살림만 하고 내 자식, 내 손자 잘되기만을 바라던 기복적 치마불교가 아니라, 부처님의 지혜와 자비를 이웃에게 전하고 나와 네가 더불어 행복한 세상을 가꾸기 위해 땀 흘리는 전문분야의 살아 있는 보살들이다. 정계에 진출한 여성 불자, 관계에서 두각을 나타내는 여성 불자, 그리고 의약계에서, 교육계에서, 재계에서, 예술계에서, 사회단체에서, 언론·출판계에서 갈수록 두각을 나타내는 자랑스러운 여성 불자들이 불교신행을 통해 얻은 부처님의 지혜와 자비를 실천함으로써, 이 세상 구석구석에 새로운 불교의 활력을 불어넣고 있다.

여성 불자 108인. 1차, 2차, 3차, 그리고 앞으로 4차, 5차, 6차……. 이렇게 계속 이어져 선정될 이들이 바로 한국불교의 내일을 기약하는 희망이다. 기복을 넘어 지혜와 자비의 실천으로.

제3차 여성 불자 108인 선정위원 윤 청 광

차 례

그 자리에서 오랜 빛 · 99

회향을 기다리는 불사

세세생생 부처님 말씀을 전하고파

김 석

불교와 나의 인연은 유교와 불교의 전통을 따르는 집안 분위기에서 어린 시절 어머니를 따라 절에 다니던 것이 그대로 이어진 자연스러운 것이었다. 1960년대 종로에서 작은 가게를 할 때에 근처에 태고사라는 절이 있었는데, 그것이 지금의 조계사이다. 태고종을 내리고 조계종으로, 또 조계사로 바뀌는 과정을 그대로 다 지켜보았다. 조계사는 그 당시 신도가 많지 않았고, 조계사로 바뀌는 과정에서 분쟁도 많았다. 지방 사찰의 주지 스님들이 모여서 정화(淨化) 조직을 만들었고, 이때부터 조계사 신도들도 조직이 만들어지기 시작하였다.

1969년 나는 조계사에서 윤고암 스님께 오계(五戒)를 수계하였고, 오고

불명은 무애월(無碍月). 1929년생. 조계사 신도. 육해공군법사단후원회 활동, 조계사 신도회 조직부장, 사현사 신도회장을 지냄. 조계사후원회 창립 2주년 기념 감사패(1974년), 육해공군법사단 발전후원 공로패(1985년) 등 수상.

산 스님이 주지로 오셨을 때, 이미 고인(故人)이 된 도반(道伴)이지만, 선심화·발심화·수선행 등과 함께 조계사후원회 조직에 동참하고 신도회 활동을 시작하였다. 1970년대 초부터 대한불교조계종 전국신도회·조계사신도회 등에서 조직부장, 섭외부장, 감찰부장 등의 소임을 맡아 나름대로 열심히 활동했으며, 불교교양대학과 수련회 등을 다니며 부처님의 가르침을 배우고 포교위원과 지도자 자격을 얻었다. 조계사에서 신도회 활동을 하면서 덕 높으신 스님들의 좋은 법문을 많이 들었고, 도반들과 신심(信心)을 나누며 군부대, 교도소 등을 다니며 포교 활동을 하였다.

그러던 중 어느 날 꿈에 『금강경(金剛經)』을 길에 깔릴 정도로 많은 사람들에게 전파하라는 부처님의 계시를 받았다. 그동안 여러 신행 활동을 하였지만 가장 기억에 남는 것이 바로 『금강경』 법보시(法布施)이다. 처음에는 자비(自費)를 들여서 하다가 후에는 신도들에게 권선(勸善)을 하여 주로 신병 훈련소를 비롯한 군부대와 청년회 단체에 그리고 미국, 일본, 호주로 여행하는 신도들을 통해 교포들에게 보내었다.

절에 가면 늘 기도를 하였다. 집안 문중(門中)의 큰일을 앞두고 있을 때, 아이들이 대학을 갈 때, 사위 진급까지……. 스님도 복을 받고 싶으면 기도를 잘해야 한다고 하셨다. 조계사를 다니면서 정기적으로 여러 스님의 법문을 듣던 중, 영암 큰스님께서 십악(十惡) 참회 기도가 제일이라고 하신 말씀을 듣고부터는, 부처님께 복을 달라고 애를 쓰고 기도하여도 복을 누가 주는 것이 아니라는 생각이 들면서 열심히 참회 기도를 한다.

『금강경』의 사구게(四句偈) 중에 "상(相)을 내지 말라."는 가르침이 있는데, 살면서 나를 많이 내세우고 살았다는 생각이 든다. 부처님 말씀 중에 "자기 자신을 잘 알고 자기 자신을 이기는 사람이 되라." 하셨는데 나는 아직도 절에 가면 복을 달라고 기도하고, 자식들이 걱정을 하는데도 여전히 일주일에 한번, 금요일마다 대전에서 올라와 조계사 부처님을 뵙는다. 옆에서 살뜰하게 살펴 주지 못했지만 잘 살아 주는 자식들에게 고맙고, 늘 마음으로 후원해 주던 먼저 가신 선부(先夫) 법향 처사께도 참으로 감사하다.

불교 일을 나름대로 한다고 하였지만 108인으로 선정이 되고 보니 더 열심히 하지 못한 것이 부끄럽기도 하고, 한편으로는 불교여성개발원이 있어서 마음이 참 든든하다. 원장님 이하 모든 직원분들께 감사드린다. 앞으로 남은 생(生)이 얼마나 될지는 모르겠지만, 나의 원(願)은 내세까지 세세생생(世世生生)토록 부처님 말씀을 전법(傳法)하며 살고자 하는 것이다.

마음 깊은 곳에서 음성공양

김 혜 연

　내게 불교와의 인연은 참 각별하다. 외가도, 친가도, 결혼한 시댁도 불교집안이니 말이다. 외할머니는 독실한 불자셨고, 특히 내가 어릴 때부터 친할아버지는 한참 걸어서 가야 하는 남산에 있는 절에 아흔이 넘어서까지 다니셨다. 그런 집안 분위기에 젖어서였는지 내게 불교는 자연스럽게 다가왔다. 어린 시절 엄마와 외할머니 손잡고 따라간 절에서 공양으로 먹었던 나물은 어찌나 맛있던지……. 좀 더 커서 다른 종교를 믿는 친구의 권유로 그곳 종교행사에도 갔지만 별로 마음에 와 닿지 않았다. 그 후에도 어머니를 따라 절에 가곤 했으니 누가 물으면 당연히 종교는 불교였다.

　더구나 스님은 내 인생의 상담가이다. 가수로 데뷔할 즈음 상담도 해 주시고, 조언도 많이 해 주셨고, 결혼 전 남편이 될 사람과 찾아가 인사드

쌍림사 신도. 인천전문대 체육학과 졸업. 가수로 활동하고 있으며 대한불자가수협회 회원임.

리니 부부의 인연도 맺어 주셨다. 그뿐 아니라 우리 세 아이 이름도 손수 지어 주셨다. 신인 시절에는 당신이 차고 계신 염주를 주시며 격려도 아끼지 않으셨다. 또 미래가 막막하던 그 시절 찾아뵌 어느 사찰 스님께서는 앞으로 용의 머리가 되라고 그림도 선물로 주셔서 방에 걸어 두었는데, 그러고나서 일이 잘 풀렸던 것 같다. 현재 내 주위에서 일을 도와주고 있는 분도 불자가 많다. 어느 날 장미화 선배가 종교가 뭐냐고 묻기에 '불자'라고 하니, 무척 반가워하고 좋아하던 기억이 난다. 그런 인연으로 지금 여기까지 온 것 같다.

힘들거나 어려운 일이 있으면 마음속으로 부처님을 찾고, 공연차 지방에 가면 가끔 사찰에 들르기도 하는데 그럴 때면 마음이 참 편안하다. 산사음악회 출연요청이 들어오면 불자가수로서 음성공양을 올린다는 마음으로 맨 우선순위로 일정을 잡는다. 그중 함안 마애사와 경주 불국사에서 열렸던 산사음악회는 잊을 수가 없다. 그밖에도 수없이 많아 일일이 다 기억이 나지 않지만 부처님 가르침을 따르는 같은 불자라서 그런지 호응도 훨씬 좋고 연세 드신 분들도 좋아하신다. 그래서 애호가 층이 두터워지는 것 같아 뿌듯하다.

예전에는 본업이 가수이다 보니 당연하게 노래를 불렀었는데, 얼마 전부터는 내 노래를 듣는 어르신들이 생각보다 더 좋아하시는 것을 피부로 느끼며, 더불어 나 역시 큰 기쁨이라는 것을 깨닫는다. 요즘 자주 함께하지는 못하지만, 불자가수협회 회원으로서 불자 가수들끼리 법회도 하고 일

일찻집을 열어 불우이웃돕기 활동도 하고 있다.

평소 긍정적인 마음을 가지려 노력하고 악바리 근성으로 나름 굉장히 열심히 산다고 생각하지만, 살아가면서 자신과의 싸움에서 이기는 게 가장 중요하고 어려운 일 같다. 이럴 때 부처님의 가르침은 자연스럽게 내 마음 속에 있기에 다른 길을 가려 하면 나를 바로잡아 길잡이가 되어 준다. 나를 잡아 주고 지탱해 주는 힘이라고나 할까. 가수로 바쁘게 활동하다 보니, 특별히 시간을 내서 신행생활을 한다기보다 기회 있을 때마다, 지쳐서 쉬고 싶을 때 절을 찾아다니며 108배를 하거나 그냥 법당에 가만히 앉아서 마음을 쉰다.

좋아하는 데 이유가 없듯이 나 역시 그냥 절이 좋고, 스님이 좋고, 절 공양이 맛있어서 좋고, 모든 게 친근하다. 이렇듯 부처님 가르침은 내 몸에 자연스럽게 배어 있는 것 같다. 남편도 불자인 덕분에 요즈음은 같이 절을 찾아 기왓장에 소원을 적어 넣기도 하고 친정·시댁 양가를 함께 챙겨서 연등도 달아 드리고 있다.

부처님 말씀을 따라 그대로 실천하며 살아가기는 어렵지만 살아 있는 한 나는 불자이고 그 길로 가고 싶다. 내 마음에 새겨진 대로 좋은 일도 많이 하면서 살고 싶다. 이제는 아이들도 태어나 자라나기에 내 스스로 물어서 부끄럽지 않게 살아야겠다는 생각이 든다. 또한 가수로서 힘닿는 대로 음성공양도 올릴 것이다. 장미화 선배가 내게 다가온 것처럼 같은 불자 후배들도 챙기고, 다른 이들에게도 자연스럽게 불교를 전해 주고 싶다.

인연복에 감사하며

배 영 자

불교와 나의 삶은 할머니와 어머니께서 부처님 전에 발원해서 얻은 자식이었다고 하셨으니 전생부터의 인연인가 싶다. 특별한 경우가 아닌 이상 젊을 때는 종교 생활에 그다지 열심일 수 없듯이, 나 역시 초파일이나 동짓날 같은 행사 때나 사찰을 찾는 정도였다.

1983년 친정아버님께서 돌아가시고 49재를 지내면서 경전도 챙겨 보고 기도하는 계기가 되어 불자라는 각오와 긍지를 가지게 되었다. 그즈음 경전 공부를 하고 바른 신앙생활도 하겠다는 마음으로 탄허불교문화재단 부설 보문회를 찾게 되어 진정한 신행생활이 시작되었다.

그곳에서 보문회를 구성하고 운영해 오고 있는 박명혜 회장(현재 자행

불명은 여시행. 1944년생. 승가사 신도. 중앙대 음악학과 졸업. 부산 동주여상 음악 교사, 서울 교육청 주관 중등학교 파견 상담원, 탄허불교문화재단 부설 보문회 총무 지냄. 지금은 (사)자행회 이사, 한국ShadowBox연구회 부회장으로 있음.

회 이사장)을 만나 열성적이고 당당하게 회원들을 위해 봉사하고 헌신하는 모습을 보면서, 참된 보살의 길을 가고 있음을 부러워하게 되었고 나도 그렇게 열심히 보살의 길을 가야겠다고 다짐했다. 사찰 순례를 갈 때도 빈틈없이 챙겨 오는 모든 것들에서부터 크고 작은 것들을 이루 다 말할 수조차 없다. 전국 곳곳에 순례를 따라 다니면서 보문회의 이름으로 해 왔던 불사들을 보면서 박 회장의 불사 화주 능력과 추진력에 감탄할 뿐이었다.

덩달아 크고 작은 불사에 행복한 마음으로 동참하며 따라온 길이 불교여성개발원에까지 인연이 닿았고 과분하게도 '여성 불자 108인'이라는 이름을 얻고 보니, 박 대도심 보살은 내 신앙생활의 이정표인 것 같다. 배려에 보답하지 못했지만, 여기서 감사의 마음을 전하고 싶다.

나는 부처님으로부터 인연복을 많이 받았다고 생각하며 살아간다. 나와 인연된 대부분의 사람이 불자이기도 하고, 타종교인이라도 뜻과 마음이 맞고 성실하게 생활하는 사람들이며, 불자로서 성실한 신행생활을 하는 가족과 사돈 인연까지 맺게 되었다. 사회생활로 이어진 모든 주위 사람이 큰 어려움 없이 편안하게 살아가니, 내가 행복한 만큼 내 주변 사람이 행복하고 편안한 것이 나를 더 행복하게 해 준다는 것을 깨닫고 감사하면서 살아간다. 이 소중한 인연들은 부처님께서 내려 주신 가피임을 확신하며 내 인생의 가장 값진 재산임을 자부한다.

이제 내 마지막 순간까지의 기도는 '이 소중한 인연 재산을 위해 병고액란(病苦厄亂)·천재지변(天災地變)·마장장애(魔障障碍)·삼재팔란(三災八

難)·관재구설(官災口舌)을 면하게 하시고, 가는 곳마다 좋은 인연 만나고, 뜻하는 바 소원 성취하고, 편안한 가운데 감사하고, 이웃을 보살펴 줄 수 있는 여유를 갖도록 해 주십사.' 하고 기도하는 것이다. 그렇게 나의 기도는 그 좋은 인연들께 회향할 것이다.

'부처님, 인연복 주심에 감사하며, 재물보다 더 소중한 선연이 다음 생의 복전으로 이어지고 선업(善業)으로 남게 하여 주십시오. 나무마하반야바라밀.'

불사는 꽃향기로 터져 오르고

백 명 숙

기축년 새 달력을 벌써 석 장째 넘기려 한다. 추운 겨울이 언제 지날까 걱정도 잠시, 매화가 마당 한가득 향내를 피우더니 어느새 시샘하듯이 저마다 꽃망울을 터뜨린다. 개나리, 진달래, 자목련, 벚꽃, 라일락 등.

그러고 보니 절 도량을 밟은 지 스무 해! 40대 초반 우연한 기회에 남보다 늦게 인연 되어 선배 도반들의 뒤를 이어 많은 경전을 언제 공부할까 욕심이 앞서던 초발심을 생각하니 계절로 보면 초봄이었나 보다. 늦게 시작했지만 남이 하는 것은 다 해봐야 하는 직성 때문에 3,000배면 3,000배, 큰스님 법회면 법회 어느 것도 빠뜨리지 않고 여러 종파의 법당도 기웃거리며 다니다가, 범어사에서 벽파 스님을 만나면서 원찰로서 구심점을

불명은 대일심. 1946년생. 동서대 식품영양학과 졸업. 범어사 금강암 신도회 회장, 부산 및 전국불교합창단연합회 회장 지냄. 지금은 언양종로학원 이사장, 한일불교문화교류협의회 여성부 회장, 부산파라미타청소년협회 회장으로 있음.

잡았다.

　사회에 살다보면 처음부터 마음대로 다 되는 것이 없기에 나에게 주어진 환경 속에서 남의 충고에도 귀 기울이면서 은사 스님의 말씀처럼 '역지사지'하며 살려고 노력한다. 처음 부처님께 –강요되지도 않은 약속이었지만– '저에게 여건이 주어진다면 불사를 열심히 하겠습니다.' 하는, 스스로의 굴레를 만들었지만 후회를 한 적은 없다. 내 형편껏 하면 되니까.

　처음 범어사 산내 금강암에서 신도회장을 할 때 신도들의 요청으로 합창단을 창단하여 부산불교합창단연합회의 초대·2대 회장으로서 32개 회원 합창단이 격년 윤번제로 부산불교합창제를 5회까지 해냈다. 합창제에 동참하지 않는 합창단은 매년 연등 축제 때 부산역에서 2,000여 명에게 무차만발공양을 3회에 걸쳐 시행했다. 더불어 부산불교연합합창단을 구성하여 2001년 이태리 리바 델 가르다 시에서 열리는 국제합창제에 참석하여 은상을 받았고, 2002년 제2회 부산국제합창올림픽에서 여성합창 종목으로 은메달을 땄다.

　그즈음 종교음악 종목에 불교음악이 포함되지 않은 것을 당시 독일의 귄터 티치 국제합창올림픽 총재에게 이의 제기와 함께 건의하여, 다음 독일에서 열린 2004년 제3회 브레멘국제합창올림픽 때는 종교음악 종목에 당당히 불교음악이 들게 되었다. 그리하여 100년이 훨씬 넘는 전통을 가진 성당에서 서양인들의 귀에 동양 종교의 신비로운 음악을 선보이며 은메달을 따냈다. 지금도 성당의 돔 천정에 울려 퍼진 우리 찬불가의 음향은 소름이 끼치고 심장이 터질 만큼 벅찬 환희이고, 무대에서 내려올 때 서양인에게 우리의 불교음악을 알렸다는 보람으로 더 바랄 것이 없어 서로 부둥켜안고 눈시울을 붉혔던 것이 어제 일 같다. 그때 열심히 도와준 각 합창단 단장님과 단원들에게 고맙다는 인사를 거듭 드리고 싶다.

2002년 삼보불교음악협회에서 전국합창단연합회를 구성했으면 좋겠다는 제의로 서울·경기·충북·충남·강원·부산·광주지역 합창단연합회 지역회장단회의가 열려 내가 초대 회장에 선출되었다. 지역 회장이 모두 여성이어서 전국을 다 관리하는 것이 무리일 듯하여 더 큰 발전을 위해 종단 차원에서 종단협의회의 큰스님들이 관리해주기를 바랐다. 그래서 종단협의회 문화국장이신 법현 스님과 협의하고 사무총장 홍파 스님의 자문을 받아, 종단협의회 총회 때 지역연합회 회장들과 다 함께 참석해서 건의하여 소속 단체로 인정받게 되었다.

그러다가 내게도 고충이 생겨 잠시 불사는 그만하고 다른 분이 맡아주었으면 싶었는데 뒤이어 받아주는 사람이 없다보니 전통이 없어져서 아쉽기만 했다.

그러던 중에 한일불교문화교류협의회에서 연락이 왔다. 말 그대로 한국과 일본의 대표적인 큰스님들의 문화 교류가 있었는데 학문적으로만 하다 보니 실제적인 교류가 미흡하여 여성들이 한일 간 문화 교류에 나서면 어떻겠느냐는 것이었다. 불사란 것이 여러 사람이 더불어 하다 보니 생각도 제각각이라 힘든 점이 많아 사양을 했지만 내 인연이었는지 또 다시 시작하게 되었다. 한일 여성 대표들이 그동안 전통음식, 다도, 전통의복, 염색 등 여러 가지를 4차에 걸쳐 한국과 일본을 오가면서 전수하고 체험했다.

한일불교문화교류협의회 여성부 주최로 연등축제 때 2년째 2,500여 명에게 사찰음식 비빔밥을 무차만발 공양을 했더니 금년에는 부산구덕운동장에서 부산지역 복지관 노인들에게 5,000명분의 국밥을 제공해 달라는 요청에 따라 계획하고 준비중이다. 내 본업은 입시학원 운영이다. 물론 기숙사 시설이 있어서 한꺼번에 많은 양의 식사 제공이 용이하다. 하지만 그 과정이 단시간 내에 시행되어야 하고 소홀하지 않아야 하기에 신경이 많이 쓰인다.

학원은 청소년을 대상으로 하고 있다. 그러다 보니 자연히 불교 청소년에게 관심이 기울어 부산파라미타청소년협회의 협회장도 맡게 되었다. 오늘날 우리 청소년들에게 핵가족 사회에서 서로 양보·화합·협조하는 정신을 가르치기 위해 매년 전국청소년합창대회를 개최하였다. 종교를 초월하여 청소년 단체면 누구든지 참가할 수 있는 장을 만들었더니 작년에는 본선에 6개 팀이 참가하여 저마다 기량을 발휘했다. 성장이 한창일 때 우리 청소년들에게 이성적이고 정서적으로 가랑비에 옷 젖듯이 진정한 불교와 부처님의 지혜를 가르쳐주고 싶다.

나는 생각한다. '곧 내 불사는 조용히 회향할 것이다. 뒤이어 더 나은 불사를 할 수 있도록 기회를 주자.'고. 2009년 따뜻한 봄날 볕 속에 오늘따라 라일락 향이 창틈으로 스며든다.

물이끼의 노래

손 수 자

　세상 모두가 인연에서 비롯된다면 『축서사』의 원고 청탁도 어떤 연이 닿았음이 분명하다. 몇 해 전 누군가에 의해 내 손에 들어온 계간 『축서사』의 첫 장을 펼쳤을 때였다.

　"나는 축서사 동쪽 계곡에 사는 물이끼입니다."로 시작되는 글귀와 초록물이끼 사진 한 장이 내 가슴에 콕 박혀 자꾸만 생각이 지워지지 않는 것이다. 때맞추어 원고 청탁도 있어 나는 그 첫 글귀로 자판을 두드려 동화 「축서사 물이끼」가 태어났다.

　허명자조(虛明自照)하여 불로심력(不勞心力)이라.

불명은 연화심. 1953년생. 범어사 신도. 부산교대 교육대학원 국어교육과 졸업. 부산 내산초등학교, 동련동화구연회 선임연구원으로 있음. 해강아동문학상, 한국불교아동문학상 등 수상. 작품집으로 『하늘이네 교실 이야기』 외 10권.

　　허허로이 밝아 스스로 비추나니
　　애써 마음 쓸 일 아니로다.

마음은 거울에 비유할 수 있다. 거울에 묻은 때를 없애고 먼지를 깨끗이 닦으면 거울 앞에 있는 크고 작은 모든 물체가 비친다. 우리 마음도 고요해져서 맑고 밝아지면 모든 사물은 스스로 환히 비칠 수 있고 볼 수 있다. 그러므로 마음은 억지로 애쓰지 않아도 저절로 보고, 저절로 알고, 저절로 비출 수 있다.

내가 물이끼가 되어 무여 큰스님의 신심명(信心銘)을 동화로 전하고 싶었다. 한번도 축서사에 가 본 적은 없지만 어쩌면 전생에 나는 축서사 물이끼였는지도 모르겠다. 축서사 동쪽 계곡에 있는 물이끼가 되어 나는 상상의 나래를 펼쳤다.

아무도 관심을 가져 주지 않는 축서사 동쪽 계곡, 물이끼가 있는 곳에 설봉이라는 한 소년이 나타난다. 그 소년은 생김새와 달리 무척 고민이 많아 보인다. 안타까워 마음만 동동거리던 물이끼는 어느 날 그 계곡에 찾아드신 노스님이 소년과 나누는 대화를 엿듣게 된다. 소년은 생활이 어려워 아버지가 집을 나가자 자신을 축서사에 맡기고 떠나 버린 어머니를 원망하며 중이 되기 싫다고 외친다.

"스님, 저는 아무도 믿을 수가 없어요. 세상에서 단 하나뿐인 아버지와 엄마까지 날 버린 걸요."

노스님께서 설봉에게 말씀하신다.

"네 마음은 지금 흙탕물과 같단다. 마음이란 말이다, 거울에 비유할 수 있어. 거울에 묻은 때나 먼지를 없애고 깨끗이 닦으면 크고 작은 모든 물체를 비추게 되듯이, 우리 마음도 고요해지고 맑고 밝아지면 모든 사물을 환히 볼 수 있단다."

노스님은 눈부시게 푸른 하늘을 잠시 올려다보고는 말을 이었다.

"억지로 믿으려고도 하려고도 하지 마라, 저절로 보고, 저절로 알고, 저절로 느낄 수 있을 때까지."

설봉은 고개를 푹 숙이고 있었다. 결국 스님의 말씀을 듣고 축서사 계곡에서 여러 생각을 정리한 설봉은 어둠에서 밝음으로 나아가는 희망의 마음을 갖게 된다. 물이끼가 합장한 채 저절로 보고 느끼도록 설봉을 기다리는 것으로 글은 맺는다. 물이끼의 눈에 비친 마지막 장면은 이렇다.

난 그때 느꼈어. 어쩜 이 비가 그치고 나면, 설봉이의 머리는 노스님처럼 반질반질 윤이 나 있을지도 몰라. 난 여기서 그런 풍경을 여럿 보았거든.
"억지로 믿으려고도 하려고도 하지 마라. 저절로 보고, 저절로 알고, 저절로 느낄 수 있을 때까지."
콸콸 흐르는 물소리에 섞여 노스님의 음성이 들리는 듯했어. 조금씩 빗줄기가 약해질 때, 설봉이가 맑은 얼굴을 하고 내려가는 뒷모습을 보았지. 난 두 손을 합장한 채 한참을 그렇게 있었어. 설봉이가 훤한 그의 얼굴처럼 환한 마음을 다시 찾을 때까지 가슴 앞에 모은 이 두 손을 풀지 않은 채로 기다리기로 했어.

　　나는 축서사 동쪽 계곡에 사는 푸른 물이끼란다. 겨울에도 늘 푸
　　른 물이끼 말이야.

　나는 선생이고 작가이며 불자이다. 그러기에 늘 마음이 깨어 있기를
소원한다. 하지만 뜻대로 되지 않는 경우가 더 많다.

　교실은 인생의 축소판과 같다. 잘사는 아이, 가난한 아이,　엄마 아빠
와 행복하게 사는 아이, 엄마가 집을 나가 버리거나 아빠가 없어 불행한
아이, 할머니가 맡아서 기르는 아이, …….

　그늘을 지닌 아이들은 상처를 쉽게 드러내지는 않지만 유심히 보면 바
람직하지 못한 행동들로 자신을 보상 받으려고 한다. 남의 물건을 훔치기
도 하고 사소한 일로 싸움을 걸기도 한다. 지각을 하거나 고집을 부리기도
하여 교실 분위기를 흩뜨려 놓는다. 그런 아이들 속에서의 가르침이란 무
척 힘이 든다. 한순간이라도 마음의 거울을 닦지 않으면 곧 흙탕물처럼 흐
려지고 만다.

　저마다 환경이 다른 아이들은 서로 애를 먹이기도 하고 싸우기도 하면
서 나름대로 그들만의 창문으로 세상을 보고, 듣고, 느끼며 성장하고 있
다. 돌이켜 보면 나는 착한 아이만 예뻐하고 미운 아이는 내쳤다. “뛰지 마
라.”, “싸우지 마라.”, “조용히 해라.”, “공부해라.” 등 어쩜 긍정적인 이야
기보다 부정적인 말을 더 많이 썼다. 좀 더 아이들을 이해하고 사랑으로
대하며 다가갈 수 있도록 늘 두 손 모으지만 마음과 달리 거울 속엔 먼지
가 금방 앉았다.

‘내일은 잘 하리라, 더 사랑하리라, 더 좋은 말만 해주리라.’ 하고 다짐하건만 아이들의 못난 행동만 보면 선생님이란 미명으로 화를 내고 미움을 만들어 아이들의 마음까지 찌르곤 했다.

내 마음 닦는 일이 이렇게 어려워 소년 설봉이를 앞세워 가장 먼저 나 자신에게 깨우쳐 주고 싶었는지도 모른다. 마음의 거울을 반짝반짝 닦아 윤이 나도록 하고 싶지만 부족한 중생은 마음뿐이다. 부처님 앞에 서면 늘 배고프고 모자라다.

새해에는 억지로 애쓰지 않아도 저절로 보고, 저절로 알며, 저절로 비출 수 있도록 늘 자신의 마음을 닦는 그런 나날이 되었으면 한다. 그래서 우리 모두가 주인공이 되어 맑은 소리로 맑은 나라를 만들었으면 좋겠다.

부처님의 가르침과 함께하는 삶

이 봉 순

   올해도 대자연은 어김이 없이 산수유·매화로부터 개나리·진달래 등 온갖 봄꽃을 찬란하게 피워 무진장 법문을 해 주고 있는데, 눈물겹도록 곱게 핀 봄꽃들을 바라보면서 세월의 흐름을 뼈저리게 절감함은 그만큼 나이를 많이 먹었다는 증거인 것 같습니다.

   지나간 세월은 누구에게나 다 빠르게 느껴지지만, 저에게 있어서 지난 세월은 유난히 더 정신없이 지나간 것 같습니다. 대학을 졸업하고 20년 만에 주부로서 뒤늦게 동국대학교 대학원 불교학과에 입학하여 불교 공부를 시작했고, 학위를 받고 나서 서울불교대학원대학교를 설립하는 일에 동참하여 지금에 이르다 보니 정말 시간이 어떻게 지나갔는지도 모를 지경입니다.

불명은 묘자재. 1949년생. 안성 도피안사 신도. 경북대 사범대학 영어교육과 졸업, 동국대 대학원 불교학과 박사. 부산진여중 교사, 동국대 강사 지냄. 지금은 서울불교대학원대학교 불교학과 교수, 교학처장으로 있음.

남매가 어려서 밖으로 무엇을 배우러 나가기 어려울 때 집에서 노스승을 모시고 붓글씨를 배우게 되었는데, 『반야심경』을 쓰면서 그 내용을 선생님께 여쭈었더니 그 깊은 뜻은 절에 가서 배우라 하셨습니다. 수소문 끝에 불광사에서 불교 기초 교리 교육을 받게 되었습니다. 교육 기간 내내 행복한 마음으로 지각 한 번 하지 않고 참으로 열심히 강의를 들었습니다. 그토록 궁금했던 『반야심경』을 배웠을 때의 그 기쁨이란 실로 말로써는 표현하기 어려울 정도였습니다.

교육이 끝나던 날 우리들 햇병아리 불자들은 먼저 입문한 법우들의 축하 속에서 환희와 기쁨에 들떠 불광사 옆 찻집을 웃음으로 가득 채웠습니다. 각자 자신을 다시 한 번 돌아보고, 부처님의 가르침에 따라 살아갈 것을 다짐하며 한없는 감사를 드렸던 그때 일을 생각하면 지금도 가슴이 벅차오릅니다.

그 후 중급 교리 교육까지 받았지만 부처님의 가르침에 대한 갈증은 점점 더해만 갔고, 결국 1991년 가을 학기에 동국대학교 대학원 불교학과에 입학하여 다시 학생 생활을 시작하게 되었습니다. 두 아이를 기르며 살림만 하던 주부가 다시 학교에 가서 원하는 공부를 할 수 있다는 것은 정신적으로는 분명 대단한 행복감을 느끼게 해 주었지만, 육체적으로는 엄청난 부담이 되는 일이기도 했습니다. 남편의 봉급으로 아이 둘과 함께 셋이 공부하다 보니 집안일을 남에게 맡길 수 있는 처지가 못 되어, 공부도 살림도 혼자 감당하며 때로는 몸이 몹시 힘들 때도 있었습니다.

딸애가 고3이었을 때는 일 년 동안 꼬박 기사 노릇하면서 불교 공부를 계속했고, 엄마가 도와주어야 하는 과제라도 있을라치면 저의 공부나 일은 뒷전으로 밀릴 수밖에 없었습니다. 사람들은 왜 사서 고생하느냐고들 했고, 어떤 사람은 "그 돈으로 아이들 과외나 시키지 그 나이에 무슨 공부냐?", "애들 대학 입시 다 끝난 다음에나 할 것이지 너무 이기적이지 않느냐?"고도 하였습니다. 하지만 저는 공부하라는 잔소리 대신 그저 엄마가 열심히 공부하는 모습을 보여 주는 것만으로 그 모든 것을 대신하기로 하였습니다. 다행히 애들도 충실하게 공부하여 각자 원하던 대학·학과에 진학하고, 엄마를 공부에 전념할 수 있도록 해 준 덕분에 마침내 1998년 8월 늦은 나이에 박사 학위를 받게 되었습니다.

그 후 잠시 동국대학교에서 불교 관련 과목을 강의하다 부처님의 가피로 학교를 설립하는 일에 동참하여 2002년 9월에 드디어 서울불교대학원대학교를 개교하였습니다. 대학 설립을 준비하면서 여러 가지 어려움도 많았고 개교한 후 지금까지 학교를 운영하면서 더 큰 어려움도 있었지만, 많은 학생에게 부처님의 가르침을 전할 수 있다는 것에 한없이 감사드리며 항상 '부처님 감사합니다.'를 외치며 살았습니다.

우리는 자신의 의지와 상관없이 인연 따라 이 세상에 왔지만, 스스로의 인생을 어떻게 사느냐는 전적으로 자기의 의지와 노력에 달렸다고 생각합니다. 삶의 방향을 결정할 때 무엇을 그 기준으로 삼는가에 따라 인생은 사뭇 달라진다고 생각합니다.

그런 면에서 우리 불자들은 참으로 복 받은 사람들이라고 생각합니다. 부처님께서는 부처님의 가르침을 따라 사는 사람들에게 때와 장소를 가리지 않고, 남녀노소·빈부귀천을 가리지 않고 항상 자비로운 광명을 무한하게 부어 주고 계시기 때문입니다. 우리는 단지 그 빛에 감응하기만 하면 행복하게 살 수 있다고 생각합니다. 살아지는 대로 아무렇게나 살지 않고 부처님의 가르침을 따라 보살의 길을 간다면, 궁극에는 반드시 바로 여기 이 자리에서 극락의 삶을 누릴 수 있을 것이기 때문입니다. 감사합니다. 마하반야바라밀.

모든 생에 부처님 주변

이 영 호

    불교와의 인연은 열심히 절에 다니시는 어머니와 할머니의 집안 환경에서 자연스럽게 맺어졌다. 어린 시절 학교에서 돌아올 때면 "잘한다, 잘한다." 손뼉을 치며 반기시던 할머니가 돌아가신 것은 내가 중학교 2학년 때이다. 사는 것이 무엇이고 죽는 것이 무엇인지에 대한 철학적 고민은 이때부터 시작되었다. 책을 봐도 잘 모르겠고, 누구에게 물어봐도 대답도 잘 안 해 주고, 또 설명을 들어도 잘 알 수 없는 답답한 시절이었다.

    자칫 방황할 수 있는 사춘기 시절을 부처님 품 안으로 인도해 주신 분은 나의 어머니다. 나는 그때부터 조계사학생회를 다니면서 내 방식의 불교를 만들어 가게 되었다.

불명은 무애심(無碍心). 1961년생. 조계사 신도. 한양대 대학원 가정학과 박사. 성균관대 생활과학부 겸임교수, 먹거리나누기운동협의회 사무국장 지냄. 지금은 중랑구건강가정지원센터 센터장, 서울가정법원 조정위원, 대한불교조계종 사회복지연구소 연구자문위원으로 있음.

조계사에 다니던 시절 무진장 스님과의 인연을 빼놓을 수 없다. 어린 마음에 분간 없이 스님 앞에서 마구 까불었던 시절이 참 죄송스러우면서도 소중한 기억이다. 무진장 스님은 학생회 임원진을 자주 방으로 초대하셨다. 스님 방에는 늘 서적이 가득했고, 가끔은 좋은 문구류나 책도 나누어 주시곤 했다. 그때마다 너희들은 공부도 열심히 하고 사회에서 지도자가 되고 돈도 많이 벌어 부자가 되라고 하셨다.

"스님, 불교에서는 물질에 집착을 하면 안 된다고 하는데, 돈을 버는 것은 물질에 집착하는 것이 아닌가요?"

"이런 빌어먹을 놈을 봤나. 돈을 벌어서 쌓아두는 것이 집착하는 것이지, 돈을 벌어 좋은 곳에 쓰는 것은 집착이 아니니라."

돈을 많이 벌라는 말씀에 한 번 놀라고, 좋은 일을 하기 위한 수단으로써 돈이 필요하다는 말씀에 또 한 번 놀라면서, 그 말씀이 깨달음으로 새겨졌다. 불자로서의 행동은 어떠해야 하며 그것을 위해 무엇을 해야 하는지에 대한 생각의 끈은 그때부터 시작되었고, 생사의 근본에 대한 의문도 스님이 권해 주시는 책을 통해서 많은 부분 해답을 찾게 되었다.

조계사학생회를 다니면서 나에게는 늘 사명감이 있었다. '생활불교'라는 화두를 던져 주고, 회원 배가 운동을 해야 한다고 부르짖고, 『반야심경』을 열 번씩 써 오라고 숙제를 내주고, 수련회에서는 1080배도 강행하며 우리를 불교로 중무장시키던 선배 간사님들도 내게는 큰 영향을 미친 분들이다.

고등학생 때는 학교에서 회원 배가 운동(?)을 하기도 하였고, 나는 불교 신자라고 당당하게 말함에 따라 기독교 재단 학교에서 친구들 사이에 눈에 띄는 아이가 되었다.

대학은 가정생활을 대상으로 연구하는 가정학을 전공하여 박사 학위를 받으면서, 나의 마음속에는 가정학과 한국학, 가정학과 불교를 접목하는 꿈을 늘 갖고 살았다.

어느 날 우연히 대한불교조계종 사회복지재단의 포스터에서 '가정 복지'라는 제목의 강좌를 발견하고는 깜짝 놀랐다. 도대체 누가 나의 생각을 훔쳐 간 것일까? 도대체 누가 나와 같은 생각을 하는 걸까? 반가움과 설렘으로 당장 전화하고 달려가 담당자를 만나 확인을 하였다. 담당자는 '가정'이라는 단위를 제외하고는 '복지'를 생각할 수 없다는 기본적인 발상에서 강좌를 기획하였으나, 마땅히 강의할 사람을 찾지 못해 전전긍긍하고 있다고 하였다. '이건 내가 할 일'이라는 확신을 갖고, 그 강의 내가 하면 안 되겠느냐고 말을 하였다. 결국 그 강의는 내가 하게 되었고, 그렇게 시작된 인연이 불교여성개발원과 이어지고 중랑구건강가정지원센터로 인연이 이어지게 되었다.

이제는 자연스럽게 만나는 사람마다 가까운 사람들, 특히 가족과의 인연을 잘 풀어 갈 수 있도록 권하는 자신을 보면서, 왠지 아주 오래전부터 이런 일을 해 온 사람인 듯 익숙함을 느낀다.

가끔 나는 전생에 무엇이었을까, 또 나는 내생에 무엇이 되어 있을까라는 생각을 할 때가 있다. 고민도 의심도 없이 그저 전생에도 부처님 주변이었을 것이고, 또 내생에도 그럴 것이라고 믿는다. 하지만 사회 활동을 하면서 일터에서 불자를 만나기가 쉽지 않음을 경험하면서, 인재를 양성하여 아끼고 키우는 일, 불교적 사업에서의 공격적인 시장 관리와 홍보 활동이 활발하여, 불교문화의 꽃이 불교여성개발원에서 활짝 피어나기를 기대한다.

끝으로, 부처님과의 인연을 갖게 해 준 나의 어머니 김석 무애월 보살님께 감사드린다.

한여름의 향연

최 미 선

　부처님의 향기와 법음으로 가득한 도량은 햇살의 뜨거운 사랑을 한 몸에 받으며 빛을 내고 있다. 그 환한 빛 속에 아이들이 이리저리 깔깔 웃으며 무엇을 하는지 야단법석이다. 7월이면 사찰마다 여름불교학교로 며칠간 때 아닌 홍역을 치른다.

　그 홍역은 끊기 힘든 묘한 매력을 발산한다. 아이들과 함께 산사에서 며칠을 보내고 나면 지칠 대로 지쳐 넋이 나가 내년에는 도저히 못할 것 같다는 막말을 내뱉는 선생님들. 하지만 또 새해가 되면 언제 그랬냐는 듯 너도 나도 여름불교학교에서 아이들을 만날 생각으로 약속한 듯 모이는 사람들. 봄이 오는 길목에서 벌써 7월을 말하기는 빠른 감이 있지만, 어린이

불명은 대지혜. 1968년생. 관음사 신도. 동국대 사회과학대학원 사회복지학과 재학. 대한불교 어린이지도자연합회 부산지구 교육부장, 『연꽃』 편집위원, 대한불교교사대학 강사 및 실무위 원 지냄. 지금은 사단법인 동련 사무국장으로 있음.

포교로 늘 분주한 사무실은 불기 2553년의 또 다른 여름불교학교를 준비한다. 올해는 우리 천진불들을 어떻게 감동시켜 자연스럽게 부처님 제자로 이끌어 나갈지 말이다.

천진불들과 만난 지 벌써 이십 년이라는 시간이 흘렀다. 멋모르고 아이들이 좋아 시작한 이 일. 지금은 훌쩍 커 버린 제자들과 나이도 잊은 채 오늘도 절 마당 한편에서 숨을 헐떡거리며 고무줄뛰기와 공기놀이를 하고, 여름불교학교에서의 물총놀이와 모닥불놀이를 즐긴다. 내가 생각해도 어쩔 땐 주책이다. 요즘 아이들은 젊고 예쁜 선생님을 좋아하고 멋있는 남자 선생님을 좋아한다. 이런 것을 잘 알기에 나는 아이들 앞에서 떠밀리다시피 늘 엄한 역할을 대신해 맡곤 한다.

하지만 아이들의 해맑은 웃음 속에 그 어느 부처님보다 멋진 부처님이 되어 있는 천진불의 모습을 찾는다. 어느 부처님의 모습이 살아 있는 천진불의 모습과 비교가 될까? 그런데 가끔씩 천진불이 우리나라의 이상한 문화 속에서 불교와 점점 멀어지고 있는 것을 본다. '만약 절이 멀어져 가는 장소 중의 하나라면 어쩌지?'라는 생각을 하면 끔찍하다. 설마 그렇게 되지는 않겠지만 어린이 법회가 자꾸 없어지고 줄어드는 것을 보면 '지금 내가 하는 일도 없어져 버릴 일?'이라는 생각에 불안감마저 든다. 이 일이 좋아 다른 직장을 마다하고 들어와 열심인 후배들을 보면 내 어깨는 움츠러든다. 1980년대부터 어린이 포교의 관심은 높아져 갔지만 그 관심은 일부의 관심으로만 남겨져 2000년도에 와서는 절에 다니는 어린이가 1만 명에 그치고 있다는 것을 보며 갈등과 번민이 앞선다. 과연 무엇을 해야 하며, 앞으로 어떻게 해야 하는지…….

그러나 스님들과 신도들의 외면 속에서도 몇몇 스님의 열정과 선생님들의 사랑 속에 천진불들은 또 하나의 희망을 틔우며 자라나고 있다. 그 희망의 싹을 포기하지 않은 사람들이 있기에 밝고 환한 미소로 그들은 화답할 것이다.

여름이면 어린이여름불교학교를 개최한다는 사찰이 늘어나고, 어린이 법회도 한두 곳씩 점점 는다. 이것은 어느 몇몇의 노력이 아니라 어린이 포교를 위해 그동안 수많은 시간을 쏟은 종단과 어린이 포교 단체들의 노고임에 틀림이 없을 것이다.

절에 오는 아이들은 자신도 모르게 천진불이 되기 위한 공부를 하고 있다. 어떤 때는 천진난만한 모습으로, 어떤 때는 어른들도 흉내 내지 못할 만큼 몹시도 엄숙하고 의젓한 모습으로 우리에게 다가온다.

"부처님이 높아요, 예수님이 높아요?", "왜 우리는 삼배를 해요?", "부처님은 머리를 깎았다고 했는데 불상을 보면 왜 머리가 있어요?" 등등 정말 대답하기 힘든 계속되는 아이들의 질문에 시원하게 선문답하고 지도할 선생님들이 없다. 그래서 지금은 법회를 한다고 해도 선생님이 없어 보내질 못한다. 학교 공부에 쫓겨 학원으로 내쫓기는 아이들이 절에 오고 싶어도 오지 못하는 현실이 학부모로서 안타까울 뿐이지만, 여름불교학교를 통해 짧은 시간이지만 훌륭한 스승으로, 천진불들을 가르칠 선생님으로, 우리의 미래를 가꿔 갈 일꾼으로 자리매김한다면 우리의 역할은 성공한 것이지 않을까?

어느 종교처럼 모든 절에 어린이 법회가 생겼으면 좋겠다. 그래서 아이들이 언제 가든지 편하게 지낼 수 있고 신도로서 인정받을 수 있으면 좋겠다. 그래서 여름에만 만나는 천진불이 아니라 언제나 만나는 부처님으로 말이다.

몇 해 전 뇌 수술을 받으면서 '과연 내가 다시 불교학교를 할 수 있을까?' 스스로 물어 보았는데, 아무런 탈 없이 올해도 여념 없이 아이들과 물총놀이도 하고 찬불가도 부르며 즐겁게 지낼 것이다. 천진불들과 함께 보내고 싶은 사람 여기 여기 다~ 붙어라!

개구쟁이 얼굴로 "선생님, 내년에도 꼭 오세요오~" 하던 목소리가 귓가에 쟁쟁하게 들린다. '그래. 내년에 오는 사람 물총놀이 할 때 너희들 다 죽었어.^^' 마음속으로 천진불들에게 약속해 본다.

어린이 포교는 불국토를 만드는 지름길입니다. 성불하십시오.

꿔다 놓은 보릿자루

황 채 운

　　어릴 적부터 나의 어머니는 '부처님 오신 날'이면 딸들에게 백팔 염주 하나씩을 손에 쥐어 주시며 이 절, 저 절로 성지 순례를 하셨다. 큰 법당에서 108배를 마치고 수수깡같이 후들거리는 다리를 이끌고 일주문을 내려오곤 하던 일이 선하다. 어머니는 집에서도 저녁마다 독경을 하셨는데 그 소리에 뜻도 모르고 등 뒤에서 기웃거리면 노랗고 넓적한 경책을 슬쩍 밀어주곤 하셨다. 딸들은 왠지 어머니의 독경 소리를 따라 하고 싶었는데, 운율을 제대로 맞추지 못해 자신 없는 목소리로 줄곧 따라 읽곤 했다. 어머니는 그렇게 가랑비에 옷 젖듯 부처님과의 인연을 한 올 한 올 이어 주셨다.

불명은 법전화. 1956년생. 봉은사 신도. 경남대 일어교육과 졸업. 봉은사 신도회 사무총장 지냄. 지금은 봉은사 신도회 수석 부회장, 중앙신도회 불교의료지원단 반갑다연우야 봉사단장, 불교상담개발원 자비의전화 업무감사로 있음.

어머니는 딸 많은 집 딸들이 혹시라도 이웃이나 주위 분들께 손가락질을 받을까 봐 특히 맏딸인 나를 다지고 다지며 키우셨다. 그런 것들에 대한 불만으로 하루는 대학 졸업을 한 달 앞두고 친구 따라 여군 장교 후보 시험을 치러 가겠다는 말에 당장 맞선을 보여 반강제적으로 시집을 보내 버린 우리 부모님! 지금 생각해 보면 부모 품을 벗어나겠다는 섣부른 생각에 얼마나 어이없고 철없는 짓을 했었는지…….

나는 행여나 잘못될까 걱정하시는 부모님의 품을 학창 시절 내내 떠나지 못하다가 드디어 결혼해서야 벗어날 수 있었다. 저 고향 멀리 서울에서 신혼살림을 차리게 되었다. 그러나 마음속에는 항상 부모님과 가족 생각에 저녁노을이 질 무렵이면 남쪽을 향해 눈물짓는 일이 일과였다. 결혼한 지 6개월이 지나도 여전히 친정집을 그리워하는 모습을 보다 못한 남편이 집 가까이에 오래된 사찰이 있다며 버스 몇 정거장을 거쳐 종점에 내려 지금의 봉은사로 나를 데려다 주었다.

1979년 봉은사의 초가을! 그 맑은 하늘을 연상하면 지금도 가슴이 아련해진다. 타향 객지에서 맡은 사찰의 내음은 어머니의 품과 다를 바가 없었다. 나는 봉은사에서 가족에 대한, 어머니에 대한, 고향에 대한 그리움을 달래고 그 빈자리를 채우며 불교와의 인연을 다시 지었다. 1989년부터 봉은사 초심자 입문 학교, 불교 학교, 경전 학교 등에서 부처님의 가르침을 배우고 익혀 보현 행자의 삶을 살고자 발원하며, 그 실천의 방법으로 자연스럽게 봉사자의 길로 들어서게 되었다.

봉은사 신도회의 봉사활동과 여러 소임으로 분주한 와중에 2006년 중앙신도회에서 연락이 왔다. 중앙신도회와 일산 동국대학교병원 의료진과의 협약식은 이미 이루어진 상태에서 의료 검진을 위한 일반 봉사단을 시급히 결성해야 한다며 나의 도움을 요청했다. 의료 봉사는 경험이 없어 처음엔 사양했지만 거듭되는 설득 끝에 나에게 주어진 일이라 여기며 승낙하지 않을 수 없었다. 그해 4월 조계사 경내에서 있은 무료 의료 검진 차량 원만성취 기원법회 발대식에 봉사자로서는 나 홀로 참여했다. 그야말로 '꿔다 놓은 보릿자루'가 따로 없었다. '내가 왜 여기 있지?' 하는 생각부터 '왜 하겠다고 허락했나…….' 하는 생각까지 들어 가슴이 답답하고 만감이 교차했지만 이미 배는 항구를 떠난 뒤였다.

그래 해보자! 뭔가 뜻이 있으면 길이 있을 것이다. 해보자! 그런 마음으로 오방색 띠를 힘껏 쥐고는 잘랐다. 그 쥐던 힘으로, 그리고 뜻이 있는 곳에 길이 있다는 진리대로 인연 있는 분들이 모여서 봉사단을 꾸릴 수 있게 되었고, 무료 의료 검진 봉사에 투입되어 어렵고 소외된 이웃들을 만나며 마음을 나누었다. 그럭저럭 햇수로 3년째에 접어들면서 이제는 농촌·산간 마을 주민들, 노인 복지관, 장애인 시설, 외국인 노동자 등 '반갑다 연우야'를 기다리는 곳이 늘어나면서 때로는 지쳐 쉬고 싶지만 그분들을 생각하면 게으름을 피울 수가 없다.

우리 단체가 약왕보살행을 한 지 만 3년이 되는 시점에서 큰 결실을 보게 됨은 스스로 대견스럽다는 생각이 든다. 의료 검진 버스 1대와 치과 진료 버스 1대만으로 그동안 수많은 어려운 사람들에게 다가갔지만, 이동 진료로 해결할 수 없는 분들을 위하여 신축된 중앙신도회관 2층에 치과 병원을 '부처님 오신 날'에 맞추어 개원하려 부지런히 준비하고 있다. 치과 병원 진료는 월~목요일은 일반인 대상으로, 금~일요일은 이동 치과로 하여, 1, 2회에 해결할 수 없었던 부분을 치과 병원에서 진행할 계획이다. 그렇게 되면 종단의 스님과 더 많은 이웃에게 혜택을 드릴 수 있을 것 같아 기쁘다.

이 모두가 보살행을 하시는 김의정 회장님, 항상 마음을 크게 써 주시는 구자선 총단장님, 그리고 늘 지혜로운 착상을 하여 추진하시는 직원·의료진·후원자 여러분과 자원 봉사자 등 모든 분께 깊이 감사를 드리며, 3년 전 오방색 띠를 꼭 쥐었던 그 첫 마음으로 항상 이웃을 생각할 것이다.

일체중생이 행복해지는 그날까지 우리의 자비 실천행은 끊임이 없기를 불보살님 전에 발원 드리옵니다.

먼지 털고 때 닦아
구함

관세음보살, 관세음보살

김 선 희

관세음보살, 관세음보살, 관세음보살, …….

이 얼마나 편안하고 따사로운 말인가? 사는 게 힘들고 외로울 때, 그리고 잡념으로 머릿속이 뒤죽박죽 뒤섞일 때 나는 언제나 '관세음보살'을 찾는다. 그때마다 늘 나를 위로해 주고 편안하게 해 주고 마음을 정리해 준다.

얼마 전 미야자키 하야오의 애니메이션 「벼랑 위의 포뇨」에서도 포뇨의 어머니가 관세음보살로 형상화하여 여러 사람을 어루만지는 이로 나온다. 관세음보살의 따사로움과 여여함, 정말 닮고 싶다.

2009년 들어 내가 느끼는 삶의 속도는 너무도 빠르고 빠르다. 그물에 걸리지 않는 바람이어야 하거늘, 자꾸 그물에 걸리는 듯한 느낌이다. 돈을

불명은 법안성(法安性). 1959년생. 여수 향일암, 청계사 신도. 서울시립대 환경공학과, 서울대 환경대학원 졸업, 국가지속가능발전위원회 전문위원 지냄. 지금은 국토연구원 녹색성장국토 전략센터장, 중앙하천관리위원회 위원으로 있음.

좇아서도 아니고, 명예를 좇아서도 아니다. 일에 쫓겨 늘 허우적거리고 마음의 여유가 없다. 바람의 속도를 줄이든지, 그물망의 크기를 크게 하든지, 뭔가 조치가 필요하다.

선인들은 충고한다. 마음의 여유와 성찰의 시간을 가지라고 한다. 천천히 느리게 소박한 삶을 살아가면 새로운 삶의 오아시스를 발견하게 된다고 한다. 눈에 보이지는 않지만 자신의 내면에서 일어나는 충만한 생명력의 의미와 새로운 삶에 대한 꿈을 볼 수 있다고 한다.

그러나 내 나이 50, 한창 일할 나이에 어디 그게 가당키나 한 얘기인가? 직장은 늘 분주하고 신속함을 재촉한다. 나에게 주어진 과제를 마다할 수도 없는 노릇이니, 연구 과제 수행에서 헤어나질 못한다. 하루 30분 '나만의 시간'을 갖기도 어렵다. 언제부터인가 내 목소리는 급해지고 빨라지고 건조해졌다. 눈은 어지럽고 쉽게 피곤해 한다. 가슴은 늘 오징어처럼 돌돌 말려져 쪼그라져 있다. 도대체 왜 이리 빨리 급하게 가야 하는지? 내 마음에 사랑과 연민의 감정은 살아 있는지? 홍익하고자 하는 마음은 있는지? 몸과 마음이 그물에 걸리기 일쑤고, 피부는 거칠어지고, 얼굴에 생기와 미소는 점점 줄어든다.

이러다간 안 되겠다. 무조건 급히 가지 말고 돌아보며 가는 여유가 절실하다고, 드디어 내 몸이 경고음을 낸다. 휴식이 필요하다. '휴식(休息)'은 사람이 나무에 기대어 스스로의 마음을 돌이켜 보는 것이다.

지난여름 송광사에 갔을 때 보았던 "밖에서 찾지 말라."는 글귀가 떠오른다. 마음 챙김이 필요하다. 나 자신과의 간곡한 만남, 명상이 필요하다. 근자에 내가 더욱 더 관세음보살님을 찾는 것도 아마 이러한 반작용 때문이리라. 그래서 요즘 '자애 명상'을 컴퓨터 모니터에 붙여 놓고 틈틈이 읊조린다.

> 내가 항상 행복하고 평화롭기를!
> 내가 늘 지혜롭기를!
> 내 언행이 항상 아름답기를!
> 내 표정이 늘 따뜻하기를!
> 내 모든 세포가 맑고 밝기를!
> 내가 늘 깨어 있기를!

비로소 얼굴에 미소가 지어진다. 목소리는 여유 있고 윤기가 돈다. 눈과 피부는 촉촉해진다. 몸과 마음이 한결 여유롭고 자유로워진다. 자신감도 생긴다. 행복의 마음, 연민의 마음, 자애의 마음도 생겨난다.

'아, 내 마음속 한가운데 관세음보살님이 계시다는 것은 그 얼마나 큰 위안이고 다행인가! 관세음보살님이 내 한마음에 계신 것이 늘 감사하고 감사하다. 고요한 물 흐름과 같이 내 마음을 이끌어 주시길 절실히 절실히 원하고 원한다. 그물에 걸리지 않는 바람처럼, 연꽃을 스치는 바람처럼 향기롭고 자유롭고 싶다. 평화로운 도취감(euphoria)을 통해, 나에게 주어진 본분에 집중하고 싶다. 금수강산 우리 국토를 아름답게 가꾸어 가고, 우리 국토를 삶의 터전으로 살아가는 우리 국민 모두 갈등 없이 행복하게 살아

갈 수 있도록 바로 지금 여기에서 최선을 다할 것이다.'

관세음보살님께 내 온 마음 다해 귀의합니다.

감사의 기도를 드립니다.

나도 편안하고 너도 편안한
부처님 나라

박 금 표

　　대학을 졸업할 무렵 불자가 되었고, 불교에 대한 관심으로 석사와 박사 과정에서 인도사를 전공으로 선택했다. 사람마다 제각기 불교를 접하는 방향과 수행하는 방식이 다를 것이다. 역사를 전공하는 나로서는 부처님이 탄생한 시대의 인도 역사를 공부하면서 인도 역사에서 차지하는 부처님의 위치, 불교의 의의에 대한 관심이 제일 컸다.

　　그 가운데서도 특히 나의 관심이 집중된 것은 부처님의 탄생게이다. 부처님의 탄생게가 왜 '천상천하 유아독존 삼계개고 아당안지(天上天下 唯

불명은 무애(無碍). 1959년생. 천수사 신도. 숙명여대 대학원 사학과 박사. 한국외국어대 남아 시아연구소 전임연구원 지냄. 지금은 동국대 불교문화연구원 연구교수, 한국외국어대 강사, '연꽃의 소리' 대표로 있음.

我獨尊 三界皆苦 我當安之)'이며, 그것이 갖는 역사적 중요성은 무엇인가? 부처님의 탄생게에는 부처님의 가르침이 모두 녹아 있다고 해도 과언이 아닐 것이다. 대부분의 불자들이 이 게송을 알고는 있지만 게송이 의미하는 바에 대해서는 크게 마음을 쓰지 않는 것 같은 아쉬움이 있다.

'하늘 위 하늘 아래 오직 나 홀로 존귀하다.'는 말은 신과 제사에 묶인 부처님 당시의 상황을 비판하며 인간의 존엄성, 모든 생명체의 존엄성을 강조한 혁명적 선언이었다. 그리고 '모든 세상이 고통 속에 잠겨 있으니 내가 마땅히 이를 편안케 하리라.'라는 말에는 세상에 존재하는 모든 이들을 고통으로부터 구제하겠다는 자비 사상이 들어 있다.

부처님의 탄생게부터 대승 경전에 이르기까지 불교의 모든 가르침의 근본에는 인간의 존엄성과 자비를 강조한다. 그런데도 오늘날 국어사전에 "유아독존=세상에서 자기 혼자 잘났다고 뽐내는 태도"라는 해설이 붙어 있을 정도로 의미가 와전되었다. 유아독존의 선언이 인간의 존엄성 선언으로 확산되지 못하는 것은 세상을 편안케 하리라는 말과 연결되지 못하였기 때문이 아닐까 하는 생각을 하게 된다.

세상의 모든 생명체는 서로 의존 관계에 있다. 이것이 있으므로 저것이 있다는 연기설이 바로 그러한 상호 의존 관계를 설명하는 말이다. 그렇게 서로 의지하는 관계이지만 세상의 모든 생명체는 각기 홀로 자신의 존엄성을 가지는 것이다. '상호 의존'과 '홀로 존귀함'이라는 서로 상반된 듯 보이는 의미를 연결시켜 주는 것이 자비심이 아닐까 생각한다.

　　인도에서 생겨난 모든 종교와 사상의 지향점은 해탈이다. 그러나 다른 것들과 불교가 다른 점은 다른 존재의 해탈과 다른 생명체의 고통 해결에 관심을 갖는다는 것이다. 대승 불교를 불교의 꽃이라고 평가하며, 개인의 해탈에 중점을 두는 상좌부 불교를 소승 불교라고 폄하하는 것이 이 때문이다. 부처님의 탄생게를 근간으로 불교를 이해하면 ‘나의 해탈’은 ‘너의 해탈’과 똑같이 중요하며, 나의 해탈이 완성되기 위해서는 타인의 해탈이 함께 이루어져야 한다. 그래서 지혜와 수행의 완성은 자비에 있는 것이다. 자비를 실천하지 않는 수행과 법 공부는 사상누각이 되기 십상이다.

　　다종교 사회를 살아가는 우리는 다양한 어려움에 처해 있다. 종교 편향과 불교 신도의 감소로 불교가 위기에 처해 있다는 우려의 소리가 높아지고 있다. 그러나 오늘날 불교의 진정한 위기는 자비심의 상실에 있는 것이 아닐까. 경전 공부에 매진하고, 다양한 수행에 많은 시간을 할애하면서 과연 자비를 실천하는 데는 얼마나 시간을 할애하고, 얼마나 마음을 쓸까.

　　내가 부처님을 알게 된 후 부처님의 탄생게를 제대로 마음에 담는 데 적지 않은 시간이 걸렸다. 아직도 부족하기 짝이 없는 중생살이를 하지만, 부처님의 탄생게는 나의 일상생활이나 연구 생활에 지침이 되었고, 나의 게으름을 꾸짖는 채찍이 되기도 했다. 유아독존의 의미를 제대로 이해하고, 더불어 세상의 고통을 함께하며, 주변의 고통을 조금이라도 편안케 할, 노력하는 삶을 살기를 오늘도 서원하며 두 손을 모아 본다.

불교와 나

성 민 선

손녀가 초등 1년생일 때부터 손을 잡고 절에 다녔다. 올해 3년생이다. 그 아이는 처음 글자를 읽을 줄 알게 되었을 때 큰 소리로 경을 읽어 우리를 놀라게 했었고, 예쁜 것을 만들면 먼저 부처님께 바치고 절을 하였다.

봄 방학 중 어느 날 손녀가 좀 심각한 표정으로 말했다.

"할머니, 아이들이 하나님을 안 믿으면 지옥에 간대요. 내가 불교라고 나를 왕따를 시켜요. 그래서 기독교로 바꿀까 생각 중이에요. 바꾸기 전에는 열심히 절에 다닐 거지만……."

다른 말들은 여러 번 들었던 터지만, 기독교로 바꿀까 생각 중이라는 말을 어린애 입으로부터 처음 들으니 놀랍고 마음이 아팠다. 마음이 얼마

1946년생. 상도선원 신도. 서울대 사회복지학과 졸업, The University of Hawaii 사회사업학 석사, The Catholic University of America 사회사업학 박사. 동아일보 기자, 한국사회복지학 회장 지냄. 지금은 가톨릭대 교수, 사회복지공동모금회 이사로 있음.

나 무거웠으면 그런 생각을 했을까. 제 엄마 아빠가 함께 절에 나간다면 이런 때 아이에게 큰 힘이 될 텐데…….

"어쩌나……. 할머니는 기독교에서 불교로 왔고, 할아버지는 가톨릭에서 불교로 왔는데…….”

그날은 이야기를 이렇게 정리하고 마쳤다.

"종교는 어떤 것이 맞고 어떤 것이 틀린 것이 아니다. 사람마다 생각하는 것도 다르고 그래서 종교도 다 다를 수 있는데, 자기만 맞고 남은 틀렸다고 하는 것은 옳지 않다. 우리나라는 옛날부터 불교를 믿어 왔고 불교 신자가 다른 종교에 비해 제일 많은 나라란다. 네가 좀 더 크면서 스스로 생각해서 결정하면 되니 걱정하지 말고, 아이들이 왕따를 시키려 하거든 그렇게 잘 말해라.”

지난날 나는 고등학교 때 스코필드 박사님께 성경도 공부하였고 외국 생활 중 교회에서 세례도 받았건만 신앙이 깊어지지 않았다. 그러던 중 1997년 여름 서울 우이동 보광사를 알게 되어 조상천도재를 지낸 일로 남산정일 스님으로부터 숙제를 받은데다 1999년 봄 일타 스님의 『부드러운 말 한마디 미묘한 향이로다』란 책을 만난 것이 계기가 되어 쉰 넘은 나이로 불자가 되었다. 늦게 불법을 만났지만 곧바로 대덕 선지식들을 만나 정법의 가르침을 받을 수 있었던 것은 나의 복이다. 딸이 결혼하기 전에 불교대학도 같이 다녔고 중국 오대산 성지 순례도 같이 다녀왔다. 어느덧 남편도 도반이 되어 함께 공부를 지어 나가고 있다. 서로가 거울 노릇을 한다.

하지만 오늘 여기에서 내 수행을 돌아보니 정말 보잘것없다. 부끄럽고 많이 참회한다. '평상심시도(平常心是道)'라고, 일상적으로 하는 자기 일이 수행과 크게 다르지 않아 맡은 바 일을 열심히 잘하고, 다른 사람들과 잘 지내며 바르게 말하고 바르게 행동하며 살면 되는 것인데 그것이 쉽지가 않다. 내게 주어졌던 사회적 역할들에 대해서도 좋은 점수를 줄 수가 없다. 특히 월급을 받으며 가르쳐 온 사회 복지 학문에 대한 아쉬움이 크다. 이고득락(離苦得樂), 행복을 갈구하는 인간들에게 올바른 방법으로 행복에 이르는 길을 가르치신 부처님의 가르침 자체가 사회 복지임을 너무 늦게 깨달았던 것이다.

이제 정년까지 2년여 남았다. 당장 급한 것은 내 본연의 일상적 과업을 잘 마무리하는 것일 테지만, 그와 동시에 은퇴 후 사회에 봉사하기 위해 지금 불교여성개발원에서 하고 있는 승만경 공부와 불교 영어 공부를 열심히 하고 수행도 잘하고 싶다.

마침 불교 수행에 대해 불교 TV에서 종범 큰스님이 법문을 하신다. 수행의 세 가지는 첫째, 복을 구하는 복행(福行), 즉 구복행(求福行)이다. 건강, 재물, 사람 관계도 다 복이다. 복이 있어야 도도 닦을 수 있으니 복행은 기본적이다. 둘째는 마음을 맑히는 정행(淨行), 즉 도를 닦는 구도행(求道行)이다. 도를 닦기 위해서는 공삼매(空三昧), 무상삼매(無相三昧), 그리고 무원삼매(無願三昧)를 닦아야 한다. 구하는 것도, 원하는 것도, 걸리는 것도 없는 상태이다. 그리고 셋째는 중생 구제의 크나큰 서원을 행하는 원행

(願行)이다. 연기법에 따라 이 세 가지 행은 서로 연결된 커다란 하나이지만, 그래도 순서를 매기자면 복행이 먼저이고, 다음이 정행, 그리고 제일 높은 수준이 원행이다.

우리 모두 복행, 정행, 그리고 원행의 높은 수행으로 상락아정(常樂我淨)을 누리는 그날까지 기쁜 마음으로 정진할 수 있기를!

마하반야바라밀!

삼심을 가르치고 실천하는 일

장 영 각

우리 백제불교회관 백제불교문화대학에서는 창립 이래 지금까지 삼심(三心)—학생심·하심·환희심—을 가르치고 실천하는 데에 힘쓰고 있다. 말하자면 이 삼심은 그대로 우리 대학의 교육 이념이 된 것이다. 이에 상응하여 학훈은 '정진·화합·봉사'로 정해져서 나란히 그 전통을 지켜 오고 있다. 그러니까 이 삼심의 교육 이념을 삼조의 학훈으로 실천하자는 의도와 방침을 꾸준히 밀고 나온 것이라 하겠다. 그리하여 학생심으로 정진하고, 하심으로 화합하며, 환희심으로 봉사하자는 학풍이 점차로 조성되어 오는 게 사실이다. 처음에는 이런 것을 대하고서 너무 평범하고 시시하다는 생각이 들어 불만스럽기도 했다. 그러나 오랜 세월 이것을 가지고 학생

불명은 청정심. 1949년생. 충효사 신도. 고등학교 졸업. 백제불교회관 사무국장, 법무부 대전 교도소 교정위원, 대전장애인불자회 운영위원장으로 있음.

들과 씨름하며 곰곰이 되새기다 보니, 정말 그게 아니었다.

우선 해마다 입학하는 학생들의 사회적 학력 수준이 생각보다 높다 보니, 이른바 권위 있는 이론에만 관심을 둘 뿐이지 다른 실제적 강의나 신행을 연마하는 수행에는 게을리하는 경향이 뚜렷하였다. 여기서 가장 어렵고 중요한 것은 바로 학생심으로 정진하는 일이었다. 불교의 진리와 이론을 공부하는 데도 항상 학생심을 지니고 겸허하게 탐구할 뿐만 아니라 기도, 염불, 주력, 참선 등 실제 수행에 최선을 다하여 정진하는 것이 가장 급선무였던 것이다. 그래서 서로 노력하고 어렵게 실천하는 데서 상당한 성과를 보게 되었다.

다음으론 학생들이 가장이나 주부이면서도 사회적 위치가 상당한 수준에 있어 자연스레 위신을 챙기며 오만함을 드러내었다. 그러다 보니 동학들 간에 끼리끼리 뭉쳐서 반목·불화하는 현상이 역력하게 벌어지고 있었다. 이것은 불교를 공부하는 분위기로서는 가장 심각한 문제를 일으키는 것이었다. 여기서 가장 중요하고 어려운 것은 하심으로 화합하는 일이었다. 그러기에 탁 털어 놓고 그 오만심을 깨는 하심을 강조·실천하였다. 그리하니 자연 서로가 마음을 비우고 화합하여 동학의 우의를 다지게 되었다.

그리고 바쁜 시간을 쪼개어 공부하려니 대부분 재미를 못 붙이고 싫증을 내며 심지어 귀찮게 생각하는 경향까지 나타났다. 그러다 보니 지각을 하는 것은 다반사요 결석이 많아지고 결국은 퇴학하는 일까지 벌어졌다. 여기서 가장 어렵고 긴요한 것은 환희심으로 봉사하는 일이었다. 그렇게 되니 모든 강의와 수행이 쉽고 재미있고 감명 깊게 진행됨으로써 매사에 환희심을 가지고 행복한 마음으로 봉사에 임할 수 있게 되었다.

이렇게 삼심, 삼학을 가지고 많은 학생들과 함께 공부·수련하고 성과를 거두었다고 하지만 말이 쉽지 그 실천은 매우 어려운 게 사실이다. 자신을 돌아보아 정말 그대로 수행하고 그대로 실천했는가 실로 참회하고 다짐을 두어 실행할 일이 아닐 수 없다. 바로 이것의 실천이 불교의 전부이기 때문이다. 사실 넓게 보면 이 삼심, 삼학은 부처님이 가르치고 실행하신 불교의 요체라 하겠다. 부처님께서도 학생심으로 정진하여 진리를 깨달으시고, 하심으로 교화하여 화합된 교단을 이끄시었으며, 항상 환희심으로 자비희사(慈悲喜捨. 慈: 남을 기쁘게 해 주려는 마음, 悲: 남의 아픔을 없애 주려는 마음, 喜: 남의 기쁨을 함께 기뻐하는 마음, 捨: 모든 이를 평등하게 대하는 마음)의 봉사와 구제를 실천하시었다. 그러기에 그 후대의 조사, 대덕 스님들도 부처님의 가르침과 실천을 본받아 그대로 모범을 보이셨던 것이다.

이제 우리도 부처님같이, 우리도 스님들같이 학생심으로 정진하고, 하심으로 화합하며, 환희심으로 봉사하는 길로 걸어 나가야 한다. 새로운 문화 세기에 들어서 복잡다단한 불교계뿐만 아니라 나태하여 타락하고 오만하여 불화하며 불만하여 불행한 현대 사회에서 이 삼심, 삼학은 성인 중의 성인이신 부처님의 이름으로 베풀어지는 금과옥조의 지도 이념이기 때문이다.

환희심에 찬 십보일배

이 순 옥

　　망설임 끝에 펜을 들어 막상 자신을 돌아보니, 과연 불자로서 바르게 신행생활을 하고 있는지 부끄러워 펜을 놓고 싶은 마음 그지없다. 이 계기로 다시금 참회하며 '부끄러운 불자 되지 말자.' 부처님께 발원드리며 보잘 것없는 글 올린다.

　　삼 년 전의 적멸보궁 봉정암 십보일배, 그때의 기억을 더듬으니 다시 환희심에 가슴 뭉클해진다. 오후 2시쯤 백담사에 도착하여 참배하고, 삼보일배로 영시암까지는 비교적 쉽게 도착했다. 저녁 공양 뒤 예불을 드리고, 도윤 주지 스님께서 법문하시던 중 당시 봉정암에서 태풍 매미로 하산하다 피신한 신도들을 구출하신 이야기를 들으면서, 보이지 않는 곳에서 수행정진하시는 노스님이 계신다는 생각에 불자로서 감동과 자부심이 생겼다. 내

불명은 연화성. 1956년생. 봉국사 신도. 고등학교 졸업. 봉국사 신도회 총무로 있음.

일 봉정암에 올라가는 것에 약간의 두려움이 있었으나, 떨칠 수 있었다.

작은 케익 공양을 올린 것을 보니 그날이 노스님 생신이셨다. 늦은 시간까지 법문해 주신 도윤 스님께 감사의 마음으로 적으나마 보시금을 후원 보살님께 드리니 마음이 조금 가벼워졌다.

다음날 새벽, 이슬비가 내려 우비를 입고 나서니 몸은 좀 무겁고 불편했지만 그리도 하고 싶던 십보일배라 마음은 가볍게 출발했다. 하지만 절을 할 때마다 배낭이 앞으로 쏠리고, 내리막길이면 뒤를 돌아 절을 해야 하고, 돌이 많으면 풀숲 쪽을 향해 절을 하고, 길은 미끄럽고 고인 물은 질퍽거려 매번 절할 때마다 곤욕이었다. 절할 수 있는 지점을 찾을 생각뿐이었다. 시간이 지날수록 어깨에 짊어진 배낭은 왜 그리 무겁던지…….

점점 팔다리가 몹시 아파 왔지만, '내 언제 이런 기도 다시 할 수 있는가? 지금 이 순간 최선을 다하자.'고 자신과 싸우며 열심히 부처님 명호를 불렀다. 깔딱고개를 기진맥진 올라가니 드디어 봉정암이 보인다. 뜨거운 눈물이 핑 돌며 '부처님이시여, 감사합니다. 진정 감사합니다.'가 절로 나왔다. 다시 한 번 그런 기회가 온다면 주저없이 기도하고 싶다.

먼저 도착한 신도들과 방을 배정받고서, 뒤에 오는 신도들을 마중 나가 보니 이게 웬일인가, 길상화가 거기 서 있는 것이 아닌가! 어이없고 기가 막혀 말을 잊지 못하고 바라보니, "언니!" 하면서 눈물을 흘리고 있다. 세상에 이런 동생처럼 따르는 아우 도반이 있는가! 초심자가 남을 위해서, 비가 오는데도 운동화 차림에 가죽 가방을 멘 채로 그 험한 봉정암을 걸어 올라와, 옷은 다 젖은 채로 내 앞에서 우는 모습을 보니 관세음보살님이 따로 없는 것 같았다.

언니 배낭을 들어 주려고 새벽 3시에 출발하여, 비가 와 힘들었지만 더 힘들어 할 언니 생각에 정상까지 올라왔단다. 이런 아우 인연은 분명 부처님이 주신 큰 선물이다. 가지고 온 옷으로 길상화를 갈아입히고 잠시 휴식을 취하니, 길상화는 배낭에서 찐 밤, 과일, 배즙 등을 꺼내 놓으며 십보일배 중간중간에 언니에게 먹이려고 준비했단다. '언니, 파이팅!'이라는 현수막까지 준비하고 싶었단다. 몸은 힘들어도 정말 행복했다. 보살님들과 나누어 먹으니, 저녁 예불을 알리는 스피커에서 모두 일어나 그 자리에서 기도하라는 스님 목소리가 들렸다.

그날의 저녁 기도는 지금 생각해도 눈물이 난다. 내 언제 그런 마음의 기도가 또 열리려는지……. 적멸보궁 탑 주위를 둘러 감싸고 있는 산, 나무 등 모든 것이 내 눈에는 마치 부처님 형상이나 말을 타고 있는 동자승, 사슴, 사자의 모습으로 보였다. 안개가 걷히면 달리 보이겠지 했지만, 눈을 부비고 다시 봐도 똑같은 모습들이었다. 저녁 기도 내내 환희심과 감사함에 정말 행복했다.

다음날 일행과 헤어져, 길상화와 함께 오세암으로 내려왔다. 비온 뒤라 미끄러워 어제보다 더 힘들었다. 점심 공양을 못하고 영시암까지 내려가려니 힘들었지만, 서로 잡아 주고 끌어 주며 웃음으로 마음을 나누며 내려갔다. 잠시 쉬는 중 내 얼굴이 아기 피부같이 너무 고와 빛이 난다하기에,

아마 너무 힘들어 얼굴이 떠서 그럴 거라고 웃음으로 답했다.

영시암에 도착했지만 점심 공양이 지난 뒤라 감자밖에 없어 나누어 먹었다. 주지 스님께 인사드리니 "조계사 팀은 아까 내려갔는데 이제 오는가?" 하시며, 어제 보니 보현보살처럼 행을 하는 보살이라며 기억난다고 하신다. 그 말씀에 길상화가 맞장구를 쳐 부끄러웠다. 지금도 탐·진·치를 버리지 못하고 상에 젖어 사는데……

배고프고 지친 몸으로 백담사에 도착하여 잔치 국수를 먹고 집에 도착하니, 어머님과 봉정암에 올라갈 때 챙겨 준 남편, 아들, 그리고 지금은 며느리가 된 새애기가 음식을 준비해 기다리고 있었다. 가족의 사랑을 느끼며 2박 3일 동안 옷도 못 갈아입고 씻지도 못했는데 신기하게도 가족들은 전혀 냄새가 나지 않는다고 했다.

지금 생각해도 적멸보궁 탑 주변에서 부처님을 본 것이나 2박 3일 동안 비에 젖고 씻지도 못했음에도 냄새가 안 났던 것은 그때 내 마음이 환희심 그 자체였기에 그러했으리라……

다시 한 번 탐·진·치의 모든 더러움 씻어 내고 깨끗한 마음으로 돌아가길 간절히 바라며, 열심히 비우고 비우는 불자가 되리라 다짐한다. 부처님 법 만나 행복하며, 감사한 삶을 살아가고 있다. 지심으로 삼배 올린다.

나의 발심 수행

이 종 숙

　　대학을 다니면서 우연히 보게 된 소책자에서 "불교는 깨달음을 구하는 종교"라는 구절이 아주 멋있게 느껴졌는데, 이것은 무조건 믿어야 하는 종교가 아니라는 말에 대한 호기심이었을 것입니다. 그래서 불교에 대해 알기를 원했지만, 마땅히 배울 기회는 없었습니다.

　　그러다 어느덧 30대 후반의 나이가 되어, 어느 날 우연히 수원포교당 정문에 붙어 있는 "불교 기초 교리 강좌 개강"이라는 안내문을 보았습니다. 저는 즉시 수강 신청을 하여 정식으로 부처님의 가르침을 만날 수 있었습니다. 제 생애 처음으로 부처님의 가르침을 접하고 보니, 불교는 약학을 전공한 제가 보기에도 전혀 모순이 없는 과학적인 가르침이라고 느껴졌

불명은 자성각(自性覺). 1952년생. 수원사(용주사 수원포교당) 신도. 조선대 약학과 졸업, 전주 적십자병원 약제과 근무. 온누리이종숙약국 경영. 지금은 한국위빠사나선원 지도강사, 온누리 새푸른약국 약사로 있음.

고, 그래서 불교의 매력에 푹 빠지기 시작했습니다.

이렇게 불교에 입문하고 기쁜 마음으로 절에 다닌 지 3년쯤 지났을 때 저에게 커다란 시련이 닥쳤습니다. 그러나 이미 기초 교리를 배운 덕분에, 이런 시련의 원인은 나에게 있었을 것이고 지금은 내가 이것을 잘 이겨 내야 내 가정을 지킬 수 있겠다는 생각이 들었습니다. 그래서 이 어려움을 받아들여 반드시 극복하고야 말겠다는 용기를 갖게 되었습니다.

이렇게 열심히 기도하며 10여 년 절에 다녔을 즈음, 그렇게 힘들었던 집안의 어려움도 많이 줄어들었고 마음에 여유가 생겼습니다. 이제는 절에서 듣는 교리 공부보다는 마음을 닦아 깨달음을 얻는 수행을 해야겠다는 원을 세웠습니다.

그래서 인터넷으로 여기저기 기웃거리다가 초기불교 수행인 위빠사나 수행을 접하게 되었습니다. 우선 책을 읽어 보았는데, 수행법이 아주 간단해서 혼자 해보겠다고 결심하고 '알아차림'이라는 것을 해보려 하였는데, 도저히 혼자서 할 수가 없었습니다. 그래서 수행 센터를 찾게 되고, 그곳에서 이론과 더불어 수행을 배우게 되었습니다.

위빠사나의 수행 법문을 들으면서 처음 기초 교리를 배울 때처럼 불교에 대해 많은 새로운 것을 알게 되었습니다. 그동안 공(空) 사상이 들어 있는 불교 경전의 내용들이 무엇을 의미하는 것인지 제대로 이해할 수 없었는데, 신수심법(身受心法) 사념처(四念處) 수행을 익히면서, 왜 그런 말씀들이 경전에 나오는지 조금씩 이해할 수가 있었습니다. 그 어려웠던 경전의 내용들을 이해하게 되는 기쁨에 저는 다시 위빠사나 수행에 푹 빠져들게 되었습니다.

위빠사나 수행은 현재 이 순간의 몸과 마음을 있는 그대로 지켜보기만 하는 수행법입니다. 앉아 있을 때는 숨이 들어오고 나가는 것을 알면 되고, 일상생활에서는 화가 나면 화를 내고 있는 몸과 마음을 알아차리고, 욕심을 내면 욕심이 일어난 것을 알아차리고, 걸어가면 걷고 있는 몸과 마음을 그대로 알아차리기만 하는 것입니다.

처음 들을 때는, 내 몸과 마음에서 일어나는 현상을 내가 알아차리는데 누가 이것을 못할까 하는 생각에 자신감이 넘쳤습니다. 하지만 실제로 수행은 어려웠습니다. 그러나 수행은 이제까지 탐진치로 살아온 삶의 습관을 바른 습관들로 바꾸어 가는 과정이란 것을 이해하니, 수행이 어려운 것은 너무 당연한 것이었습니다.

지금까지는 대상을 보고 좋아하는 마음이 일어나면 즉시 그것을 얻으려고 노력했는데, 이제는 일어나는 탐심을 한 번 알아차린 뒤에 마음이 가라앉은 상태에서, 알아차림으로 그것이 필요한 것이면 얻으려고 노력하고, 그것이 욕망이면 놓아 버리려 합니다. 그러나 실제로는 거의 알아차림을 놓치고 실컷 욕심을 내다가 너무 괴로우니까, 그때서야 '마음을 보니 그때 탐심이 있었네!' 하고 아는 식으로 알아차림은 계속 뒷북을 쳤습니다.

이런 경험들을 상담 시간에 스승께 보고하니, 스승께서는 지금이라도 탐심이 있는 것을 안 것은 대단한 것이라고 용기를 주십니다. 앞으로 알아차리는 노력을 계속하면 알아차리는 시간이 점차 빨라져 막 탐심이 일어날 때 알게 되고, 그래서 욕망을 조절하는 힘이 생겨 번뇌가 줄어든 생활을 할 수 있다는 것입니다.

또 부처님의 육성이 고스란히 담긴 초기불교 경전인 『대념처경』에 "중생을 정화하고, 모든 번뇌를 소멸하고, 열반으로 가는 유일한 길이 바로 사념처 수행(8정도 수행)"이라는 내용을 접하고, 이제는 이 수행을 그만둘 수 없게 되었습니다.

지금은 최소한 하루 한 시간 이상 좌선을 하고, 일상생활에서 때때로 대상에 반응하는 마음들을 알아차리고 몸의 움직임도 알아차리는 일을 꾸준히 하고 있습니다. 그러나 알아차림조차도, 너무 욕심내지 않고 능력만큼 알아차려지는 만큼 알아차릴 뿐입니다.

그동안 저의 삶의 과정에서 여러 어려움이 있었지만 그것은 이 위빠사나 수행을 만나는 계기가 되었고, 적당한 시기에 바른 부처님 법과 가르침을 주실 훌륭한 스승들을 만날 수 있었고, 지금은 오직 수행에만 전념할 수 있는 환경이 되어 있다는 것이 너무 감사합니다.

하지만 지금 주어진 이런 좋은 환경도 영원한 것이 아니므로, 이 순간에도 알아차림으로 깨어서 선한 원인들을 심어 갈 것입니다. 이 길은 번뇌에서 벗어나기 위해 불자가 해야 할 일이며, 그러다 보면 정말 언젠가는 모든 번뇌에서 벗어나는 순간이 올 것을 확신합니다.

부처님과 부처님의 가르침과 승가에 귀의합니다.

나의 인생

임 기 자

20대와 30대에는 부귀영화가 기다리는 줄 알고 앞으로만 달렸더니, 60대를 바라보는 지금 부귀와 영화는 어디에도 없고 죽음의 날만이 나날이 다가오고 있더라.

아침에 눈뜨자마자 화장실 거울에 비친 나의 모습을 쳐다본다. 지금 들어가는 숨이 다시 나오지 않는다면, 미련으로 남는 일은 없는가? 잘못 살지는 않았는지, 억울하지는 않는지, 후회되지는 않는지 나날이 점검한다.

정신을 바짝 차리고, 목에는 칼 든 보초 세우고 엉덩이에는 몽둥이 든 보초 세운다. 헛말하고 헛소리하면 내 목이 달아나고, 헛짓 저지르고 헛걸음 걸으면 다리몽둥이가 부러진다. 들어가는 숨 나오는 숨 다 점검하면서,

---

불명은 법운행. 1955년생. 범어사 신도. 고등학교 졸업. 공무원 지냄. 결혼 후 전업주부로, 30세부터 지금까지 참선수행을 하고 있음.

억울함과 후회와 미련이 남지 않도록 나날이 자신을 용광로에 넣어 달구고 두들긴다.

그렇게 불순물 빼고 살아온 나의 삶이 고결한 정신만 남아, 아름다운 빛이 되어 허공을 관통하더라.

불교와의 새로운 만남

장 계 수

　진화론과 관련되는 학설 중에는 '발생 반복설(자연 재연설)'이라는 학설이 있다. 생물학자 헤켈의 주장인데, 한 생명이 수정란에서부터 발생되는 과정은 태곳적 조상의 진화를 되풀이한다는 것이다. 불교의 윤회설도 '삶이 반복 된다.'는 뜻이다. 그렇지만, 윤회라고 해서 같은 삶이 반복되는 것이 아니듯이, 발생 반복설도 일단 그 반복이 재연되고 나서부터는 새로운 진화의 기회가 열리는 것이다.

　아침이 그렇다고 본다. 어제와 같은 하루가 반복되는 것이 아침이지만, 아침은 새로운 기회의 시작점이다. 그 기회를 해탈의 기회로 여긴다면 출가자이고, 돈 벌 기회로 여긴다면 사업가이며, 창조의 기회로 여긴다면 예

불명은 여래향. 1967년생. 은적사 신도. 대구산업정보대 시각디자인과, 한국방송통신대 방송정보학과 졸업. 한국청년연합 홍보위원, 대명라이온스 회원 지냄. 지금은 '디자인 나무' 대표, 대구불교대 부회장으로 있음.

술가이고, 아무런 기회도 보지 못한다면 이미 해탈했거나 우울증에 걸린 것이라 생각한다. 아침부터 시작되는 세상과의 인연 중에는 악연도 있겠고 새로운 기회의 인연도 있기 마련이다.

어느 날 산사의 아침, 그 아침에 '반복과 윤회'를 생각하면서 떠오르는 해를 본 적이 있다. 매일 아침, 해는 반복적으로 떠오른다. 그렇지만 사람은 다르다. 언제나 똑같은 아침을 맞이할 수는 없는 법이다. 아마도 다음 생도 이 아침처럼 금생과는 다른 삶이리라 생각하면서, 오늘 이 순간 내일을 준비하듯이 오늘 아침부터 다음 생을 준비하는 것이 올바르다고 생각했었다. 그러한 단순한 생각에서 불교와의 인연은 시작되었는데, 사실 그동안 준비한 것은 별로 없다.

등산 가서 맞이하는 아침과 산사의 아침은 다르다. 산사라는 환경이 주는 영향인지, 나의 경우에는 다음 생을 생각하게 하는 경우가 많다. 이론이 아니라 그냥 막연한 감정에 휩싸여 침잠한다. 한동안 그러다가 절 지붕 기왓장에 비낀 햇살이 눈을 찌를 때야 비로소 깨어나곤 한다.

일상생활의 바쁜 와중에도 가끔씩 산사의 아침을 생각해 본다. 그럴 때면 지금의 생이 악업을 쌓는 기회가 되어서는 안 된다는 생각이 든다. 기회라고 해서 모두 다 좋은 기회는 아니다. 새로운 아침처럼 다가온 지금 이 생이, 보다 나은 삶의 기회가 되지 않고 축생과 아귀가 되는 기회일 수도 있다는 생각을 하면서 욕심을 조금은 놓아 본다.

나 스스로 불교에서 많은 것을 기대하거나 바라지는 않는다. 그런데 스님들은 그렇지 않은 것 같다. 해탈을 향해 정진하시는 분들을 보면 부처님 제자분들은 특이하다는 생각이 든다. '디자인 나무'라는 광고 출판사를 운영하게 된 3년 전부터는 아무래도 시간적 여유가 있어, '해탈이라고 부르는 것'에 대하여 좀 더 많이 생각해 보게 되었다. 나와는 먼 것이지만, 스님들께서 그토록 진지하시니 나도 전염된 모양이다.

윤회로부터 벗어나는 것, 아침과 저녁이 없는 경지에 이르는 것, 그러한 것이 뭐가 좋다고 스님들은 그렇게 심각한 것인지, 이해가 안 된다. 해탈이라는 것에 전염된 김에 곰곰이 따져 보니, 스님들과 나와는 하나의 차이점이 있었다. 스님들은 반복되는 이 삶이 괴로움이라고 여기시고 계셨다. 그러기에 삶을 '해탈의 기회'로 보시는 듯했다. 나의 경우는 이 삶에 미련이 많고 애착이 많은 것이 삶을 '해탈의 기회'로 여기지 않는 이유다. 그렇게 삶을 보는 눈이 다르니, 당연히 짓는 업도 다르고 삶을 통해 쌓아지는 내부적 살림살이도 다르다. 안목의 차이가 삶 자체를 다르게 구성하는 것이다.

시각 디자인을 직업으로 삼고 있는 입장에서 항상 스스로 다짐하는 것은 '안목이 바뀌지 않으면 디자인의 창조는 없다.'는 것이다. 말하자면 새롭게 생각하지 않으면 새로운 디자인은 나오지 않는다는 것이다. 같은 이치로, 나 스스로 불교에 대한 안목을 '업그레이드'해 나아가지 않는 한 불교와의 새로운 만남은 이루어지지 않을 것이다.

해탈을 이해할 수 있는 새로운 눈인 '고(苦)에 대한 안목'을 갖추어 어

서 초보 불자에서 벗어나야겠다. 아무래도 '초보'에 너무 오래 머무르는 것
같다는 생각이다.

부처님의 품속은 언제나 따뜻하네

정 영 애

쌕쌕 가쁜 숨을 몰아쉬며 엄마 뒤를 졸졸 따라 도봉산 천축사를 오르내리며 부처님 친견하러 가는 것을 좋아하던 한 어린 소녀는, 이순(耳順)을 훨씬 넘긴 지금까지도 부처님 품속에서 한없는 평온함과 따뜻함을 느끼며 지내고 있습니다.

"이 아이는 꼭 부처님을 믿게 하십시오." 부처님이 누구신지 모르는 어린 나이에도, 주지 스님의 이 한마디 말씀을 자신에게 주어진 인생의 좌표와도 같이 깊이 새겨들었습니다. 소녀의 사주에 나타난 생일과 자장 율사께서 열반하신 날이 같아 깊은 인연이니, 이 아이는 불교를 믿어야 한다고 풀이해 주신 스님께 어머니께서는 깊은 감사를 드렸습니다. 이렇게 어린

불명은 의현명. 1943년생. 능인선원 신도. 탄허불교문화재단 부설 삼일선원과 보문회 신도회에서 각각 사무차장과 재무 지냄. 지금은 (사)청년여성문화원 평생회원, 아르데미 회장, 숙연회 회장으로 있음.

시절부터 부처님과의 인연은 시작되었습니다.

어머니의 기도 속에서 바쁜 학창 시절을 보냈고, 그 후 결혼을 하여 시어머니의 지극한 기도가 있는 집안에서 3남매를 낳았습니다. 아이들을 키우면서 나약해진 모성을 깨닫고서 비로소 부처님을 더욱 갈망하게 되었습니다. 부처님은 누구신가? 불교란 무엇인가? 근원적인 의문은 떠나지 않아, 알고자 하는 갈망으로 동국대학교 목정배 교수님과 정병조 교수님의 강의를 찾았습니다. 불교 경전을 학문적·철학적으로 풀이한 법문이 쉽게 이해되어, 학창 시절에 공부하듯이 열심히 부처님의 세계 속으로 빠져들었습니다. 불공 다례를 통해 부처님을 공경하는 마음 자세도 갖추게 되었습니다.

부처님을 공경하며 지내고 있을 즈음, 대보살이신 박명혜 회장님과 인연이 되어 이끄시는 대로 탄허불교문화재단 부설 삼일선원 보문회 여신도회에서 처음 부처님의 사업을 정성껏 도울 수 있었습니다. 그 속에서 각성 스님과 무진장 스님의 높으신 법문을 통해 한 단계 높아진 부처님의 세계 속으로 들어갈 수도 있었습니다.

그리고 능인선원의 지광 스님을 통하여 부처님의 말씀을 짜임새 있게 정립하게 되어, 가정과 사회와 국가가 필요로 하는 불교적 인간상을 세울 수 있었으며, 부처님의 말씀을 힘, 생활성, 현대성을 가진 불교로 깨닫게 되었습니다. 불교의 본질, 우주의 진리, 자연의 섭리가 한 점에 있음을 모든 법문을 통해 알게 되어, 온 천지에서 부처님의 숨결을 들으며, 우주와 호흡을 같이 하며, 자연을 즐기며, 부처님 품속에서 인간다운 인간으로 존재함을 느끼게 되었습니다. 지금까지 배운 지식과 진리와 법문을 토대로 정성껏 기도하며 나름대로 삶의 진리를 찾고 엮어, 가정과 자녀 교육에 활용하며 지내 오면서, 이 모두가 나의 자랑이며 행복이라고 자부하였습니다.

그런 삶이 부처님의 광대무변(廣大無變)한 대해(大海) 속에서 얻은 지혜 덕분임을 많은 시간이 흐른 뒤에야 알게 되어 부끄럽게 생각합니다. 시시각각 소멸하는 인간의 육신 속에 자리한 마음과 자성을 무애와 자재를 통하여 부처님께 더 가까이 가져갈 수 있게 되었습니다. 완전자이신 부처님의 말씀을 깊이 자각할 수 있는 기회가 되었습니다.

> 사람들이 가진 재산 중 믿음이 제일이요, 법을 수행하는 사람이라
> 야 즐거움을 누릴 것이며, 거짓 없는 진실한 말이 가장 아름답고,
> 지혜의 수명이 목숨 가운데 제일이요, 믿음이 있어야 거센 불을
> 건너고, 게으르지 말아야 바다를 건너며, 수행에 힘써야 고통을
> 떠날 수 있고, 지혜로워야 청정함을 얻는다.
>
> - 『별역 잡아함경』

시간의 흐름은 인간의 존재에 많은 변화를 가져와, 생멸의 두려움을 안은 채 삶에 대한 집착과 애착을 갖게 하는 것이 인간의 본성임을 알았습니다. 그러나 부처님은 말씀하셨습니다. "인간의 생로병사는 둘이 아닌 하나요, 정신적으로 영적으로 성장하여 영원의 세계로 나아가는 열반의 길이다."

나이가 들면서 다시 깨닫는 철학입니다. 따스한 부처님의 품속에서 보

낸 60여 년의 시간은 행복했습니다. 어릴 때 부처님의 말씀을 인생의 좌표로 맞이한 나의 선택이 이렇듯 떳떳이 살아갈 수 있는 원동력이 되었음을 어느 누구에게도 자신 있게 말할 수 있습니다. 부처님의 말씀은 우리의 스승이며 꼭 있어야 할 존재임을, 살아오면서 느낀 하나의 크나큰 수확이라고 생각합니다.

이제 우리는 성불이 멈춘 자리가 아닌 영원한 지혜와 복덕이 하나인 자리에 서서 불행시불(佛行是佛)을 갖고 살기를 기도합니다. 부처님 사업의 발전을 위하여 살아가기를, 자신 및 가족의 행복과 이웃의 아픔을 위하여 살아가기를, 남을 미워하지 않고 원망하지 않고 성실과 겸손한 마음으로 남에게 감사하는 자세로 살아가기를, 선행을 통하여 공양하며 봉사하는 자세로 살아가기를 기도합니다. 그렇게 살아가는 사람이 바로 참다운 보살이요, 부처인 것을.

청산은 나를 보고……

진 정 순

　태안사. 신라 9산 선문의 하나인 동리산파의 본거지이며, 혜철 선사와 도선 국사가 득도한 정양 수도의 도량이다. 주변의 풍경이 아름답고 깊고 그윽하다. 일제 강점기에 태안사 주지 스님이시던 분이 나의 시아버지이시며, 이곳에서 태어나 다시 이곳으로 돌아온 남편의 고향이기도 하다.

　태안사 들어오는 길목에 조태일시문학기념관이 들어서 있다. 전강 선사께서 능파각 아래 흐르는 맑은 물소리에 깨치셨다는 곳이기도 하다.

　깨침이란 무엇인가? 나에게도 화두가 된 적이 있었다. 청화 스님께서 주석하고 계실 때 매달 한 번씩 내려와 법문을 듣곤 했다. 「보리방편문」을 외고 또 외고, 환희심에 또 외우고 하였다.

1943년생. 태안사 신도. 숙명여대 교육대학원 졸업. 여러 학교 교감·교장, 서울 본청 등 장학사, 송담대 강사 지냄. 지금은 한국스카우트중앙연맹 (직선)이사, 역삼청소년수련관 관장, 전국교육경영직불자연합회 푸루나 회장으로 있음.

　"心은 虛空과 等할세 片雲脊影이 無한 廣大無變한 虛空的 心界를 觀하면서 淸淨法身인 비로자나를 念하고……."

　민주화를 갈망하며 모든 것을 다해 싸우던 남편, 유신 및 군부 시대와 5·18 민주화 운동 등 하수상한 시절에 어찌나 마음고생을 했는지 나도 만신창이가 되어 가고 부처님께 의지함은 더 커져만 갔다. 낮에는 학교에 가서 아이들 가르치고, 저녁에는 서대문에 들러 남편에게 책을 넣어 주고, 밤에는 출판사에 들러 회사를 돌보고, 생계를 꾸리기 위해 이리 뛰고 저리 뛰고, 또 정보부에 끌려가 학생들 가르치기 전에 남편 교육부터 잘 시키라는 훈계(?)를 듣고 분노했던, 마음 조이며 살았던 시련과 질곡의 시간들.

　이 시대의 어려움을 해결하는 방법은 무엇인가? 홍익인간이라는, 만백성을 이롭게 하라는 건국 초의 국가 이념도 사라지고, 오직 정권의 탐욕밖에 없는 위정자들. 올바른 한 사람의 국가 지도자가 얼마나 귀중하고 필요한가를 뼈저리게 느끼게 되었다.

　교사, 교감, 교장, 장학사를 하면서, 영어 단어 하나 더 외우고 수학문제 하나 더 푸는 지식 교육이 중요한 것이 아니라 사람 됨됨이를 가르치는 것이 더 중요하다는 생각에, 부처님의 오계를 학생 생활에 맞게 만들어 명상 교육, 예절 교육, 다도 교육 등을 실시하여 매일 반성하게 하였다. 훈화 시간에 학생들에게 "여러분은 무엇으로 사물을 보지요?" 하고 물으면 "마음으로 봐요."라는 대답이 나왔을 때, 기뻐서 가슴 벅찬 눈물을 흘린 적이 있었다. 서울시교육청 장학사 시절, 법보신문 기자들과 합심하여 교육

현장에서 일어나는 각종 종교 편향 사태를 소신 있게 해결하기도 하였다.

고생 많이 했으니 좀 쉬라는 주위의 권고를 뿌리치고, 이제부터는 오직 부처님을 향하여 더욱 치열하게 구도의 길을 가고자 마음먹었다. 무엇이든 부처님의 가르침에 관한 것이라면 다 해보기로 작정을 했다.

퇴임 후 곧바로, 마음속에 담아 두었던 오대산 월정사 단기 출가를 감행했다. 나이가 많은데 도중에 집에 가겠다는 말을 하지 않겠느냐는 스님의 말씀에 끝까지 잘하겠다는 서약을 하고 갈마를 마쳤다. 하지만 삭발을 하고 강행되는 행자 수업은 생각처럼 쉽지만은 않았다.

그 후 금산사 참선, 제주 월명암 단식 참선, 석종사와 인천 용화선방 안거, 자비 도량 참법, 「금강경」 독송, 매일 1000배 절 기도, 섣달 그믐날 월정사에서 상원사까지 엄동설한 얼음판 위에서 삼보일배, 백담사에서 봉정암까지 삼보일배, …… 닦아도 닦아도 흐르는 눈물은 끝이 없었다. 수월 선사가 좋아 「신묘장구대다라니」를 외우며 만주 벌판 선사의 발자취를 따라다녔고, 간월암이 좋아 틈만 나면 갔다.

어느 날 잠결에 무엇인가를 보고 소스라치게 소리를 지르며 놀란 적이 있다. 왠지 그 후로 나는 많이 달라졌다. 거칠었던 마음이 조용한 파도처럼 순일해졌고, 우울했던 마음에 기쁨과 열정이 가득 찼으며, 좀 더 세밀하고 새롭게 사물을 보게 되었고, 보다 지혜롭게 문제들을 해결하게 되었다.

내 인생의 목표는 더욱 확실해졌다. 바른 신심 굳게 세워 아해로서 출가하여, 귀와 눈이 총명하고, 말과 뜻이 진실하며, 세상일에 물 안 들고,

청정 범행 닦고 닦아 제불 정법 잘 배워서 대승 진리 깨달은 뒤, 육바라밀 행을 닦아 아승지겁 뛰어넘는 구도자로 환생하기를……

오늘 나를 있게 해 준 모든 인연에 감사하며 큰절 올립니다.

부처님 말씀을 느끼며 실천하며

최 지 원

　이 광대무변한 우주 속에 일체만상이 함께 존재하고 있다 한다. 과연 이 우주는 얼마만큼 큰 것인가를 한번 생각해 본다. 한 티끌 속에도 무한이 들어 있고, 사과 한 알, 쌀 한 톨 속에도 우주가 들어 있다고 했다. 즉 일체만유가 모두 우주다. 우리의 현실도 영원의 연속인 것마냥 무한대 속에 우리는 살고 있다. 이 속에 나는 한갓 모래알 같은, 아니 티끌 같은 존재일 수밖에 없을 것이다.

　사람은 사람끼리, 초목은 초목끼리, 개미는 개미끼리, 하루살이는 하루살이끼리 모두 자기만의 범주 안에서, 그 세계를 느끼며 사는 것이다. 우리 인간이 개미를 내려다보는 시야가 있고 또 하루살이라든가 구더기 같은

1937년생. 불명은 명우당. 능인선원 신도. 진주사범학교(진주교육대) 졸업. (사)자행회 이사, 능인선원 결혼상담실 상담원, 능인신문 편집위원을 지냄. 지금은 (사)청년여성문화원 이사로 있음.

하찮은 미물을 보는 눈이 따로 있다는 것을 그들은 모르고 살고 있지 않은가! 우리 인간에게도 개미처럼, 구더기처럼, 하루살이처럼 하찮게 내려다보는 다른 큰 눈의 세계가 반드시 있을 것이다.

현재 우리가 살고 있는 대단지 아파트를 보라. 창문 하나하나 속에 몰려들어 살고 있는 인간의 숨 가쁜 숨결을……. 그리고 저녁 퇴근 무렵 버스 정류장에서 차를 기다리며 서 있는 인파, 시장이나 행사장에 몰려다니는 군중의 우글거림, 차도에 몰려 쉴 새 없이 질주하는 차량들의 행렬, 이 모두가 개미 소굴에 몰려 있는 개미의 세계와 다를 것이 무엇이겠는가?

바로 이 같은 우리 인간 사회를, 우리가 개미의 세계를 내려다보듯이, 더 큰 눈으로 위에서 지켜보고 있다는 사실을 깨달아야 할 것이다. 그런데 개미는 자신들의 세계만 존재하는 것으로 알고, 그들의 몇 만 배나 되는 인간이 이렇게 바짝 지켜보고 있는 줄은 모른다. 우리가 장난삼아 개미집에 물을 붓거나 흙을 파헤쳤을 때, 그들은 생사를 가르는 크나큰 환난을 당하고 만다.

이와 같은 비중으로 볼 때 이 우주는 상상을 초월하는 더 큰 세계가 있을 것이고, 대우주의 법칙이 엄연히 존재하고 있을 것이다. 우리는 매사를 소홀히 해서도 아니 되며 말 한마디, 행동 하나도 경건하고 신중하게 생을 엮어 가야 한다는 엄숙한 진리를 터득하게 된다.

어느 날 집에서 키우는 강아지를 통해서도 다시 한 번 확인이 되어, 나의 소감을 몇 자 적어 보려 한다.

나는 평소에 집에서 강아지를 키우는 것을 별로 달가워하지 않았다. 그런데 우연히 아들이 친구로부터 요크셔테리어 한 마리를 얻어 왔다. 그런데 요놈 성미가 보통이 아니다. 장난꾸러기라 이름을 '짱구'라고 지어 주었다. 생김새는 예쁘고 눈망울이 똘똘한데다가 영리하게 생긴 것이 성품이 바지런하기가 이를 데 없다. 잠깐도 가만히 있지를 못하고 깽깽거리며 응접실, 안방, 소파, 카펫에서 뒹굴고 뭉개고 온통 난리굿이다.

그래서 "안 되겠다.", "못 키우겠다.", "어디 갖다 주어라."는 등 이런 소리가 하루에도 수십 번씩 나는 중에 '필연! 애도 무슨 인연이 있어서 우리 집에 왔겠지!' 하는 생각이 들어서 "짱구야, 너 무슨 인연이 있어서 우리 집에 왔니?" 하고 몇 번씩이나 되물어보면서 버리지도 못하고 어찌지 못해 고민 중이었다.

하루는 식구들이 모두 외출 중이고 나 혼자 거실 긴 의자에 기대어 조용히 독서 삼매경에 빠져 있는데, 주위가 너무나 조용해서 '이 강아지가 어디 갔나?' 하고 찾으니, 이게 웬일입니까! 바로 내 가슴 앞에 자기 등을 붙이고서 얌전하게 누워있는 게 아닌가! 너무도 신기하고 신통해서 "야, 너도 이런 때가 다 있었구나!" 하고 예뻐서 어루만져 주고 쓰다듬어 주고 안아 주는 순간, '그래, 바로 이것이다!' 하는 깨달음이 왔다.

우리도 이 강아지처럼 예쁜 짓을 했을 때, 이 우주의 큰 손이 — 진리의 손, 부처님의 손이 — 나를 애무해 주고 어루만져 주며 내게 따스하고 큰 복을 가져다줄 것이고, 만약 내가 바른 생활, 바른 생각, 바른 인생관을 갖지 않고 나쁜 마음을 먹었을 때는, 내가 강아지를 때리듯 나를 매질하고 벌을 줄 거라는 걸 알게 된 것이다. 때린다는 것, 벌을 준다는 것은 마치 우리 생활에 병으로든, 재앙으로든 화를 자초하게 하고 고난을 일으키게 된다는 사실을 말하는 것이다.

이와 같은 경계를 느끼게 해 준 대우주의 진리 앞에 감사를 드린다. 눈물이 찡 나도록 '정말 부처님 감사합니다.'를 되뇌었다. 이와 같이 우리가 일상생활 속에서 작은 일이나마 느끼며 살 수 있다는 것이 얼마나 감사한 일인지……. "이 우주에는 한 치의 오차도 없고, 여래께서는 실지실견(悉知悉見)하신다."고 스님께서는 항상 말씀하셨다.

한 티끌도 버릴 것이 없고, 한 티끌 속에도 무한이 들어 있다 했다. 우리는 티끌 같은 존재이지만 티끌을, 아니 순간을 영원으로 이끄는 삶을 살도록 우리 모두 합장하고 노력하자.

그 자리에서 오랜
빛

저 사람 참 괜찮아

김 영 순

    원래 불교를 믿는 집안이었지만 불교 행사, 즉 집안 어른들 49재 때 절에 가고 하는 수준이라 불자라는 것을 별로 못 느끼고 지냈습니다. 더구나 1954년 미국대사관에서 타이피스트로 얼마간 일하며 미 공군 소속 교회에서 합창단 활동도 하였습니다. 그 후 기독교 감리교 재단의 장학금을 받아 미국 대학에 유학을 갔으며, 미국 보증인이 침례교 교인이라 그곳에서 세례도 받고 지냈습니다. 귀국해서도 바로 결혼을 했기에 그때까지 불교와의 이렇다 할 인연은 없었습니다.

    그러다 시댁도 불교를 믿고 있었고 친구들이 다니는 북한산에 있는 승가사와 봉정암에 자주 따라다니다 보니 교리도 제대로 모르면서 불교가 친

1934년생. 불명은 반야성. 서울 봉정암 신도. 미국 Florida Southern College 경영학과 졸업. 미국대사관 근무, (주)남영나일론 이사 지냄. 지금은 불이회 활동을 하고 있음.

근해지기 시작했습니다. 당시는 열심히 절에 가서 기도하면 소원이 이루어
진다고 생각하고 그저 기복 신앙으로 여겨, 딸만 일곱을 낳았기에 아들을
낳았으면 하고 나름 원을 세웠습니다.

기도로 소원이 이뤄졌는지 아니면 우연인지 아들을 낳았지만, 아들을
원한다고, 좋은 학교 입학을 원한다고 기도해서 반드시 되는 것이 아니고,
기도를 하다 보면 마음이 열리고 전부를 위한 기도가 되면서 집안의 기를
모으니 좋은 일이 일어날 수 밖에 없다고 스님께서는 말씀해 주셨습니다.

그때부터 불교를 공부하고 싶은 마음에『불교신문』을 종신 구독하였고
『불광』,『현대불교신문』을 구독하게 되었습니다. 취미 생활을 같이 하면서
알게 된 불자들끼리도 1974년 '불이회'란 모임을 만들어서 한 달에 두 번
씩 스님을 모시고 법문을 듣거나, 철학·심리학 등 다양한 분야의 전문가
들을 초청하여 강의를 듣기 시작했습니다. 그즈음 친구 소개로 금강경독송
회의 백성욱 선생님도 알게 되어 정기적으로 친견하며 가르침을 받았습니
다. "거기에 그 마음을 바쳐라." 하거나 "싫은 소리 하는 사람이 당신의 스
승이다." 하는 말씀이 기억에 남습니다.

현재 신행생활이라면 육바라밀 행을 일상생활 속에서 의식하는 연습을
하여 습관이 되도록 노력하고 있습니다. 마음으로 주는 연습을 하며 보시
를, 후회하는 일을 적게 하는 지계를, 만나는 모든 이를 부처님으로 보는
인욕을 행한다. 이러한 보시, 지계, 인욕 세 가지가 옳다고 생각되면 부지
런히 실행하는 정진, 정진 하면서 마음이 안정되면 선정, 선정이 익숙해지

면 마음이 편안해지고 의심이 없으니 지혜가 생기는 이 같은 여섯 가지 바라밀을 연습하고 있습니다. 하지만 마음공부를 하면서도 회의가 날 때가 많았고 안 될 때는 애써 하기보다 탐심을 버리고 그냥 쉬었습니다.

불교를 좋아하는 이유는 모든 것이 나로 인한다는 것, 즉 원인 지어서 결과 받는 절대 공평하고 과학적이라는 점입니다. 너와 내가 둘이 아니라는 것, 과거는 지나갔고 미래는 아직 오지 않았으니 절대 현재심으로 지내다 보면 궁리하거나 허망한 것 생각할 여유가 없고, 저 자신을 돌이켜 볼 때 크게 향상되지 않았어도 후퇴하지 않았다는 것을 느끼며 보게 되어, 공부할 수밖에 없습니다.

불이회가 만들어진 지 30년이 지났습니다. 요즘도 매달 두 번씩 만나 강의를 듣고 있으며 봄, 가을로 사찰 여행을 갑니다. 친구 따라 절에 가서 기복으로 시작한 신행생활이었지만, 이제는 만나는 사람마다 말 한마디라도 좋은 애기를 해줌으로써 포교 아닌 포교로 부처님의 가르침을 전하려고 합니다.

"저 사람 참 괜찮아."라는 말을 듣는 사람이 진정한 불자가 아닐까 생각하며, 저도 그러한 불자로 살고 싶습니다.

진여문을 향한 수승한 걸음 내딛고 싶어

김 윤 희

어느 수승한 인연력에 기대 살았는지 모를 일이다. 조심스러운 걸음을 떼듯 매일 삼보 곁을 지키며 살아가는 내가 스스로에게 건네는 감사의 언어다. 이 법을 알고, 이 법을 믿어 한 치의 의심도 없이 살아가는 세속의 나는 지금도 불교라는 이 큰 바다에서 유영을 하고 있는 셈이다.

일반 언론사에서 불교 언론사로의 쉽지 않은 이직 결정이 있은 것이 벌써 15년 전의 일이다. 한걸음에 달려가도 늘 그대로 맞아 줄 것만 같은 승가의 선지식을 친견한 나는 육신의 밑바닥을 몽땅 뒤집어 놓은 듯 그 길로 불교라는 집안에 선뜻 발을 들여 놓았다. 수십 년을 수행자로 살아가는 스님들께도 과정의 난맥상은 있기 마련이라지만 내게 있어 불교와의 인연

불명은 설향(雪香). 1966년생. 통도사 신도. 한남대 국어국문학과 졸업. 부산불교신문사 근무.
지금은 월간·도서출판 『맑은소리 맑은나라』를 창간·설립하여 대표를 맡고 있음.

은 어느 한 순간도 잘못 들어선 길이라는 생각은 들지 않아 이보다 더한 천륜이 없겠다는 생각이다.

원고를 다듬고 책을 만들고 하는 일에서 한번도 이탈하지 않은 내가 가장 감사한 마음이 일 때는 단연, 법을 알고 그 법의 이치를 거스르지 않는 같은 불자들을 대할 때이다. 일체중생의 근심과 번뇌는 한시도 떠나 있지 않아 그 마음 하나 제대로 운영할 줄 안다면 그로서 법은 더 이상 멀리 있지 않으며 부처의 삶이 요원한 삶만은 아니리라.

그러기에 내게 있어 공양은 언제나 삼보였다. 나를 지탱하게 해 주는 부처님과 그 부처님의 가르침을 이행케 하는 법과 그 법을 따라 중생들을 이끌어 주는 승보는 언제나 육신의 에너지가 돼 주는 한 끼 공양에 다름 아니었다. 수백 리를 달려 마주 앉은 승가. 그 승가의 입을 통해 듣는 법은 몇 끼 공양을 능가하는 기운을 안겨 주었으며 쉽게 움직이지 않는 법체는 법신의 거룩함을 눈으로 확인하는 확철 대오의 끼니가 분명했다.

부자이기를 바라는가?

그 물음에 부정으로 답할 자 있을까마는 내게 있어 부자는 불법을 헤아릴 줄 아는 마음의 부자이니 나를 능가할 부자가 또 어디 있으랴. 그럼에도 일상은 늘 의식을 따라잡지 못한다. 요동치지 않는 마음으로 앞만 보고 걸어도 때때로 바람을 만나는 일이 있어 이내 파도를 만든다. 물은 언제나 그 모양 그대로이나 그렇게 바람이 일어 풍랑을 일으키니 더러는 내 안에 바닥난 에너지를 발견하곤 한다.

그러면 비로소 큰 눈으로 나를 관하는데 그때 발견되는 것이 '불성의 부재'이다. 놓치지 않아야 하는 마음을 놓고 있었음이 자명해진다. 그 순간 돌아봐지는 위기의식이 나를 다시금 제자리로 데려다 놔주곤 한다. "사홍서원(四弘誓願)을 이행하는 일이 불교"라고 일러 주신 어느 선지식의 가르침이 목덜미를 치며 그렇게 보리심(菩提心)을 일으키게 해 준다.

몇 겁의 세월을 함께 했기에 우리들 이렇게 한 시대를 같이 하고 있는 것일까? 그 이치를 살피다 보면 승속의 인연들 어느 하나 소홀해질 수가 없다. 내가 하는 일도 그러하다. 월간지를 만드는 작업이나 불교 서적을 만드는 일, 스님들의 원고를 윤문하는 일은 올올이 정중한 작업이 돼야 하며 어느 하나 소홀해서는 안 되는 일이다.

그러나 아주 가끔 이는 마구니가 있다. 그럴 때면 진실로 나의 부처님을 마주 보고 얘기한다. "그 너머에 무엇이 있습니까?"라고. 상대를 탓해야 하는 일이 있을 때는 나를 보고, 나를 의지하는 이가 있을 때는 드러나지 않는 그의 이면을 보고자 애쓴다. 그러면 그 너머의 진리가 턱 하니 모습을 나타낸다. 그 도리를 알고 나면 어려울 게 없다. 내가 갖는 감사의 마음이다.

얼마 전 출간된 한 스님의 구도 소설은 1년 전부터 윤문을 거쳐 세상에 모습을 드러냈다. 수행의 전 과정이 묻어 있는 소설을 교정하는 동안 몇 번이나 모골이 송연해져 눈물을 흘려야 했다.

승가의 그림자를 좇아 묵묵히 걸어 나가는 나는 비록 세속을 살아간다

할지라도 그렇듯 바른 그림을 그려 나가고 싶다. 진실로 순일한 삶, 일심으로 귀의하는 삶, 진여문을 향하여 여여한 걸음을 옮기는 구도자의 모습으로 스스로를 점검하며 그렇게 말이다.

건축쟁이가 부처님을 닮고자 하지만

김 인 숙

작년 봄, 나는 장흥 소재 영산 법화사(法華寺)에 불사 예정이 있어 행산 주지 스님, 노 신도들과 대만의 사찰 답사를 다녀왔다. 동남아시아의 사찰 건축은 역사적인 맥을 이어 오면서 지역의 자연 조건이나 생활 양상, 오랫동안 지켜 온 문화양식이 다르기 때문인지 어딘가 비슷한 듯하면서도 무척 다르다. 일본이나 중국의 오래된 사찰들을 오랫동안 여러 차례 돌아보았기 때문에 처음 접하는 대만의 사찰도 중국 본토와 유사하리라 생각했는데 너무 달랐다. 특히 중국의 사찰 건물은 너무나 넓은 땅덩어리와 많은 인구 때문에 당연히 크리라 생각이 들었지만, 좁은 섬나라인 대만의 사찰은 중국 본토의 사찰 규모에 뒤지지 않고 건축양식도 현대적이어서 나를 당황하

1945년생. 연세대 건축공학과 졸업. 대한주택공사 건축연구소 근무. 여성건축가협회 회장 지냄. 지금은 (주)서림에이엔씨 회장으로 있음.

게 하였다.

일월담(日月潭), 문무묘(文武廟)를 돌아 현장사(玄奘寺)를 돌아보니 대만의 사찰 내부에는 석가모니 부처 외에 관우, 공자, 맹자, 악비 등등을 신격화해서 모셔져 있었고, 재물·수명·명예·승진 등 소원하는 분야도 구별되어 있었다. 즉, 일본의 다신 종교와 비슷한 도교 사찰을 겸한 곳이었다.

중대선사(中臺禪寺)는 사찰인지 승가대학인지 호텔인지 알 수 없을 정도의 규모를 자랑하면서 높이 36층의 현대적인 석조 건물로 우리를 압도하였다. 1층의 홀은 천정이 높고 넓었으며, 홀 중앙에 커다란 돌부처님은 어둑한 조명 아래 두 눈을 감으시고 입도 꾹 다무신 채 앉아 계셨다. 양 옆에는 역시 달마 대사와 관우가 조용히 앉아 있었다. 부처님의 얼굴은 그 나라 사람들을 닮는다고 하는데, 대만 사람들이 너무 많은 소원을 빌어 부처님을 괴롭혀 드리는 것은 아닌지? 부처님은 몸 전체가 부은 듯하고 피곤한 듯 느껴져 좀 편히 쉬시도록 뉘어 드리고 싶은 심정이었다.

불광사(佛光寺)를 뒤로 하고 용산사(龍山寺)에 도착하니 사람들은 북적대고, 절 안에는 피워 놓은 향의 연기로 꽉 차 있었으며 향 내음은 향기롭지 않고 독하고 매웠다.

다시 자항사(慈降寺)로 향했다. 언덕을 넘어 쓰러질 듯 서 있는 높은 아파트 단지를 마주 보면서 구불대는 길을 힘겹게 오르니 절이 보였다. 자항사에는 등신불이 모셔져 있다고 한다. 대만에서는 청나라 때부터 이곳으로 들어온 사람은 본성인이라 하고, 장개석 총통과 함께 이곳에 온 사람은 외성인이라 하는데, 자항(慈降) 스님은 외성인으로 자항사에서 수행하다 입적하신 스님이다.

자항 스님은 입적하시면서, 항아리에 앉아 있는 당신의 육신을 그대로 두었다가 3년 후에 열어 보라고 행자에게 말씀하셨다 한다. 그 후 노장파와 소장파 간에 분쟁이 생겨 매일 싸우면서 스님의 말씀을 모두 잊었고, 항아리를 열어 보라던 날짜도 잊고 지냈다 한다. 어느 날 행자 스님이 꿈에서 자항 스님의 모습을 뵙고서야 스님께서 일러 주신 말씀을 생각하고 죄스러운 마음으로 항아리 뚜껑을 열어 보았더니, 입적 하신 지가 5년이 지났는데도 입적하실 때의 모습 그대로 계셨고 그 항아리 속에서는 향기까지 풍겨, 자항 스님의 육신을 등신불로 모셨다고 한다. 이곳에서도 부처님의 가르침대로 행함보다는 부처님도 법당도 중생들의 욕망의 수단이 되고 중생의 잣대로 갈등이 일어나고 있었음이여!

미타청정전(彌陀淸淨殿) 기념 법당에 도착하니, 신기하게도 우리나라 석굴암 부처님과 똑같은 부처님을 모셔 놓았다. 다만 여기 부처님은 분홍색의 입술이었고 고운 미소로 우리를 기다리고 계셨다. 노 보살님들은 다리 아프다 힘들다 하시더니 무슨 힘이 생겼는지 거듭거듭 절을 하셨다. 행산 스님 목탁 소리에 맞춘 우리 일행의 염불 소리가 온 법당에 울려 퍼졌고, 우리 모두 석굴암의 부처님을 만난 듯 환희심이 충만하였으니 살아 있는 부처였다.

대만의 전통 사찰 답사 후, 중국의 사찰이나 대만 사찰과는 달리 법화사의 법당은 우리의 정서와 조화되는, 그래서 한국적이면서도 현대적인 요소를 잘 조화한, 오늘날을 대표하는 사찰 건물을 탄생시켜 보고자 매일 서원한다. 남편과 나는 건축을 전공하고 실무를 하다 만났고, 남편은 대학에서 건축전공 교수로 특히 전통 건축도 강의하고 있다. 나는 기독교 집안에서 태어났지만 결혼 후 우리나라의 전통 건축, 특히 사찰 건축을 많이 답사하면서 그 공간의 신비한 아름다움에 빠져들어 불교 서적을 접하다가 부처님을 만났고, 지금은 부처님의 가르침을 행하면서 살아가고자 한다. 교리와 의례 등 아직 서툴기도 하고 모르는 것이 많지만, 부처님 덕분에 우리나라 사찰의 소박한 아름다움에 매료되었고 또 영산 법화사의 불사를 하게 되었으니, 이는 모두 부처님의 가피라 생각한다.

날마다 좋은 날

김 정 순

　때로 불교란 제게 어떤 의미인지 생각해 볼 때가 있습니다. 신앙이라는 것이 누가 강요한다고 해서 인생의 의지처고 마음의 기둥이 되는 것이 아닌 만큼, 초등학교 6학년 때부터 방과 후에는 혼자 조계사에 들러서 참배하고 귀가하곤 했습니다. 원래 부모님의 종교가 불교였고, 불교 가풍의 가정교육이 작용하였으며, 조계사가 있는 서울 종로구 수송동에서 성장하는 등 어린 시절 저를 감싼 모든 주변 문화가 불교적인 감수성을 자극하여 불교가 뭔지도 모르면서 혼자 절에 다녔으리라 봅니다. 중·고교 때는 개신교계인 학교 교육에 심한 갈등을 겪게 되었고, 고등학교 3학년 때엔 삭발염의(削髮染衣)를 발원(發願)할 만큼 불심에 심취되어 있었습니다.

불명은 자비화. 1955년생. 화엄사 신도. 숙명여대 제약학과 졸업. 종로구 약사회 홍보위원장 지냄. 지금은 마하의료회 부회장, 대한불교조계종 중앙신도회 이사로 있음.

강의가 좀 일찍 끝난 대학 1학년 어느 날, 지금은 조계사 대웅전 밖에서 신을 벗고 들어가게 되어 있지만 그때만 해도 대웅전 안에서 신발을 벗고 다다미로 된 법당으로 들어갔습니다. 무슨 날이었는지 그날따라 대웅전이 신도들로 가득했습니다. 법당 기둥 옆에서 108배를 하고 나오며 신발을 찾아 신는데, "세상이 변하지 않는 것이 자연스러운 것이 아니라 변하는 게 자연스러운 것이다." 하는 스님의 법문 한 말씀에 갑자기 뭔가 눈앞에 번쩍하는 느낌이었습니다. '아, 변하는 게 자연스러운 것이구나. 산도 변하고 사람의 몸도 다 변하는 것이구나. 지금 이 순간의 내 몸은 바로 5분 후의 내 몸이 아니겠구나. 변하기 때문에 허무한 것이 아니고 변하기 때문에 더 발전할 수 있는 것이겠구나.'

그 이후 조계사에서 불교 교리를 공부하고 '자비화'라는 불명을 받아 부처님의 말씀을 새기며 의료 봉사로 부처님 법을 알리고 있습니다. 봉사의 계기가 있다면, 『슈바이처 전기』를 탐독하고 있던 초등학교 1학년 시절, 초등학교 앞 보육원에서 운동 기구를 갖고 놀던 제게 그 기구를 달라 하여 보육원생과 작은 언쟁이 났는데, 보육 교사가 오셔서 "너는 부모 있니? 그러면 저 애한테 양보해라."라는 말에 한없는 부끄러움을 느낀 일이 있었습니다. 그때 '나도 언젠가는 남을 위해 작은 일이라도 행하며 살고 싶다.'는 발원을 하게 되었던 것입니다.

그것이 마하의료회에서의 의료 봉사활동에 이르렀다고 봅니다. 마하의료회의 구성은 회원 모두가 불교 신자인 치과 의사, 의사, 한의사, 약사,

간호사, 약손회, 그리고 자원 봉사자들로 이루어져 있습니다. 해외 의료 봉사의 경우 1년에 2회로 4박 5일간의 일정이 대부분인데, 2005년 몽골에서의 해외 의료 봉사를 시작으로 스리랑카에서 2회, 실천승가회가 운영하고 있는 캄보디아의 로터스 월드에서 1회, 필리핀에서 1회 봉사를 해 왔습니다.

마하의료회는 국내에서도 1년에 해인사·화엄사 등 사찰 의료 봉사 2회, 조계사장애인포교회인 원심회 의료 봉사 2회, 조도·소안도 등 낙도 의료 봉사 2회, 그리고 수시로 외국인 이주노동자 의료 봉사와 군부대인 특전사 의료 봉사를 실시하고 있습니다.

의료 봉사활동 외에도 마하의료회에서는 몽골의 수도 울란바토르의 한국 불교 사원인 고려사의 불교대학에 컴퓨터 20대를 기증하여 몽골에 한국과 한국 불교를 알리는 데 기여했으며, 전국의 병원 법당에도 불교 관련 서적을 3회에 걸쳐 보내 드리기도 했습니다.

현재 저는 마하의료회의 일원으로 사찰 봉사, 장애인 봉사, 무의촌 의료 봉사만이 아니라 몽골, 스리랑카, 캄보디아, 필리핀 등 부처님이 계시는 어느 곳이든 한국 불교를 알리고 있고, 앞으로도 불교뿐만이 아니라 대한민국을 세계에 알리는 데 작은 힘이라도 되었으면 하는 게 평생 부처님 법을 믿고 의지해 온 저의 발원입니다.

『벽암록』에는 "하루하루가 곧 좋은 날이다."라는 말씀이 있습니다. 녹음방초로 번진 그늘 밑에서 법우님들과 등솔기의 땀을 식히며 차를 같이 하고 싶기도 하고, 법당에서 울려 나오는 행자님의 목탁 정근 소리가 듣고 싶기도 한 날입니다.

제가 평생 가슴에 새긴 "자등명 법등명(自燈明 法燈明)", 이 구절 한 말씀으로 글을 마칩니다. 부처님 법 안에서 하루하루 정말 보람되고 건강하게 보내시고, 날마다 복 짓는 날 되십시오.

멈출 수 없는 나의 일

남 동 화

얼마 전 아들 녀석이 난데없이 "엄마, 나는 엄마처럼 살지 않을 거예요! 어떻게 한 직장을 20년이 넘게 다녀요? 지겹지도 않으세요?" 하고 묻고 들었다. 갑작스런 질문에 "야, 이 녀석아! 부처님일 하는데 뭐가 지겹냐? 그리고 말이지 20년은 아무나 다니는 줄 아냐?" 했다. 그런데 정말 그런가?

그러게 자칭 '껌 딱지'라고 할 정도로 참 오랫동안 일해 왔다. 하지만 뒤돌아보면 20년이 하루같이 지나간 것 같기도 하다. 월간 『불광』에서 일한 것은 올해로 21년째가 되지만 『불광』과의 인연은 그보다 2년 전 불광사에서 청년회 활동을 시작하면서부터였다. 워낙이 나대는 성격 때문이었던

불명은 무공저. 1960년생. 불광사 신도. 동국대 불교학과, 동국대 교육대학원 철학교육과 졸업. 월간 『법회』 취재기자 지냄. 지금은 월간 『불광』 편집국장으로 있음.

지 —은사이신 고익진 교수님은 나에게 시동 걸린 오토바이 같다고 하셨다. 늘 어디론가 달릴 준비를 한다고— 불광사에 다니고 있던 친구가 청년회를 만들어 보자며 불렀다.

1986년 어느 봄날 저녁, 친구를 만나기 위해 잠실 불광사에 도착한 나는 복도에서 우연찮게 광덕 큰스님을 처음 뵙게 되었다. 순간 심장이 멎는 줄 알았다. '아, 이 분이 신선이 아니신가!' 어렸을 적 만화책에서 봤던 신선의 모습을 꼭 닮았다. 하얀 피부며, 도인 눈썹에, 무게감이 느껴지지 않는 몸이며, 무엇보다 온몸에서 광채가 났다. 그런데 채 1, 2초도 되지 않는 그 짧은 마주침 속에서 나는 강한 한 말씀을 들었다. 스님은 그저 나에게 지긋이 눈길을 한 번 주셨을 뿐인데 분명 한 소리를 들었다. "나는 너를 믿는다!" 이것이 무슨 소린가?

그것이 무슨 소리였는지 깨닫게 된 것은 그 후 2년이 지나서였다. 청년회 활동 중 지도 법사 겸 월간 『불광』 주간이시던 지환 스님(현재 동화사 기본선원장)이 선방에 다녀올 테니 잠깐 『불광』을 맡아 달라고 하셨다. 그런데 이게 웬일인가! 편집을 하다가 우연찮게 광덕 스님이 쓰신 『보현행원품 강의』 원고 교정을 보게 되었는데 나는 깜짝 놀랐다. 그동안 내가 찾던 말씀이 모두 그곳에 담겨 있었던 것이다.

> ……불법을 지식으로 알려고 하거나 이론으로 알려고 하는 사람은 모르겠거니와, 불법을 행동으로 실천하여 불법의 무상공덕을 자신의 생활과 환경에서 실현하고자 하는 사람이라면 불가불 보

현행원을 배우지 않을 수 없다. 실로 인간은 구체적 실현을 통하
여 체득이 있는 것이며 불법은 이론이나 관념에 있는 것이 아니고
현실적이며 구체적인 행에 있는 것이다.……

콸콸 쏟아지는 폭포수와 같은 스님의 한 말씀 한 말씀은 나를 위한 말
씀인 듯싶었다. 한없이 흘러내리는 눈물 때문에 제대로 교정을 볼 수도 없
었다. 예경, 찬양, 공양, 참회, 수희, 청법, 청주, 수학, 수순, 회향. 스님
이 들려주시는 보현십행원은 곧 나의 영원한 생명의 숨결이요, 체온이며,
광휘이며, 나의 영원한 생명의 노래가 되었다.

1999년 스님이 열반하시기 전까지 참으로 많은 말씀을 들었고, 『불광』
을 통해 그 말씀을 전하는 일을 해 왔다. 그런데 스님의 말씀은 어찌 그리
한결같으신지, 얼마나 간곡하신지, 스님의 말씀은 불광, 그대로 빛, 생명
그 자체였다. 소명 의식이랄까. 그래, 나는 그렇게 생각한다. 스님이 나를
부르신 것이라고. 그리고 내가 와서 그 일을 할 줄 아신 것이라고. 『불광』
의 일은 나의 일이요, 나의 삶이요, 기쁨이요, 보람이요, 행복 그 자체였
다. 『불광』을 통해 만나는 사람마다가 부처님이요, 밝은 빛들이었다. 아무
렇지 않은 말 한마디에도 그냥 좋고 서로가 통하는 그러한 사람들만 만나
게 되었다.

곰곰이 생각해 보면 내가 좋아하는 일은 사람을 만나는 일이다. 잘하
는 일 중의 하나도 그 사람이 잘하는 일이 무엇인지, 장점이 무엇인지를
알고, 사람과 사람을 이어 주는 일이다. 들여다보면 월간 『불광』 역시 사

람과 사람을 만나게 해 주는 매력적인 전달자였음이 분명하다.

"남 선생, 나는 요즈음 산에 직접 갈 수가 없어서 눈으로 산에를 가요. 그런데 지나온 일들을 되돌아볼수록 감사할 일들뿐이라오. 이 아름다운 지구라는 별에 와서 다행히도 부처님 법을 만나고 스승을 만났으니 얼마나 큰 행운이우.……"

지면을 통해 『불광』 가족과 가장 오랫동안 인연했던 어느 노교수님의 한 말씀이 생각난다.

"그러게요. 아름다운 지구별에서 부처님 법을 만나고 스승을 만났으니 이보다 큰 복이 어디 있겠습니까? 책은 사람이 만들지만 그 책이 다시 사람을 만드는 것 맞지요? 우리의 생명에 불멸의 불꽃을 지펴 주는 '불서(佛書)'를 만들고 전하는 일은 멈출 수 없는 나의 일이기에 오늘도 이 일을 하고 있는지도 모릅니다."

부처님 품속

남 혜 정

어릴 적 외갓집이 있는 경북 군위군에 자그마한 암자가 있었다. 우리는 이 절을 우리 절이라고 생각하며 방학 때나 초파일 행사 때 부모님과 함께 찾아가곤 했다.

그 암자 비구니 스님께서는 우리가 가면 자식 대하듯 하시며 모든 것을 챙겨주시고 맘껏 놀게 해 주셨다.

아무것도 모르지만 절에 가면 그냥 부처님이 좋아 향을 꽂고 부처님을 바라보며 마음속으로 대화를 하곤 했다. 내 생각을 얘기하고 난 뒤 부처님께서 알아서 해 주세요 하고 나면 정말 그렇게 해 주신다고 믿었다. 아무것도 모르고 순수한 마음으로 기도한 그때가 지금도 생각하면 참으로 아름

불명은 진성화. 1954년생. 능인선원 신도. 숙명여대 화학과 졸업. 인드라망생명공동체 창립 회원, 능인선원 생협 창단. 지금은 (사)자행회 이사, 탄허불교문화재단 부설 보문회 총무, 불교여성개발원 웰다잉운동본부 사무총장으로 있음.

다운 기억이다.

그러다가 결혼을 했는데 시댁에서 시어머님과 동서, 시누님이 천주교 신자라 나도 시댁에 따라간다고 성당에 나가서 영세 공부도 열심히 하였다. 그러나 성당에서 주는 편안함도 잠시, 일상생활로 돌아오면 그 편안함은 결코 내 것이 되지 못하였다. 누구나 그러하듯 자녀 교육이라는, 발등에 떨어진 불 때문에 자신에 대한 성찰은 이내 묻혀 버리고 일상의 급급함만이 내 삶의 전부가 되었다.

그 무렵 몸이 몹시 허약해져서 친정에 잠시 내려가게 되었다. 독실한 불자이신 친정어머니께서는 늘 다니시는 사찰에서 나를 위해 기도해 주시고, 그곳 스님께서도 서울에 올라가거든 『천수경』과 예불, 『반야심경』, 「법성게」를 매일 소리 내어 읽으며 기도하다 보면 본인이 스스로 느끼는 게 있을 거라며 숙제를 주셨다.

서울로 올라온 다음날부터 매일 아침 아이들 보내 놓고 열심히 기도를 하였더니 어느 때부터인지 모르게 마음도 편해지고 몸도 차츰차츰 좋아지게 되었다. 아, 정말 뭐가 있구나! 이게 도대체 뭘까? 점점 더 궁금해지고 그때 읽은 「법성게」가 불광사 광덕 스님께서 우리말로 해석하신 것이었는데 읽으면서 마음이 무척 동하였다. "티끌 하나에 온 우주가 들어 있고, 하나가 곧 일체고 일체가 곧 하나다.", "그릇 따라 양식을 얻는다." 등등 뭔지는 모르지만 마음이 찡한 것을 느낄 수 있었다. 불교가 뭔가?

아이를 유치원 보내고 이 절, 저 절을 다니며 기웃거리던 차에 같은 아파트에 사시는 한 보살님이 능인선원 얘기를 해 주셨다. 1990년 그해 가을은 부처님께 푹 **빠져서** 남편은 밤반, 나는 낮반에 능인선원 불교학교를 다니면서 정말 열심히 공부를 하였다.

돌이켜 보면 밤낮으로 부처님의 법을 우리 피부에 와 닿게 열정적으로 설하시는 지광 스님의 열의에 먼저 숙연함을 느꼈고, 그 열정 속에서 묻어나는 진지한 말씀들은 바로 내가 궁금해 하던 인생의 의문들을 한 꺼풀 한 꺼풀 벗겨 놓기에 충분했다. 지금까지 학교 때 배운 모든 과목이 부처님 법 하나로 모두 귀결되는 기분이랄까.

스님께서 하신 말씀 중에, "각자 날 때는 전생의 업에 따라 태어나지만—그 업을 소금에 비유하고 자신의 마음은 그릇으로 비유하여—아무리 업 소금이 많아도 마음 그릇이 크면 그만큼 농도가 묽어져서 그 고통도 한순간에 녹일 수 있지만, 업 소금이 적더라도 마음 그릇이 작은 사람은 더 진한 농도가 되어 작은 고통도 크게 느껴질 수 있다." 하신 말씀은 나의 마음에 항상 뿌리깊게 내려져 있다.

그곳에서 좋은 인연도 만나게 되었으니, 그 중에 특히 탄허불교문화재단 부설 보문회 회장으로 그때 40명을 함께 등록시켜 공부하러 오신 박명혜 회장님과의 만남을 통해 그분의 열정적인 삶을 동경하게 되었고, 지금까지 참으로 많은 또 다른 인연도 맺어 주셨다. 지금 여기 이 자리도 그분으로 인한 인연이니, 참으로 고마운 분이시다. 그 외에도 이루 말할 수 없는 훌륭한 분들을 만나 좋은 인연을 맺었고, 또한 그동안 법당에서 여러 일을 맡으며 나를 닦아 나가는 기회가 되어서, 이것도 정말 감사하다.

무척이나 부족한 나이지만, 지금도 열심히 공부하고 나아가려는 마음으로 내 몸도 돌보고 주위도 돌아보는 마음을 가지려고 노력한다. 지금은 불교여성개발원 웰다잉운동본부에서 많은 것을 배우면서 일하게 되어서, 이것도 감사하다. 우리는 잘사는 것 못지않게 잘 죽는 것도 중요하다고 생각한다. 죽음은 끝이 아니라 새로운 시작을 의미하며, 삶과 죽음은 궁극적으로 하나이다. 웰다잉 문화운동을 통하여 '생사일여(生死一如)'라는 불교적 생사관과 다양한 명상, 전통을 바탕으로 한 새로운 죽음 문화운동으로 접근해 가는 데 나 자신과 가족, 나아가 모든 이의 아름다운 죽음을 위한 운동에 적극 동참하리라 다짐해 본다.

향을 꽂으며 부처님과 대화하던 그 초심의 맑은 마음으로 되돌아가야지. 어릴 적 유치원에 첫 입학하던 때의 초롱초롱한 초동의 순수한 그 눈망울처럼……

운문사의 추억

윤 덕 자

　운문사의 새벽 예불에 참여한 그해 여름의 휴가는 너무나 아름다운 추억으로 남아 있다. 초조하게 기다리는 하루는 이리도 지루한데 되돌아본 세월은 어찌 그리 짧은지, 10년 세월이 바로 엊그제 같기도 하고 때로는 반세기의 세월이 찰나 같기도 하다.

　40년 이상 된 우리 대구의 여약사(女藥師) 7명의 모임인 구인회(오경애, 채계화, 박복희, 김숙자, 박영주, 최영희, 그리고 나: 원래 9명이었으나 2명은 서울로 이사)가 운문사의 전명성 학장 스님을 예방한 것은 지금으로부터 14년 전인 1995년 8월 3일이었다. 그해 우리 구인회의 하기휴가를 운문사에서 갖게 된 것을 지금도 너무나 고마운 마음으로, 큰 행운으

불명은 청련화. 1934년생. 운문사 신도. 경북여고, 경북대 사범대학, 효성여대 약학과 졸업. 합천중, 통영여고 교사 지냄. 지금은 공평약국을 운영하면서 대구불교약사회원으로 있음.

로, 잊을 수 없는 추억으로 간직하고 있다.

아침 9시 대구를 출발하여 청도의 운문사에 도착한 것이 오전 10시 30분. 운문승가대학도 방학 중이라 몇몇 당직 스님만 계셨고, 경내는 아주 조용하고 경건했으며 티끌 하나 찾아보기 힘든, 깨끗함 그 자체였다.

학인 스님의 안내로 우리는 스님들의 교육장인 채경당(彩鏡堂)에 여장을 풀고 11시 30분 뷔페식의 정갈하고 맛있는 점심 공양을 마친 다음, 학장 스님을 찾아뵙고 스님께서 주신 송화밀수와 소담하게 담겨 나오는 수박이 먹기엔 아까운 예술 작품 같아 한참을 망설이다 아주아주 맛있게 잘 먹었다.

후식을 먹은 후 학인 스님이신 무진 스님의 안내로 사리암 쪽 계곡으로 가서 8월 염천의 더위를 식히면서, 어디 한군데 청결하고 정숙한 질서를 느끼지 않을 곳이 없는 경내 도량을 보며 입을 다문 채 말을 잊었다.

6시, 다시 저녁 공양을 하고 능소화와 조롱박 수세미가 잘 어우러진 등나무 그늘 아래서 다과를 먹으며 담소를 나누게 되었는데, 마침 동국대학교 정재근 학장님이 오셔서 인사를 나누고 그 분으로부터 '부처님께서 바로 육체와 정신을 다스리는 대의왕(大醫王)'이라는 법문도 들었다. 여름 해는 길어 아직 땅거미가 지기 전에 우리는 학장 스님을 따라 죽림헌(竹林軒)으로 갔다.

그렇게 정갈할 수가 없는 방이며 옥봉 스님의 대나무 그림, 학장 스님의 지공예작품 등을 보고는 팔각정으로 올라가는데 너무도 신비로운 광경을 보았다. 언덕으로 올라가는 비탈길에 한 무리의 달맞이꽃이 피기 시작하는데, 여기저기서 한 잎 두 잎 꽃잎이 탁탁 소리를 내면서 벌어지고 있는 게 아닌가! 너무 신기하고 신비롭고 난생 처음 보는 광경에 우리 모두는 서로 얼굴을 마주하며 아! 하고 경탄하지 않을 수 없었다. 이 무슨 행운이 우리에게……. 꽃잎이 벌어지면서 소리를 낸다는 사실에 우리 모두는 놀랍고 신기해서 무슨 큰 발견이라도 한 듯 좋아했다.

팔각정에서 학장 스님으로부터 『반야심경』에 대한 강의를 듣고 내려오는데, 하늘에는 탐(그칠 줄 모르는 탐욕심)·진(성내고 미워하는 마음)·치(사물의 진상을 밝게 알지 못하는 어리석은 마음) 삼독심을 버리라고 반달이 우리의 마음을 비추고 있었다. 때마침 음력 7월 7일 칠석날이라 기이한 좋은 인연이라고 생각했다.

채경당에 돌아온 우리는 몸을 씻고 누었으나 도저히 잠이 오지 않아 이리저리 뒤척이다 잠깐 눈을 붙였다. 다음날 새벽 3시, 몸을 정갈하게 하고 새벽 예불에 참석했다. 언젠가 꼭 한번 참여해 보고 싶었는데, 드디어 뜻이 이루어져 감사 또 감사했다.

조용한 경내를 울리는 장엄한 범종소리, 그리고 법고·운판·목어의 울림은 우리 마음을 더욱 경건하게 만들어 주었고, 삶 속에서 묻은 찌꺼기가 하나둘 씻겨 내려가는 듯 그렇게 몸과 마음이 가벼울 수가 없었다. 간간이 들릴 듯 말 듯한 학인 스님들의 발자국 소리도 하나의 아름다운 축복의 음향으로 들려왔다. 예불을 마치고 나오는 길에 명부전에 들러 예를 올리고 왔다. 앞서간 분을 위해 예를 올렸다.

해가 돋고 아침이 되자 늘 아래에서 바라보기만 하던 북대암에, 무진 스님의 차를 타고 가파른 산 위로 올라갈 수 있어 그 또한 여간 기쁜 일이 아니었다. 북대암에서 내려다본 운문사는 200여 학인 스님의 도량으로 세계 어디에 내놓아도 손색이 없어 보여 너무나 위풍당당하고 믿음직스럽게 느껴졌다. 학장 스님을 비롯한 중강 스님들의 교육이나 학인 스님들의 배움의 자세나 경내 도량이나 모두 자랑스럽지 않은 바가 없었다.

운문사에서의 1박 2일은 이렇게 아름답고 감사하고 잊을 수 없는 좋은 추억으로 남게 되었고, 돌아오는 길에 학장 스님으로부터 받은 다포(茶布)에는 손수 쓰신 너무도 정갈한 글씨가 새겨져 있었다.

성 안 내는 그 얼굴이
참다운 공양구요,
부드러운 말 한마디
미묘한 향이로다.
깨끗해 티가 없는
진실한 그 마음이
언제나 한결같은
부처님 마음일세.

일상으로 돌아온 우리 모두는 많은 환자를 만나며 하루 일과를 보낸다. 약으로 치료를 해야 할 환자도 있지만, 대화로써 그들의 아픔을 돌보기도

한다. 쉽게 말해 카운슬러 역할도 많이 하게 된다.

불교의 목적이 수양이라고 한다. 우리의 심성을 밝게 하고, 내가 처해 있는 곳을 바르고 아름답고 청정하게 정화하고, 모르는 것을 배워서 익히고, 아는 것을 실천한다면 우리가 사는 사회는 보다 더 밝아지리라 믿는다.

오늘도 나는 약국을 찾아오는 모든 이웃에게 따뜻한 마음으로 그들의 상처를 잘 다독거려 주려 노력한다. 그들이 오늘보다 더 밝고 행복한 내일을 맞이할 수 있도록.

나를 돌아보며

이 인 옥

　가끔씩, 아주 가끔씩은, 인적이 드문 산사의 고요 속에 파묻혀 살고픈 마음이 밀물처럼 밀려든다. 삶의 희비가 엇갈리는 교차점에서 난 늘 벗어나고 싶어 했다. 시리도록 파아란 하늘이, 텅 비어진 70여 년의 평생을 마음 한 자락에서부터 요동케 하는 이즈음, 피안의 세계에 들지 못한 공허한 그림자인양, 때론 처량한 몸놀림으로 오늘을 날개짓하는 모습의 내가 보인다.

　언제나 채워지지 않는 마음에 잠 못 들어 이제는 깊은 동면이라도 취하고 싶은 마음 간절할 때, 어느 바람 타고 들어왔는지 모를 부처님의 말씀이, 흐트러지려는 내 정신을 흔들어 깨어나게 한다. 『금강경』의 '응무소주 이생기심(應無所住 而生其心).' 내 삶의 좌우명과 같은 글귀다. 마음이 어디엔가 머무르기라도 한다면, 그 마음은 속박을 면치 못한다는 말씀……

불명은 원각궁. 1934년생. 백양사 신도.

그동안 난 그 마음에 매달려 붙잡고 있지 않았나? 나만의 독단적인 견해와 주장으로 오히려 나를 얽매지는 않았나? 나와 다른 생각과 주장들을 은근히 천대하는 마음을 품진 않았나? 그 마음마저 지배 받고 속박되고 있는 것은 아닌가? 진정한 불심(佛心)으로 부처의 마음자리에 다가서려 하였는가?

반성한다. 분별하지 않으며, 흔들림 없이 보며, 나를 엄히 다스려 뒤틀린 생각들은 쫓아 버려야 했음을 반성한다. 아집(我執)이 때론 본성을 가리어 예속되어 살아 왔음을 반성한다. 혹여 상대방과 경쟁하려고만 하진 않았나 반성한다.

세상을 물처럼 살고 싶다. 수레바퀴처럼 맞물린 쓰임새로 이 세상을 살아가고 싶다. 사람들을 만나고, 앎이 있고, 사랑이 있고, 이별하는 것이 삶이라지만, 어느덧 느껴 보지도 못한 계절 속으로 성큼 다가선 나를 본다. 지금, 해 넘어가는 이 길목에서 숨 가쁘게 마구 달려온 내 지난 세월을 한 번쯤 뒤돌아본다. 앞으로 살아내야 할, 여전히 많은 날들을 위하여.

나반존자님께 올리는 꽃 공양

정 외 진

청화 큰스님!

불러만 보아도 눈시울이 적셔지면서, 가슴은 그리움에 미어집니다. 부처님은 어디 계시는지 몰라도 큰스님은 남원 백장암에 계셨습니다. 자그마치 26년 전 우리 큰딸, 작은딸 업고 찾아간 곳은 산중 꼭대기 작은 암자였습니다.

처음 뵌 큰스님 앞에서 저는 왜 그렇게 눈물이 나던지, 주체할 수 없는 제 눈물은 눈물이 눈물을 낳았습니다. 그저 그림자만 보아도 그냥 그 자리에서 땅바닥에 큰절을 올리곤 했습니다. 알 수 없는 무언가에 홀려 그렇게 며칠을 백장암에 머물면서, 부처님이 계신다는 막연한 생각이 들기 시작했

불명은 무영(無影). 1952년생, 운문사 사리암 신도. 교육학 석사. 중고등학교 영어 교사를 지냄. 지금은 오산대 이벤트연출과 겸임교수, 수원대 미술대학원 강사, 상원꽃예술중앙회 회장, 한국꽃예술학회 부회장으로 있음.

습니다. 이렇게 신앙심이 시작되었습니다.

현재 26살인 아들을 임신 4개월에, "큰스님, 아들을 낳고 싶습니다."라
고 애원했을 때 큰스님은 "보살님이 간절히 원한다면, 당연히 아들을 낳으
실 것입니다."라고 하셨습니다. 이 말씀에 세상이 달라지기 시작했습니다.

큰스님은 해남 대흥사 진불암, 남미륵 토굴, 곡성 태안사, 안성 칠장
사, 옥과 성륜사, 포이동 정중선원, 도봉산 광륜사에 주석하셨는데, 계시
는 곳마다 저희 부부는 아무것도 도움이 못되면서도 찾아 다녔습니다. 그
저 "큰스님! 큰스님!"만 부르면서……. 지금은 뵐 수 없어도 늘 부르고 있
습니다.

이젠, 운문사 사리암을 찾아, 나반존자님을 간절히 부르고 있습니다.
나반존자! 나반존자!

평일에도 사람은 인산인해를 이루어, 어느 절 초파일 때보다 두세 배
많은 사람이 절간을 꽉꽉 메우고 있습니다. 오로지 나반존자님, 이 가족을
살려 주세요! 나반존자님, 제 소원을 들어주세요! 모든 사람이 자기를 봐
달라고 아우성을 쳐도, 존자님은 항상 그 자리에서 미소를 띠고 중생을 내
려다보고 계십니다.

우리 불자들은, 어딜 가나 부처님이 계시고 절도 많아 기도 올리기가
너무나도 좋습니다. 하지만 사실, 절에 가면 눈치 아닌 눈치를 보게 됩
니다.

그런데 사리암은 어느 누구의 제약도 받지 않고 오로지 기도만 할 수

있는 곳입니다. 사리암의 기도 체계는 하루 사분 정근으로 새벽 3~5시, 아침 9~11시, 오후 2~4시, 저녁 6~8시를 빠짐없이 올리고, 24시간을 살아서 움직이고 있습니다.

존자님의 가피는 사리암을 다니는 분이라면 누구나 경험했을 것입니다. 중생이 무엇을 원하는지 다 아시고 앞 뒤 순서 맞게 이루어 주십니다. 나반존자님은 열반하시지 않고 인간 세계에 가장 가까이 계시는 분이지요.

저는 2006, 2007년은 거의 주말마다 사리암 존자님을 뵈러 갔습니다. 갈 때마다 2박 3일 또는 1박 2일로, 3,000배나 1,000배 기도를 올렸습니다. 많은 가피 속에 오늘을 살고 있습니다. 2008년부터 학교생활이 바빠져서 겨우 매월 한 번밖에 못 가고 있으나, 나반존자! 나반존자! 제 마음에 각인되어 있습니다.

그럼에도 존자님께 꽃 공양을 한 번도 제대로 올리지 못해서 늘 송구합니다. 꽃꽂이를 배운 지는 1976년부터 시작하여 30년이 되었고, 그저 학교 선생 노릇하면서 취미로 하던 것이 이렇게 업이 바뀌게 될 줄 몰랐지요. 꽃꽂이 교실을 1985년에 시작하여 지금껏 하는데, 기독교인은 하나님께, 천주교인은 하느님께, 우리 불자들은 부처님께 꽃 공양하도록 지도를 하면서 각 절에 공양 올리도록 권해 왔습니다.

저는 안산 화림선원, 영월 법흥사 적멸보궁, 곤지암 우리절, 오대산 적멸보궁 등에 꽃 공양을 올렸는데, 특히 몇 해 전 오대산 적멸보궁에 꽃을 올린 때를 잊을 수가 없습니다. 추운 겨울날, 아들의 배낭에 물병과 꽃병을 넣고, 제 배낭엔 빨간 카네이션과 엽란을 얼지 않도록 잘 갈무리하여 꽃 공양을 올렸지요. 함께 간 보살님들의 감흥에 제가 더 눈시울을 적셨습니다.

지금은 수원대학교 미술대학원 화예조형학과에서 강의를 하고, 오산대학교 이벤트연출과 겸임교수로 전념하고 있습니다. 이렇듯 부처님의 가피로 꽃과 함께 학교생활을 즐겁고 바쁘게 보내고 있습니다.

나반존자님, 나반존자님, 이번 여름 방학 때도 만불명호경을 외면서 만배기도를 올리겠습니다! 나반존자님 고맙습니다. 존자님은 늘 제 곁에 계심을 굳게 믿고 있습니다, 나반존자님!

선연호운의 가르침을 가슴에 담고

채 정 희

  365일 한결같이 기쁨으로 가득 찬 삶을 살아가고 싶다. 하지만 늘 외부의 경계에 끄달리는 우리는 그렇지 못하다. 주변의 환경에 영향을 받으며 살아가는 우리는 그로 인해 힘겨운 시간을 맞기도 하지만, 힘겨운 삶에 지쳐 있다가 때로는 주변 환경으로 인해 행복감을 느끼게 되기도 한다.

  내 삶의 큰 버팀목이었던 아버님께서 별세하시고, 나 또한 오랜 지병으로 서울의 병원을 다니다 보니 어느새 지쳐 버리고 만다. 그래도 봄이 왔고, 돌아오는 비행기 창 아래로 내려다보이는 제주의 모습은 너무나 아름답다. 한껏 봄을 뽐내는 노란 유채꽃과 때 이른 새순으로 그림처럼 아름답게 제주의 봄을 꾸며 가고 있는 것을 보노라면, 나도 모르게 탄성을 지

불명은 광명심(光明心). 1961년생. 제주 약천사 신도. 제주산업정보대 가정학과 졸업. 참사랑실 천학부모회 초대회장 지냄. 지금은 제주불교여성합창단 단장, 대한적십자사 제주도봉사회협의회 감사, 제주 약천사 총신도회 자문위원으로 있음.

르며 세상사 모든 근심을 다 잊어버리고 만다.

제주는 나의 힘겨운 삶을 지켜 준 가장 강렬한 힘이다. 제주에서 태어나 제주의 소녀로 자랐고, 꿈 많은 학창 시절도 제주의 아름다운 자연에서 지내며 이제 강인한 제주 여성이 되었으니, 나의 삶과 제주는 떼려야 뗄 수 없는 운명 공동체가 되어 버렸다.

제주의 여성이 강하다고 한다. 그 이면에 거친 일을 마다하지 않고 살아가는 억척스러운 제주 여인상을 생각한다. 하지만 아름다운 제주도의 자연에 대한 한없는 애정이 제주 여성을 강인하게 만들어 준다고 나는 믿는다.

불심이 돈독한 부모님을 만난 인연으로 불교신앙은 삶의 버팀목이 되었다. 더구나 시집도 돈독한 불심을 지녀, 서로 신앙심을 바탕으로 격려하고 위로하며 산다. 몇 년 전 생사를 넘나드는 병마로 '삶의 벼랑 끝'이라는 생각이 들 때, 돈도 명예도 친구도 가족도 진정 나와 영원히 함께할 수는 없다는 절망감에 빠졌다. 그때 비록 이생이 다하더라도 부처님께서 함께할 것이라는 믿음은, 절망의 순간에서 나를 희망 가득한 삶으로 옮겨 주었다.

제주불교여성합창단 지도 법사이신 성원 스님은 늘 '선연호운(善緣好運)'을 말씀하시는데, 선한 인연을 맺는 것이 바로 좋은 운이라고 하셨다. 돌이켜보면 약천사 회주 혜인 큰스님과의 인연은 신앙생활의 가장 큰 버팀목이 되었고, 큰스님과 맺은 선한 인연이 내 인생에 좋은 운을 가져다주었다.

한때 합창단의 존립마저 흔들릴 때, 큰스님을 친견하고 사정을 말씀

드렸더니 따스한 말로 위로해 주시며 총재직을 수락해 주셨고, 이후 합창단은 순풍에 돛 단 듯 발전에 발전을 거듭할 수 있었다.

돌이켜보면 보잘것없는 한낱 지역 불교 합창단으로서 유럽 순회공연을 다녀오고, 한·일불교도대회 때 일본 공연도 하였으며, 중국 오대산 수상사 초청 공연과 뮤지컬 공연 등 일찍이 경험하지 못한 일들을 회향할 수 있었던 것은 모두 선지식과 선연을 잘 맺어 두었기 때문이라는 확신이 있다. 나의 삶에 행운이 있었다면 정말이지 큰스님들과의 좋은 인연 덕분이었을 것이다.

우리 주변에는 불자로서, 여성으로서 할 일이 너무나 많다. 겨울이 가고 봄이 오는 길목에서, '화성에서 온' 차가운 이성의 소유자보다 '금성의' 따스한 기운을 머금은 우리 여성 불자들의 감성이 더욱 절실히 필요함을 느낀다. 봉사해야 할 너무나 많은 이웃에 우리 여성 불자들의 손길이 아쉽고, 불사를 통한 사찰의 중건에도 우리 여성 불자들이 보다 앞장서야 한다는 생각이 들 때가 많다.

언제나 불교의 '자비'라는 말에는 여성스러움이 더 강하게 느껴진다. 그래서인지 관세음보살은 우리 여성이 언제나 맘속으로 믿고, 따르고, 닮고 싶어 하는 으뜸 되는 본보기인 것 같은 느낌은 나 혼자만의 착각일까?

아름다운 제주의 봄소식을 전하며, 우리 제주 여성의 강인하면서도 섬세하게 살아가는, 아름다운 불자로서의 삶을 전해 주고 싶다. 제주의 따스한 마파람이 온 나라 모두를 따스한 관세음보살님의 품안으로 끌어들여 서로가 서로에게 '선한 인연'이 되도록 한다면, 올해도 '좋은 운'을 맞으며 더없이 행복한 한 해가 되리라 굳게 믿고 싶다.

보현행원으로 보리 이루리

최 숙 희

광덕 스님을 만난 인연이 나에겐 한없는 은혜였다.

불교가 뭔지도 모르고 법당의 부처님께 두 손 모아 간절하게 절만 하면 모든 소원이 이루어지는 줄만 알고 지낸 어린 시절, 음악을 전공했다는 이유로 1980년 조계사 합창단에서 지휘를 하게 되었다. 찬불가가 있는 줄조차도 모른 채……. 참 어이없는 일이었다. 그러나 법회 때마다 부처님을 만날 수 있다는 설렘은 나를 부처님 앞으로 다가서게 하기에 모자람이 없었다.

그러길 한 3년, 애들도 어리고 집도 멀어서 가까이로 간 곳이 불광사였다. 좋은 도반들과 새벽 기도에 열심히 동참하고 법등 모임에 책임자로 부

불명은 자심문. 1946년생. 안성 도피안사 신도. 경희대 음대 작곡과 졸업. 음악 교사, 서울구치소·군법당·병원법당 법회 음성공양하면서 조계사·불광사·도피안사 등에서 합창단 지휘자를 지냄. 지금은 서울구치소 불교분과위원장으로 있음.

촉받으며, 제대로 불교 공부를 해야겠다고 원을 세우면서 기초 교리 명교사 교육 등 열심히 공부했다. 군법당과 병원법당 등 법회가 열리는 곳엔 적극적으로 동참했다. 아산병원, 중앙의료원, 경찰병원 등의 법회 땐 피아노가 있다는 게 얼마나 큰 힘이 되었는지 모른다.

그러던 중 우연한 기회에 수원교도소와 인연되어 찬불가를 가르치게 되었다. 영등포구치소, 성동구치소, 서울구치소 등 나를 필요로 하는 곳엔 몸 사리지 않고 열심히 찾아 나섰다. 어느 날, 광덕 스님께서 내게 따스한 미소를 지으시며 말씀하셨다.

"재소자들이 노래를 부를 땐 마음들이 밝지요?"

"네"

"내가 밝고 우리가 밝고 주위가 밝고 세상 우주가 밝으면, 그게 불국정토가 아니겠어요?"

"네"

"자심문 보살님, 이제 큰 원력을 세워 그 일에 신명을 바쳐 세상 밝히는 일에 동참합시다."

"네……"

우리 스님께선 어느 누구에게도 말씀을 낮추는 법이 없으셨다. 그게 벌써 25년이란 세월이 되었다. 큰 복 짓는 일에 내가 동참할 수 있어 항상 부처님께 감사할 뿐이다. 스님과의 약속이 부처님과의 약속이니, 좀 나태해지려고 할 땐 큰스님 생각하며 자신을 추스르곤 한다.

　　매주 금요일마다 25년을 다녔으니, 그 세월이 얼마일까? 재소자들을 만나면 항상 그들의 눈빛에서 간절함을 본다. 사회에 대한 불신, 억울함, 분노, 미움,……. 그들에게 유일한 위안은 따뜻한 마음과 내미는 손길뿐이다.

　　나도 처음 그들을 만났을 땐 두려웠고, 다음엔 연민과 안타까움이 밀려들었다. 그러나 시간이 흐를수록 그들은 나에게 큰 스승으로 비춰졌다. 탐·진·치 삼독을 삼독으로 보지 못한 무지! 좀 더 좀 더, 멈추지 못한 그 '좀 더'가 만든 자리! "모든 것은 나로부터 나가서 나에게로 돌아온다."는 부처님 말씀만 새기었어도 이 자리까진 안 왔을 것 같은데……. 그 자리는 어느 누구의 정해진 자리가 아니라 누구나의 자리일 수 있다는 걸, 나는 너무나 잘 안다. 항상 깨어서 살펴야만 제대로 바른 길을 갈 수 있다는 걸, 너무나 잘 안다. 부처님께서 가신 그 길을 따라가기가 이렇게 힘이 드는가?

　　내가 할 수 있는 것은 그곳 법우들에게 염불, 사경, 간경, 참회 기도 등 그들이 할 수 있는, 수행에 필요한 모든 것을 도와주려고 애를 쓰는 일이다. 그곳엔 원력 크신 스님이 많이 계신다. 재소자들에게 자비로운 큰마음 내어 주심을 늘 옆에서 지켜보며, 내가 설거지할 곳이 있어 감사, 또 감사한다. 그리고 오늘의 내가 있기까지는 원력 크신 보현보살이셨던 돌아가신 친정어머니와 자애로우신 시어머님의 가없는 은혜 덕분임을 안다.

　　불교란 추상적인 이론이 아니라 적극적인 실천행이라는 것을 광덕 큰

스님께선 곡진하게 강조하셨다.

"늘 깨어 있어라! 우리는 횃불이다. 스스로 타오르며 역사를 밝힌다.",
"내 생명, 부처님 무량공덕 생명, 용맹정진하여 바라밀다 국토 성취한다."

큰스님의 사자후가 내게 주인으로 살라고 용기를 주신다.

재소자들이 나에게, 헉헉거리며 앞만 보고 달렸지만 이젠 이곳을 수행처라 생각하고 열심히 참회하고 원력 세워 새사람으로 다시 태어나겠다고 다짐할 때면, 얼마나 큰 보람을 느끼는지 모른다. 내 힘이 다할 때까지 그들 곁에서 더 따뜻한 마음과 손길로 지장보살님의 대원과 보현보살님의 대행을 조금이나마 닮아 가겠노라 다짐해 본다.

보현행원으로 보리 이루리! 나무마하반야바라밀.

내 마음 안의 절 한 채

추 미 실

　그리운 상륜 큰스님. 스님께서 열반하신 지도 어느덧 1년 3개월로 접어듭니다.

　2005년이었나요. 어느 봄날 경기도 용인시 원삼면 면사무소를 지나다 우연히 들러 본 곳. 그곳은 한창 불사가 진행 중이었습니다. 집채만 한 화강암 덩어리가 불모의 손에서 불상이 되어 가고 있었지요. 규모가 만만찮은 공사였습니다. 그때부터 남편과 저는 어떤 묘한 끌림으로 공사 중인 그곳을 시간 날 때마다 들렀고, 그곳에서 우리나라 비구니계 큰스님이신 무아당 상륜 스님과의 인연이 시작되었습니다. 열반하시기 전 삼여 년 스님을 모시면서 신심을 닦게 된 그 인연을 지금 생각하면, 어릴 적에는 집안

1955년생. 용인 법륜사 신도. 숙명여대 산업공예과 졸업. 김해에서 미술학원을 운영했으며, 경남 중·고교 어머니 상담교사를 지냄. 지금은 (사)자행회 이사, 용인미술협회 회원(서양화)으로 있음. 사회복지사(2009년 취득).

모두 불교만 믿으며 생활하고 결혼 후에는 불자 남편을 만나 믿음을 이어 온 복운이었습니다.

상륜 스님은 삼각산 승가사를 불사로 이루시고, 법륜사 절터를 현몽하시어 혼자 택시를 타고 원삼 산골짜기 연못 물자리를 찾아내시어, 그곳에 지금의 법륜사 터를 잡아 불사를 시작하셨습니다. 휠체어를 타신 모습은 엄숙하였고, 요사체 높은 곳에서 절 내를 바라보시다 저희 부부를 부르실 때의 그 모습은 아직도 잊을 수 없습니다.

부처님의 뜻이었을까. 우연한 첫 만남이 열반하시기 전 3여 년간 너무도 깊은 인연이 되고 말았습니다. 크게 깨달은 스님께 너무 가까이 가서는 안 된다는 충고도 아는 스님께 많이 들었으나, 참으로 겁 없이 내 고집과 욕심으로 큰스님을 너무도 가까이서 하루도 빠짐없이 모시게 되었던 것입니다. 스님을 모셔 온 그 긴 길을 모두 풀어 놓기에는 지면이 짧고, 눈 감으면 큰스님께서 가르치신 생활 법문이 어제인 듯 뚜렷이 떠오릅니다.

"큰스님, 정성스럽고 참되게 일을 하건만 남편의 회사 일이 힘들기만 합니다. 어찌하여 그렇습니까?"

"추 보살, 어려운 일이 있으면 쉬운 일도 있고, 나쁜 일이 있으면 좋은 일도 있어요. 부처님께서 좋은 일을 위해 기다림을 주는 것이지요."

"추 보살님, 누가 추 보살을 헐뜯고 소문을 내고 듣기 싫은 소리를 하면, 그 사람을 고맙다고 생각하시오. 내 구업을 닦아 주는 사람이니, 얼마나 감사해요. 그 사람 미워하고 원망하지 마소."

“보살네들은 너무 편한 것을 좋아해요. 그래서 잡념이 많고, 잡념이 많으니 인간관계가 맑지 못하여 이기적으로 되는 거예요. 심신을 부지런히 닦고 수행하듯이 생활해야 보살이지요.”

“자식이 배가 고프다고 하여 대신 밥을 먹어서 자식 배가 안 고파지나요? 자식 불공, 남편 불공 보살님들이 대신하는 것이 안 하는 것보다 낫겠지만, 불공하는 보살님을 보고서 자식, 남편이 불심이 일어나고 부처님을 찾게끔 되어야 해요.”

거동이 불편하신 큰스님께서는 절일 중 김장, 장 담그기, 메주 만들기, 각종 제식 준비 같은 큰일에 하루 종일 이 추 보살을 자주 호출하여, 신발 닳도록 계단을 오르락내리락하며 스님께서 안심찮아 하시는 하나하나를 가르쳐 주셨습니다. 아무것도 못하는 저를 나무라지 않으시고 원인과 이유까지 자상히 설명해 주셨습니다. 그 가르침으로 배우고 깨달은 수행 생활은 평생의 제 지침이 되었습니다.

큰스님께선 경상도 진주 양반집 막내딸로 태어나시어, 부처님이 너무 좋아서 출가하여 스님이 되었다고 하셨습니다. 젊은 시절 ‘삼각산 호랑이’라 할 만큼 큰 소리로 호령하셨던, 40명이 넘는 상좌를 둔 큰스님이었습니다. 큰스님 가르침으로 신심 깊은 불자가 된 숱한 신도님 중에는 세간에 이름난 사람도 많이 있습니다.

내겐 뭔 복이 이다지도 많은지, 발톱이 빠지고 무릎이 아프도록 뛰어다니면서 법륜사 개원 불사에서부터 자질구레한 절일까지를 심부름해 왔으니, 그 영광으로 큰스님의 사랑을 너무도 많이 받았습니다. 뭇 신도의 시샘까지 살 정도로 충실히 진심으로 부처님께 불공드리듯 모셨던 것을, 큰스님께서 인정해 주신 것입니다.

평생 멸치 한 마리 안 드셨다던 큰스님께선, 그 병환 중에도 새벽 3시 법당 쪽을 바라보며 하루도 빠지지 않고 예불을 하셨고, 저녁 예불 종소리를 들으면서 의자에 앉으셔서 정신을 모으고 기도하시는 그 모습은 엄숙하여 감히 제가 곁에서 부축을 하면서도 가슴 설렜습니다.

큰스님께선 많은 불자가 부처님을 모시고 기도올리고 수행하게 하기 위해서 그 큰 불사를 하셨고, 미처 다 못한 불사 때문에 항상 병중에도 마음을 쓰셨습니다. 그러면서도 자신을 위해서는 보탑 하나 남기지 말라는 유언을 남기셨습니다. 허나, 그분이 남기신 것은 너무도 많습니다. 승가사와 법륜사, 그 어마어마한 불사에 당신의 몸이 상하시는 줄도 모르고 전념하셨습니다.

3여 년간 하루도 빠짐없이 출퇴근하며 겪은 다사다난한 모든 일이, 지나고 보니 불법이요, 수행이요, 기도였습니다. 내가 한 그 일이 인생에서 가장 잘한 일이 된 것 같고, 부처님 앞에서 신심을 쌓을 수 있었던 또 다른 기회가 된 것 같습니다.

이 깊고 훌륭한 인연을 앞으로 나는 다른 이들에게 줄 수 있는 보살이 되기 위해서, 큰스님 가신 이듬해 봄에 사회복지사 자격증을 땄습니다. 감히 말하건대, 나는 다른 불자들에게 베풀 수 있는 보살이 되기 위해 장대한 계획을 준비하고 있습니다.

그립습니다, 큰스님.

요즘도 극락전에 계시는 영정 앞에 고하고 앉아서 한참을 있다가 옵니다. 웃고 계시는 큰스님께선 "추 보살, 오늘은 이제 왔어요?" 하면서 맞아 주십니다.

내 일생에서 내게 가장 가치 있는 공부를 하게 해 주신 큰스님의 음덕을 나는 잊지 못할 것입니다. 문수보살님의 미소처럼 항상 맑으시던 그 미소를 내 가슴에 간직하면서, 열심히 수행정진하는 생활을 하기 위해 오늘도 미진하나마 노력하고 있습니다.

달라이 라마와 김수환 추기경

한 기 늠

온 국민의 가슴에 가르침 주시고 영면에 드신 김수환 추기경님! 뭇 사람의 심금을 울렸다. 성자의 길 40년. 정들었던 명동성당을 떠나며 남기신 말씀은 "고맙습니다. 서로 사랑하세요.", "나는 아쉬울 것 없어라."는 한두 마디이다. 연일 보도되는 추기경님의 발자취를 지면을 통해 접할 때마다, 종교를 초월해서 내 가슴을 아리게 했다. 내 두 볼엔 소리 없이 흘러내리는 반성의 눈물, 스스로에게 배려가 인색했던 미안한 눈물이었다.

나는 이번에 김수환 추기경님의 성직자 생활을 접하면서, 전 세계의 영적인 스승으로 자비와 지혜의 가르침을 전파해 오신 티베트의 영적인 지도자 달라이 라마 존자님을 떠올려 본다. 열여섯에 자유를 잃고, 스물넷에

불명은 보광화. 1952년생. 이탈리아 국립 까라라 미대 조각과, 인도 국립 타골 대학원 조각과 졸업. 동아대 강사, 부산시 미술위원, 부산 비엔날레 해외홍보대사를 지냄. 지금은 여류조각가회, 한국구상조각가회, 한국미술협회 회원으로 있음.

조국을 빼앗기고, 40여 년 동안 민족의 운명을 걸머진 채 망명객으로 고해와 같은 삶을 살아오신 달라이 라마 존자님. 그분과의 인연은 13년 전인 1996년 정월 보름날 티베트 인의 망명지 인도북부 다람살라에서였다.

1995년 마지막 날 밤 이탈리아의 티베트 사원에서 부처님 전에 꽃 장엄을 하고 밤을 지새우다 무지개 꿈을 꾸었는데, 다음날인 새해 한낮에 집으로 돌아오는 길에 피사의 구릉지에서 전날 꿈속에서 보았던 무지개를 실제로 보았다. 3개월 후에 인도로 갔다. 히말라야의 다람살라에서 열흘간 달라이 라마 존자님의 설법을 들으면서, 설산을 배경으로 포탈라 궁과 무지개 아래서 환히 웃으시는 존자님의 얼굴에서 알 수 없는 교감과 환희심을 느꼈다.

깨달음의 땅 부다가야의 니련선화 강변에서 끝없이 넓은 모래밭을 바라보면서, 내 어머니 49재 기도 중 삼매에 들어 넓고 넓은 모래밭이 하얀 쌀로 변했던 기억이 되살아나기도 했다. 새벽 별빛 아래 부처님께서 깨달으신 후 선정에 잠겨 계시던 일곱 장소가 있던 대탑을 돌면서, 갠지스 강가에서 몸을 태우는 사람들, 성스러운 물에 몸을 담그면 모든 죄가 씻긴다고 찬란한 태양을 마주하며 목욕하는 사람들, 윤회로부터 해탈을 얻고자 강가에서 죽음을 기다리는 사람들을 보면서, 살아 있음과 죽음의 경계가 없음을 느꼈다. 티베트의 밀교는 마침 내가 믿는 관음 신앙이라서 거리감이 없어 좋았다.

유럽 사람들의 휴양지인 포마이아의 티베트 사원은 일 년 내내 크고 작은 행사가 열린다. 달라이 라마께서는 석가탄신일 무렵인 5월과 10월경 두 번을 이탈리아와 유럽 순회강연을 하신다. 로마 교황청에서는 몇 년간 노벨 평화상 수상자이신 달라이 라마를 초청해 왔다. 4월은 부활절 시기인데도 한 달 내내 신문, 라디오, TV 등은 시간마다 달라이 라마에 대한 보도가 연일 이어지는가 하면 티베트 영화와 심지어 풍물 시장까지 열기가 후끈하다. 천주교의 나라 이탈리아에서 그리고 로마의 바티칸에서 불교에 대한 배려는 참으로 숭고하다. 4월과 5월 내내 보도를 하고 그 여운이 끝날 즈음 5월 하순 석가탄신일경에 달라이 라마께서 교황청 초청으로 로마를 방문하신다.

소년처럼 맑게 웃으시는 모습이 꼭 김수환 추기경님과 흡사하시니……. 평화와 사랑을 실천하시는 두 분의 양처럼 순한 맑은 미소는 평화로웠다. 달라이 라마께서 이탈리아를 방문하실 즈음에 도시 곳곳의 담 벽에 'PACE(평화)!'의 현수막을 접할 때 그 순간 내 마음은 맑아진다. 재미있는 것은 이탈리아 사람들은 석가모니 부처는 누군지 몰라도 달라이 라마는 잘 알고 있다는 것, 그리고 향 피우기를 좋아하고 명상에 대한 관심이 많다는 것이다.

나는 1996년에 이어 1998년, 다람살라에 가서 달라이 라마 존자님의 개인 법당과 접견실 그리고 사원까지 명주실로 된 연꽃 장엄을 하는 행운을 안았다. 꽃 장엄을 기뻐하시며 내 목에 명주 천으로 된 카타를 걸어 주시고, 호신불을 손에 쥐어 주시고는 내 손을 잡으시며 사진을 찍자고 하시던 존자님의 온화하신 모습이 오늘은 참 그립다.

추기경님의 아름다운 성자의 길을 추모하며, 달라이 라마의 기도문을 한번 옮겨 본다.

> 사람을 만날 때마다 언제나 나 자신을 가장 미천한 사람으로
> 여기고,
> 내 마음 깊은 곳에서 상대방을 최고의 존재로 여기게 하소서.
> 나쁜 성격을 갖고 죄와 고통에 억눌린 존재를 볼 때면,
> 마치 귀한 보석을 발견한 것처럼 그들을 귀하게 여기게 하소서.
> 마하반야바라밀.

나를 깨운
인연

부처님, 나의 스승 자이구루

고 조 자

어느덧 천지사방 봄꽃들이 분분하다. 엊그제는 멀리서 온 벗들과 섬진 강을 따라 지리산에 다녀왔다. 티베트 불교에서 석가모니 부처님의 협신불로 추앙하는 문수보살께서 우리나라에 오셨을 때 이 땅이야말로 부처님의 땅, 수행자의 땅이라며 세 번 절하셨다는 이야기가 있는데, 참으로 만나는 산과 강, 지천의 이름 없는 들꽃들에게도 절을 하고픈 날들이다.

30여 년이 지난다. 남편, 그리고 세 아이를 보살피며 정치 조직 활동에 몸담았던 지난날, 바쁜 일상에서 무엇보다 위로가 돼 주던 것은 다름 아닌 자연, 있는 그대로의 풍경이었다. 잠시라도 시간이 날라치면 어디로든 차를 몰고 달려가 아무 말 없이 내 마음까지 내려 두고 위로받던 곳, 다름

불명은 성정월. 1944년생. 대원사 신도. 호남대 법학과 졸업. (사)생명나눔실천 광주·전남지역본부 후원회장 지냄. 지금은 광주아시아문화교류재단 상임이사와 부설 인도박물관 관장, 부설 새터민복지지원센터 이사로 있음.

아닌 부처님 계신 절이었다.

지금은 마흔이 된 아들이 고등학교 2학년 때였던가? 남편은 다른 지방으로 발령이 나서 아이들은 잠시 시동생과 함께 지내게 되어 일주일에 한 번씩 들러 살림을 살피곤 하였다. 그러던 어느 날 방 청소를 하다가 사춘기를 지나는 아들이 쓴 유서를 발견하였다. 그 순간 눈앞이 하얘지며 다리가 후들거리는데 그 자리에 쓰러질 것만 같았다. 겨우 정신을 차리고 학교로 뛰어가니 다행히 아이는 학교에 있었다. 내 입에서는 나도 모르게 "부처님, 감사합니다. 부처님, 감사합니다. ……."만 외고 있었다. 그런 일이 있고 나서야 바람 따라 정처 없이 가서 평안을 얻곤 하던 절 나들이의 의미, 나도 모르게 내 안에 깊이 자리잡은 부처님의 가피를 절실히 깨닫게 되었다.

내가 어디로부터 와서 어디로 가는지 알 수 없듯 인연 또한 그러한가 보다. 고향 마을에 있던 작은 절의 비구니 스님으로부터 시작된 부처님과의 인연이 오늘에 이르러 감히 우리나라 여성 불자 108 염주의 한 알로 살게 되었으니 말이다. 고맙고 고마운 일이다. 부족하고 부끄럽기 짝이 없으나 이 한생(一生) 사는 동안 정말이지 작은 일에도, 모든 이와 부처님의 자비를 나눌 수 있다면 그보다 더 큰 가피가 어디 있겠는가. 그 미흡함이 다만 나에게 올바르고 정직하게 사는 것이 최선임을 일깨워 주고 더불어 가는 모든 나와 같은 사람의 상처를 어루만져 주고 칭찬함으로 저마다 연꽃 한 송이로 피어나게 하는 힘이 되는 것을.

자연을 벗 삼아 즐겨 찾던 절이 나의 인생을 새로이 열어 주더니 몇 년 전부터는 늦은 나이에도 배움의 길까지 열어 주었다. 늦깎이 불자에게 부처님의 삶을 친절히 보여 주시는 전남 보성 대원사 현장 스님께서 아시아문화교류재단을 설립하시고 대원사의 티베트 박물관과 함께 부처님의 나라 인도박물관을 세우시고 나에게 관장의 소임을 맡겨주신 것이다.

재단과 인도박물관은 아시아 국가들이 가진 풍부한 문화적 전통을 바탕으로 문화 교류를 강화하고 아시아 문화중심도시를 지향하고 있는 광주를 중심으로 아시아 문화·예술인 공동체를 형성하자는 데 그 의의를 두고 출발하였다. 이곳 광주에서 인도 문물, 명상, 요가 등을 통해 인도의 문화와 전통을 체험하며 행복이란 물질이 아니라 누구나 제 마음 속 보석을 가꾸는 일임을 알게 하였다. 또한 3년여 동안 2회의 인도 문화·예술 축제를 열고 이 땅에 새로운 둥지를 튼 다문화 가정과 새터민을 위한 여러 사업과 활동은 나의 일상에 새로운 의미와 보람을 담아 주었다. 더욱이 새터민 자활 사업으로 냉면, 만두 등의 북한 음식점 '백두산식당'까지 문을 열어 모름지기 낯선 땅, 새로운 이웃에 먼저 손 내밀어 친구·형제·가족이 되어 주고, 노래와 춤, 밥상을 나누며 우리가 사는 이 세상에서 불국토를 보게 되었으니 문화 나눔은 또 다른 포교이기도 하였다.

자이구루! 인도에서는 나를 어두운 곳에서 밝은 곳으로 이끌어 주신 분을 '구루' ―스승― 라 한다. 미처 발원하기도 전에 나의 길을 열어 주시고 어미, 아내, 여인으로서의 작은 기도도 내치지 않으신 분 부처님, 나의 스승을 찬양합니다.

어둠을 깨뜨리는 맑고 밝은 인연

김 숙 자

　누구나 공기의 고마움을 모르는 채 존재조차도 잊고 살듯이 나는 부처님을 모르고 살았다. 부모님 뫼시고 여러 형제 속에서 별 어려움 없이 자랐고 공자 왈 맹자 왈만 듣고 커 왔기에 부처님을 만날 기회도 없었다. 어릴 때는 예배당(교회)에 가 보고, 커서는 성당에도 가 보고, 산에 가면 법당에 들어가서 부처님께 절도 하면서 마음은 허공에 있을 뿐 부처님은 만나지 못했다. 부모님 두 분도 80을 넘게 사셨고 돌아가셔도 자연의 순환으로만 받아들였을 뿐 생과 사의 의문도 없었다.

　40대 중반에 하늘이 무너지는 큰일을 당했을 때는 부처님도 원망하고 하나님도 원망하고 조상님들조차도 원망하면서 어둠 속에서 살았다. 원망

불명은 백련화. 1933년생. 옥련암 신도. 서울대 약대 졸업. 50년 동안 약국을 경영했으며, 지금부터는 '나'를 찾는 일을 하려고 함.

의 시간은 자기도 괴로울 뿐 아니라 남도 괴롭게 하는 부정적인 사고를 낳아, 살고 싶지 않다는 생각까지 들 만큼 세상이 어두웠다.

그때부터 친구나 주위 아는 분의 권유로 절에 자주 들르게 되었고 법당에 앉으면 마음이 편안함을 느꼈다. 삶이 무엇인가? 죽음이 무엇인가? 나는 누구인가? 나는 어디서 왔다가 어디로 가는가? 나는 어떻게 살아야 하는가? 많은 의문은 법문을 들을 때마다 내 자신이 너무나 작고 하찮고 어리석은 존재임을 깨닫게 했다.

친구 덕에 김천 직지사 중암에서 관응 큰스님의 법문도 듣고 운문사 승가대학 명성 학장 스님의 법문도 들을 좋은 기회를 가졌다. "사람은 인연이 있어 만나고 인연이 다 하면 헤어진다. 만나는 사람은 언젠가는 다 헤어진다."라는 부처님 말씀에 나는 잠에서 깨어난 듯 맑고 밝은 세상을 보았다. 그때부터 '인연'이라는 두 글자에 매달렸고 살 수 있는 힘이 생겼다.

비로소 부처님 말씀에 귀 기울이고 책도 읽어 보았으나 여전히 아는 것은 없고 어둠 속을 헤매는 어리석고 하찮은 존재일 뿐 무명을 벗을 길은 없었다. 108 사찰 순례도 친구 따라 가 보고 법사님들의 좋은 말씀도 듣지만, 법당에 들어가면 자식이나 주위 사람의 안녕과 편안한 피안을 비는 불쌍한 중생이다.

"욕심을 버려라."

"모든 것을 놓아라."

"자기를 알라."

이 좋은 말씀의 참뜻이, 그래도 버리지 못하고 놓지 못하니 내 주위를 맴돌 뿐 내 안에 들어오지는 못하나 보다. 무명을 깨치고 욕심을 버리고 자기 자신을 다스릴 줄 알 때 비로소 불자의 자격이 있는 것이 아닐까 생각한다. 오늘도 '노력할 뿐.'

수미산과 할머니

노 희 순

　온통 돌과 바위뿐인 산모퉁이를 돌아서자 마침내 경전 속 전설의 산, 수미산의 장엄한 모습이 눈앞에 펼쳐졌다. 성스러운 산이란 이름답게, 여러 산이 호위하듯 겹겹이 둘러싸고 있어서 볼 수 없었던 수미산의 전체 모습을 비로소 마주할 수 있게 된 것이다. 서울을 출발한 지 13일 만이었고, 수미산 코라(성지 돌기)를 시작한 지 4일 만이었다. 지난 4일간은 줄곧 흰 구름에 가려진 정상 부분만 볼 수 있었다.

　5,000미터가 넘는 고산 지대라서 가슴이 답답하고 숨이 찼다. 그러나 눈앞에 장엄하고 신비한 기운의 수미산이 온몸을 드러내자 그간의 고통이 한순간에 사라졌다. 그 자리에 서서 6,700여 미터 높이의 수미산 꼭대기

불명은 춘림. 1958년생. 평촌 보림사 신도. 서경대 국어국문학과 졸업. 월간 『대원』과 『대중불교』 기자, 월간 『봉은』 편집장, 계간 『실크로드』 편집장을 지냄. 불교여성개발원의 『우바이 예찬』 창간에 합류해서 지금까지 편집장을 맡고 있음.

를 홀린 듯 바라보았다. '아, 드디어 내가 수미산에 왔구나!' 하지만 안타깝게도 만년설이 쌓인 산 정상은 흰 구름에 가려 좀처럼 얼굴을 드러내지 않았다. 같이 온 후배 하나가 감격에 겨워 떨리는 목소리로 백팔 배를 하자고 제안했다. 옆에 있던 다른 후배와 셋이 굵은 모래흙 바닥에서 절을 시작했다. 고개만 숙여도 가슴이 답답한 고산인데다 등산화까지 걸리적거렸지만, 웬일인지 힘든 줄 모르고 백팔 배를 마쳤다.

그러자 정말 신기한 일이 벌어졌다. 절이 끝남과 거의 동시에 수미산 정상의 흰 구름이 양옆으로 흩어지는 것이었다. 좀처럼 보기 힘들다는 수미산의 맨얼굴이, 도솔천 오르는 계단이라는 33계단 위쪽에서 그 신비한 모습을 드러냈다. 장엄하고 신령스러운 수미산의 기운이 우리를 환희와 두려움에 떨게 했다. '산이 성스러운들 산일 뿐이지' 하며 반신반의했던 내 어리석음이 두려웠다.

불교 잡지 초년병 무렵, 한 스님이 연재하는 티베트 순례기를 통해 처음 수미산의 존재를 알게 되었다. 그때부터 언젠가는 꼭 가 보리라는 막연한 갈망으로 수미산을 동경했다. 그 꿈은 거의 20여 년 만에 이루어졌다. 그 감동을 어떻게 표현할 수 있을까. 세계의 중심이며 세계 4대 종교의 성산이라는 수미산, 제석천왕의 궁전이 있고 힌두교의 시바 신이 산다는 그 산 앞에 섰던 시간은 내 삶에서 가장 아름답고 기적 같은 순간이었다. 가슴의 통증은 물론 코와 귀에서 피가 날 만큼 고통스러웠던 고산증은 순례자로서 마땅히 치러야 할 대가였다. 황량하고 거친 수미산 순례에서 겪은

대자연의 무시무시한 힘도 오만한 나를 되돌아보며 순열한 기도를 올리게
한 순례의 크나큰 선물이었다.

티베트 수미산 순례는 내 삶의 전환점이었다. 허위허위 숨 가쁘게 살
아온 삶의 의미를 되새겨 보게 했고, 가슴보다 머리가 앞선 내 신심의 얄
팍함을 반성하게 했다. 불교와 인연 맺고 불교 일을 해 온 시간들이 그저
우연이 아니었음을 절실히 깨닫게 해 주었다.

고등학교 1학년 때였다. 5남매 가운데 맏딸인데다 아래로 셋이나 되는
남동생들에게 밀려 대학 갈 엄두도 못 내던 나는 우울한 여고생이었다. 적
성에 맞지 않는 상업 과목 시간이면 이른바 땡땡이를 치고 학교 뒷산에서
시간을 보내곤 했다. 그런 내가 안타까웠는지, 어느 날 한 친구가 법당에
가 보자고 했다. 용산 육군본부에 있던 육군중앙법당이었다. 마침 부처님
오신 날을 앞둔 때여서 제등 행렬에 필요한 상징등과 연등을 만드느라 법
당은 활기에 넘쳐 있었다.

무엇보다 당시 군법사님의 법문이 나를 이끌었다. 중학교 1학년 때, 교
회에서 설교를 듣다가 '이게 아닌데…….' 하는 생각이 들어 교회를 그만둔
뒤, 종교에는 기대를 갖지 않았던 터였다. 그때 법문 내용은 잘 기억나지
않지만 나름 논리를 중시하던 내게, 부처님이란 존재가 설득력 있게 다가
왔다.

공주에서 태어난 나는 어릴 때 30리가 넘는 길을 걸어 계룡산에 기도
하러 가시는 할머니를 배웅하곤 했다. "너는 계룡산 부처님이 점지해 주셨

어.”라고 하시던 말씀도 기억한다. 할머니께 부처님과 산신은 다른 존재가 아니었다. 단지 그뿐, 부처님이 어떤 분인지, 불교가 어떤 종교인지 알 기회가 없었다.

가끔, 예민하고 우울하던 사춘기 때 불교를 만나지 못했다면, 지금 전혀 다르게 살고 있을지도 모른다는 생각을 한다. 힘든 시절, 부처님은 내게 큰 위안이었고 확신이었으며 가치관의 기준이었다. 절에서 만난 선배와 친구들은 지금도 내게 귀한 도반들이다. 자립해서 대학에 들어가고, 미션 스쿨인 대학에 불교학생회를 창립해서 대불련 활동을 할 수 있었던 힘도 다 거기에서 나온 것이었다.

그리고 불교 잡지에 몸담고 20여 년간 부처님 일을 해 왔다. 고등학교 때 부처님을 만난 인연이 내 삶의 방향을 결정한 셈이다. 어쩌면 그 인연은 장독대에 정화수를 떠 놓고 기도하시던 할머니에게서 비롯되었을 것이다. 요즘도 문득 내겐 수미산 같은, 할머니가 그립다.

제 삶의 행복 비타민

오 용 순

"암마~! 암마~!"

이제 겨우 13개월 지난 대웅이의 '엄마'라는 뜻의 말솜씨입니다. 한창 말을 배우기 시작하는지 원장 스님께 "아빠!"라고 하기도 하고 TV가 안 나오면 "안나~! 안나~!"라고 하기도 합니다.

대웅이의 이름은 대웅전의 대웅을 따와서 지었으니, 저에게는 부처님과 다름이 없는 아이입니다. 지난 2007년 12월 23일 시청으로부터 충주에서 기아(棄兒)가 발생했다는 전화를 받은 다음날, 탯줄이 붙은 채 충주의 아동 복지 시설 진여원에 입소하게 된 아이입니다. 입소 후부터 젊은 생활 지도원 선생님들에게 맡기고자 하였지만, 낮설어 하는 모습이 마음에 걸려

불명은 수경화(修鏡華). 1957년생. 충주 화암사 신도. 사회복지법인 성불복지회 진여원 사무국장으로 있음.

늦둥이처럼 모든 정을 주면서 키우고 있는 아이랍니다.

이제 대학을 졸업하고 직장을 다니는 두 딸이 와서 대웅이에게 잔뜩 시샘을 하기도 합니다. 자기들도 받아 보지 못한 엄마의 사랑을 듬뿍 받고 있는 대웅이가 부럽다는 것입니다. 두 딸을 키울 무렵에는 아이 아빠의 공무원 박봉으로는 살림을 꾸리기 어려워 내가 부업으로 한복 일을 열심히 하던 때라, 여동생 집과 친정어머니의 신세를 많이 지게 되었고 아이들에게도 사랑이 부족했나 봅니다. 힘들게 일하면서 그날그날을 살다 보니 부부의 불화도 잦아 자주 다투기도 하였답니다.

그런데 둘째 딸을 불교 유치원에 보내면서 속해 있던 원주 성불원을 다니게 되었고, 처음에는 살아가면서 힘든 모든 것을 부처님께 하소연하듯이 기도하여 마음의 안정을 찾아 가게 되었습니다. 아이 아빠도 절에 함께 다니면서 성불원 현각 스님과 인연이 되고, 스님께 많은 가르침을 받기도 하였습니다. 그 후로 부부 싸움을 하게 되더라도 누가 먼저랄 것 없이 법당에서 함께 기도하는 것으로 원만히 해결을 하게 되었습니다.

그러다가 친정어머니가 돌아가시면서 함께하던 한복 일도 서서히 접게 되었습니다. 그 뒤로 하루 종일 집에만 있다 보니 이런저런 부정적인 생각에 우울증이 걸려 몸을 가누지 못할 지경이 되었을 무렵, 성불원 현각 스님께서 관장으로 계시던 명륜종합사회복지관 봉사를 권유받고 활동을 해 나가자 차츰차츰 원기를 회복하기 시작했습니다. 모든 것을 잊고 봉사에 열중하다 보니 나중에는 자원봉사상이라고 보건복지부 장관상을 받기도

하였는데, 상보다는 제 자신의 마음의 병을 치유하게 되었을 뿐 아니라 나보다 더 어려운 이웃들을 볼 수 있게 된 계기가 되었던 것 같습니다.

몇 년이 지나 2002년 쯤 현각 스님께서 진여원 일을 도와 달라 하시기에, 어려운 일이 아니고 사무만 보는 단순한 일인 줄 알고 쉽게 대답하였습니다. 그런데 당시 미인가 시설이던 진여원에는 장애인과 아이들, 노인들이 뒤섞여 있으면서 다들 관심과 사랑을 쟁탈하듯이 갈구하고 있었습니다. 처음에는 힘이 들어 능력의 한계를 느끼기도 하여 울기도 하였지만, 그럴 때마다 현각 스님은 그래도 자신보다 힘든 이들에게 회향하라고 했습니다. 그렇게 진여원에서 혜원 스님을 원장 스님으로 모시고 지금까지 생활하게 되었습니다.

다행히 2006년 아동 시설로 시설 인가를 받게 되었고, 진여원 아이들이 제 마음을 알아주었는지 이제껏 말썽부리던 아이들이 착하게 변하기 시작했고, 현각 스님의 말씀대로 혜원 스님도 아이들의 인자한 아버지가 되셨습니다. 항상 시설의 아이가 아니라 가족으로서 배려와 사랑 그리고 감사를 실천하신 현각 이사장 스님과 혜원 원장 스님의 가르침 그대로 아이들을 보살피게 되었습니다.

이제는 몇몇 아이를 대학도 보내고, 대웅이 같은 어린아이들을 내 자식과 전혀 다름없이 마음의 사랑을 주고 싶습니다. 어쩌면 이제 내가 낳은 아이들보다 진여원 아이들에게 더 많은 정이 가, 진여원을 떠나지 못하고 상주하면서 돌보게 되었습니다. 저녁마다 진여원 아이들과 같이 저녁 예불을 보면서 아이들의 건강과 앞날을 위해 기도하게 되고, 이렇게 베풂으로써 저의 마음의 병을 치유하게 된 것을 무한히 감사드리게 되었습니다.

밤새워 진여원 아이들을 안고 잡니다. 서로 시샘하는 아이들을 번갈아 안아 주며, 나의 조그만 품에 아이들의 커다란 꿈을 함께 안아 보고자 하는 큰 욕심을 냅니다. 어쩌면 아이들의 꿈을 같이 이뤄가는 행운을 가졌는지 모릅니다. 아이들 빈 마음에 내 마음이 자리 잡게 된 것에 대해 큰 불은(佛恩)을 느낍니다. 아이들에게서 항상 그윽한 부처님 향내가 납니다. 그 향에 심취한 저는 아이들에게서 영영 헤어나지 못할지도 모릅니다.

돌담에 속삭이는 봄 햇살마냥 싱그러운 아이들 덕분에 저는 행복합니다. 우뚝 서 있던 삶의 가치관이 때로 흔들릴 때, 나의 부처님 아이들이 있어서 행복합니다. 가슴에 품어 온 이루고 싶은 소망들을 포기하고 싶을 때에도, 나의 부처님 아이들이 있어서 행복합니다. 이제 행복만 가득할 것 같은 날에도 홀로 지내며 소리 없이 울고 싶은 날, 나의 부처님 아이들이 있어서 행복합니다. 늘 한결같기를 바라지만 때때로 찾아오는 변화에 혼란스러울 때, 나의 부처님 아이들이 있어서 행복을 지켜 나갑니다.

부처님 같은 진여원의 모든 아이는 제 삶의 행복 비타민입니다. 그대로 아이들의 사랑을 듬뿍 받고 살아가는 저를 도리어 행복하게 해 주니까요. 불교와의 깊은 인연, 그리고 스님의 많은 가르침으로 저의 행복을 이뤄 나가고 있습니다. 아이들의 마음이 가는 곳, 그곳에 저의 행복 부처님이 계실 것입니다.

남은 삶은 포교 현장에 바치리라

이 남 숙

이 글을 쓰면서 새로운 희망의 전갈을, 저 자신을 향하여 주문을 걸어 봅니다.

"너는 할 수 있어! 지금의 생을 마감하기에는 아직 시간이 남아 있으니까 대자유를 찾아, 허공을 향하여 너의 날개를 힘껏 펼쳐 보렴. 지금이 바로 시작이니까……."

2년 전, 결혼 30년 만에 시어머님을 모시게 되면서 가족의 인연에 충실하겠다는 다짐으로 오랫동안 활동해 왔던 저의 포교 현장을 하나하나 정리하게 되었습니다. 그즈음에는 저 역시 현장 활동에 대하여 회의감도 생겼고, 지나친 봉사활동 탓에 건강상으로도 무리가 생기고 있었습니다. 모

불명은 희명화. 1953년생. 조계사 신도. 성신여자사범대 사회교육과 졸업. 유성여고 교사, 『어진 벗』 편집장, 서울산업대 불교반 법사를 지내고, 경희의료원 등에서 호스피스 활동을 함. 지금은 다시 포교사 활동을 하려고 함.

든 현상은 인연의 강물을 따라 흐르는 것이기에 아주 자연스럽게 포교 현장을 떠나게 되었습니다. 오히려 그동안 열심히 잘 살아왔다고 스스로 자부하면서 가정 속으로 안주하게 되었습니다. 마침 외손녀가 태어났기에 오히려 잘된 일이라고 생각하면서 시모와 외손녀를 돌보며 아주 오랜만에 느끼는 평온함을 즐기기도 했습니다.

그러나 그런 행복도 잠시, 늙으신 시어머님과 갈등이 생기면서 저 자신을 돌아보게 되었습니다. 부처님의 가르침을 올바르게 실천하겠다며 20여 년 동안 온 정성을 다하여 어린이 법회와 청소년 법회, 대학생 법회, 대중 법회, '자비의 전화' 상담봉사, 무료 급식소 자원봉사, 호스피스 활동을 해 왔으면서도 늙으신 제 부모님을 모시는 일은 왜 이렇게 어렵고 힘이 드는지 스스로 부끄럽고 죄책감마저 들었습니다.

그 후 불교TV를 통하여 날마다 저녁 예불을 드리기로 했습니다. 어머님은 합장하고 앉으셔서 예불을 모시고, 저는 108배를 통하여 참회 기도를 올렸습니다. 거의 2년간 하루도 빠지지 않고 어머님과 함께 참회 기도를 올리면서 저녁 예불을 모셨습니다.

어머님께서는 거의 60년 동안 시골의 작은 절에만 다니시면서 자식들의 무병장수를 위하여 기도해 오신 분이셔서 『천수경』과 『반야심경』의 의미를 모르고 계셨습니다. 그 후 어머님께서는 불교 용어에 대하여 하나둘씩 물어 오셨고, 나중에는 「법성게」와 『아미타경』, 『금강경』까지 저에게 알려 달라고 해 오셨습니다.

저는 제가 아는 만큼 열심히 어머님께 알려 드리면서 그동안 제가 지은 죄업을 용서해 달라고 했습니다. 제 스스로 언행일치의 삶을 살지 못함에 대하여 아주 부끄럽게 생각하면서 부처님을 향하여 참회 기도를 날마다 올렸습니다. 그러던 어느 날 문득 어머님께서는 조용히 제게 말씀을 건네 오셨습니다.

"너는 집에서 살림만 하기에는 아는 것이 너무나 많구나. 밖에 나가서 나처럼 불법에 대해 깜깜한 사람들에게 환하게 알려 주거라. 그리고 늙은 며느리에게 밥 얻어먹는 것보다는 젊은 며느리한테 얻어먹는 것이 편할 것 같다. 증외손녀 잘 돌봐주고 너도 네 할 일을 찾아 보거라. 그동안 애썼다. 네 살림 솜씨도 내 마음에 쏘옥 드는구나. 네 덕분에 애비도 이만큼 성공한 것 같구. 내가 여름에 죽으면 하얀 모시 치마저고리를 입히고, 가을에 죽으면 노란 양단 치마저고리를 입히고, 겨울에 죽으면 누비옷을 입혀 다오. 그래도 난 겨울은 싫구나. 따뜻한 봄이 좋은데 말이다. 이 옷들은 네 집에 남겨 놓고 갈 테니 나 죽었다는 소식 듣거든 이 옷 보따리를 빨리 들고 내려오너라. 그리고 이 옷은 높은 곳에 올려놓지 말고 되도록 낮은 곳에 보관해 두거라. 늙은이가 너무 오래 살아도 안 되는데……. 그저 3일간만 아프다가 자식들 모두 불러 놓고 세상을 떠나고 싶구나. 내 약속은 꼭 지켜 다오."

어머님께서는 지난가을 막내아들이 사는 고향으로 내려가셨습니다.

날마다 새해이고 새날이기에 오늘도 새롭게 하루를 맞이합니다. 이제는 정말 제가 하고 싶은 일이 무엇인지, 어떻게 할 것인지에 대하여 간절히 생각해 봐야겠습니다. 밝고 환한 세상을 만드는 일은 혼자만의 힘으로는 어렵기에, 그동안 꽁꽁 닫아 놓았던 마음의 문을 활짝 열어 놓고 앞으로 다가오는 새로운 인연들을 향하여 두 팔을 활짝 벌려 맞이할 것입니다. 이 세상은 마음먹기에 따라서 운용되고 있음을 잘 알고 있기 때문이겠지요.

이렇게 제게 글을 쓸 기회를 주신 불교여성개발원 임직원들께 감사드립니다. 덕분에 제가 세상 밖으로 나올 수 있는 용기를 갖게 되었습니다. 나무 시아본사 석가모니불.

깨달음을 주는 인연

이 명 희

제가 근무하는 서울노인복지센터와 인연을 맺은 것이 벌써 10년이 되어 갑니다. 그동안 수많은 일이 생겨나고 얽이고 또 풀리곤 했습니다. 그런데 '여성 불자 108인' 선정이란 것이 제게는 아주 특별한 일이었습니다. 벌써 몇 년 전의 일이지만 아직도 제게는 낯설은 여성 불자 108인입니다. 낯설다는 것은 싫다는 것과는 아주 다른 긴장감을 갖게 하는데, 이제는 급기야 글도 올리라 하니 이렇게 부끄러울 수가 없습니다.

피해 갈 방법을 연구(?)하느라 연일 좌불안석하면서도 불교와의 인연을 생각해 보게 됩니다. 불교를 만난 인연은 극적이지도 특별하지도 않은데, 왜 나는 불자가 되었을까? 지금에서야 저와 불교를 찬찬히 되돌아보게

불명은 보현행. 1963년생. 조계사 신도. 상명대 도서관학과, 세종대 행정대학원 사회복지학과 졸업. 성남새날아동상담소 상담부장, 영등포 '보현의 집' 사무국장 지냄. 지금은 서울노인복지센터 총괄부장, 서울시사회복지사협회 상임위원으로 있음.

됩니다.

초등학교 들어갈 때쯤이었던 것 같습니다. 한창 개발 공사로 먼지를 날리던 시외 촌 동네에 있던 우리 집 앞에 작은 천막 교회가 생기면서 교회를 다녔습니다. 그런 저에게 엄마는 절에 가자고 하신 적도 없지만 "한 집에 종교가 둘이면 안된다."면서 번번이 저를 집으로 끌고 가셨습니다. 엄마의 종교가 무엇인지도 몰랐고, 가르쳐 주지도 않으면서 교회에 못 가게 하던, 이해할 수 없는 엄마 몰래 교회를 다녔던 기억이 납니다.

미션 스쿨인 중학교에 들어가면서부터는 학교 안에 있는 교회까지 총총한 오솔길을 친구들과 조잘조잘하며 걷고는 마음 편히 예배를 보았습니다. 그 학교 학생이면 누구나 예배에 참석할 뿐 아니라 성경 공부 시간도 따로 있었습니다. 그런데 언제부턴가 성경 시간만 되면 '전지전능한 하나님'을 분석하기 시작했던 것 같습니다. 당연히 의심이 많아지고 교회와는 멀어지게 되었고, 그러면서도 한편으로는 '이러다 지옥 가면 어떻게 하지…….' 고민하던 시절이었습니다.

대학교에 입학하자마자 제일 먼저 불교 학생회에 가입했고, 열심히 수련회와 불교 학생회 활동, 불교 공부를 하면서 인간의 두려움과 종교의 의미를 되짚어 보곤 했습니다. 3, 4학년은 대학생불교연합회에서 아무것도 모르면서 여성부장을 하기도 했습니다.

졸업하면서는, '독재'니 '민주'니 하는 의식이 당시 하나의 화두로 강하게 부각되었고 노동 현장으로, 시민 사회 운동으로 다양한 사회 활동이 넘쳐 났는데, 저도 예외는 아니어서 신행 활동은 그저 편한 여가 활동 정도로 여겨졌습니다.

그러던 중 30대 중반이 훌쩍 넘어 사회 복지를 공부하기 시작하자, 잊고 있던 불교에 대한 그리움이 커 갔습니다. 사회 복지계의 기독교 신자들이 주변에 많아지면 많아질수록, 신심 있던 대불련 시절이 생각나고 그때의 친구들이 보고 싶어졌습니다. 사회 복지학 공부는 십수년간 잊고 있던 불교를 생각나게 하고, 저의 내면을 들여다보게 하고, 성장 과정을 돌이켜 보게 하였습니다. 사회와 인간을 다루는 사회 복지 학문이 부처님 말씀과 그리 다르지 않음을 새삼 깨닫게 되었기에, 불교 사회 복지를 실현할 수 있는 서울노인복지센터와 인연을 맺었습니다. 지금껏 4만 명의 어르신과 2만 명의 자원봉사자가 함께 연중무휴로 노인 복지를 펼치고 있습니다.

저에게 '여성 불자 108인'은 또 다른 깨달음을 주는 인연입니다. 그래, 여성이지! 부처님의 제자이지! 108 번뇌의 일상이지! 그 깨달음이 힘이 되네요. 젠더(gender)로서의 여성, 그 정체성과 역할을 다시 생각하게 하고, '내가 불자인가?' 가슴에 손을 얹게 하고, 일상의 번뇌를 깨닫게 하는, 낯설지만 진지한 인연입니다.

일상이 권태로울 때 마침 저에게 그런 '알아차림'의 기회를 주신 불교여성개발원에 다시 한 번 감사드립니다. 앞으로도 '더불어 사는 세상'을 가꾸어 나가는 작은 호미가 되어야겠다고 다짐해 봅니다.

책이 나를 불교로 이끌었다

이 미 령

　여고 시절, 루이제 린저의 소설 『생의 한가운데』를 읽으면서, '내 인생을 내 의지로 살겠다.'는 주인공 니나의 생각이 내게 깊은 화두를 안겨 주었다. '정말로 자기가 원하고 자기가 뜻을 내면서 인생을 살 수가 있을까?' 오직 자신만을 사랑한 슈타인 박사의 청혼을 끝내 거부하고 제 삶을 살아간 니나는 '힘들지만 자기가 선택해야 하며, 그 결과가 결코 동화처럼 달콤하지 않아도 자기가 선택한 삶은 결국 자기가 살아가야 하는 것이 인생이구나.' 하는 것을 깨닫게 해 주었다.

　그러나 이런 깨달음은 나를 극도로 혼란에 빠뜨렸다. '나는 내 인생을 살겠다.'라고 의지를 낸 것은 좋았지만, '나'라거나 '내 인생'이라고 부를

불명은 지월. 1964년생. 일승보살회 회원. 동국대 대학원 불교학과 졸업. 불광사 불광교육원 전임교수, 동국역경원 역경위원, '붓다와 떠나는 책 여행' 운영, BBS 불교방송 〈무명을 밝히고〉의 '보리살타의 서재' 진행, 법보신문 '이미령의 여운 깊은 책 읽기' 연재 중.

수 있는 진짜 '나'가 대체 무엇인지를 몰랐기 때문이다. 이 궁금증은 결국 '나는 누구인가?'라는 의심의 늪으로 나를 끌어들였다. 내가 누구인가에 대한 궁금증은 내 인생 자체를 송두리째 흔들었다. 나는 무엇을 하여도 상관이 없었고, 사람들에게서 어떤 비난을 받아도 괜찮았다. 그건 '나'가 아닐 수도 있으니까. 심지어 일상생활을 하는 나를 바로 뒤에서 지켜보는 또 하나의 나를 발견하게까지 되었다. 어느 것이 진짜 나인지 구분할 수가 없게 되자, 극심한 두통이 찾아왔고 제대로 잠을 이루지 못하였다.

대학에 들어와 닥치는 대로 책을 읽었지만, 그 어떤 책도 내게 위안이 되거나 해답을 알려 주지 못하였다. 그때 은사이신 고(故) 고익진 교수님을 만나지 못했다면 어찌 되었을까? 어쩌면 나는 불교에 대한 오해와 불신과 불만에 가득 쌓인 채 지금과는 전혀 다른 삶을 살아가고 있을지 모르겠다.

그분은 내게 어떤 문제에 심각하게 사로잡혀 있을 때 사색을 시작하는 법을 일러 주셨다. 대번에 모든 문제를 다 해결하려 하지 말고 일단 지금 눈으로 사물을 보고, 귀로 소리를 듣고, 코로 냄새를 맡고, 혀로 맛을 보며, 몸으로 촉감을 느끼고, 이런 다섯 가지 감각 기관을 종합적으로 사유하는 정신 기관[意根]으로 자신을 먼저 파악해 들어가라는 지침이었다. 아주 천천히 단계를 밟아 가면서 사색의 여유를 느끼게 해 주는 스승님의 안내는 실존이라는 바다에 대책 없이 풍덩 빠져 버린 내게 구명조끼가 되어 주었고, 등대가 되어 주었다. 그분은 내게 불교를 가르치신 것이 아니라 사색하는 힘을 길러 주셨고, 그건 고스란히 석가모니 부처님의 방식과 다르지 않음을 나는 훗날 알게 되었다.

스승님께서 입적하신 지 어느새 20년이 흘렀다. 살아 계시던 시절 가르침을 주워 삼키기에 급급했던 나는 뒤늦게 그 의미를 되새기게 되었고, 스스로 밟아 온 방식을 대중 강의에 하나씩 적용해 보았다. 강의를 해 가면서 느끼게 된 사실은, 사람들은 '불교가 무엇인지'를 주입식으로 가르치는 강의에서는 그리 큰 소득을 얻지 못한다는 점이었다.

나는 다시 책을 펼쳐 들었다. 사람들에게도 책 읽기를 권하고, 같이 읽어 나갔다. 왜냐하면 스스로 문제의식을 갖지 않고는 부처님의 가르침은 의미가 없는데, 문제의식은 책을 읽음으로써 생겨날 수 있기 때문이다. 책에서 다루고 있는 주제들은 우리가 진지하게 고민거리로 삼아도 좋을 내용들이다. 차분히 그리고 꼼꼼하게 책을 읽어 가면서 책 속의 고민거리 중 하나를 자기화(自己化)한다면 배움의 시간이 즐거워진다. 내가 왜 배워야 하며, 무엇을 배워야 할지가 분명해지기 때문이다.

지금까지 숱한 사람들과 책을 읽어 왔고, 여러 매체를 통해 책을 권하고 책 칼럼을 썼다. 책은 나에게 인간으로서 주체적으로 산다는 것이 무엇인지를 묻게 하였다. 그 질문이 있었기에 불교라는 거대한 세상을 만날 수 있었다. 그 세상 속에서 진지한 탐구와 가치를 만날 수 있었다. 자칫 덧없는 목숨으로 세상을 살아갈 뻔한 내게 이 얼마나 의미 깊은 만남인가.

지금 이 순간에도 자신이 왜 살아야 하는지를 모르겠다는 이를 만나면 책을 펼치기를 권한다. 책이 나를 이끌어 불교를 만나게 해 주고 깊은 삶의 의미를 안겨 주었듯이, 그 사람도 그리될 것을 믿기 때문이다.

불교와의 인연

이 상 희

저는 이렇게 부처님과 만나게 되었습니다. 옛날 부산 광복동 우리 동네는 교회와 성당은 있는데 절은 없었습니다. 자연스레 친구 따라 성당에 다녔으며, 대학에서는 성당 모임인 젬마회에 나갔습니다. 대학 졸업 후 전문의 과정을 수료하고 산부인과 개업을 하고 있을 때, 분만하러 온 환자의 어머니가 친한 친구의 언니였습니다. 독실한 불자인 언니로부터 『육조단경』을 선물 받았는데, 틈틈이 이 경을 읽으면서 한 번도 느껴 보지 못한 놀라운 부처님의 지혜에 감탄했습니다.

저는 불교가 알고 싶어져 틈을 내어 물어물어 도선사를 찾아갔습니다. 그때가 초여름이라 도선사 가는 산길은 싱그럽고 아름다웠으며 솔바람 소

불명은 상락행. 1939년생. 승가사 신도. 이화여대 의과대학 졸업. 산부인과 병원 진료(1969~1994년). 지금은 탄허불교문화재단 부설 보문회 회원.

리, 산새 소리, 길가 이름 모를 꽃들이 정겨웠습니다. 이윽고 도선사에 들어서니 고즈넉한 법당이 보였고 조용하고 한가로운 절 분위기에 매료되었습니다.

30여 년 전 지금 산신각이 자리한 곳에 작은 방이 있었고, 그 방 앞 작은 마루에 따사로운 햇빛을 받으며 스님이 앉아 계셨습니다. 처음 뵈옵는 스님께 공손히 절하고 말씀드렸습니다.

"스님, 제가 불교가 알고 싶어 왔습니다."

스님께서는 말없이 저를 바라보시고 방으로 들어오게 하시더니, 차 한 잔 주시고 책 한 권을 꺼내 주시며 읽고 다시 가지고 오라 하셨습니다. 오랜 옛 일이라 기억은 없으나 그때 스님께 받은 책 중『비로자나불의 세계』를 읽고 부처님의 방대한 우주관에 가슴 뛰었던 생각이 납니다. 스님께서는 청담 큰스님으로부터 직접 받으신『금강경 대강좌』도 제게 주셨습니다. 저는 이 경을 옆에 두고 환자 보는 틈틈이 읽었으며 밤새워 읽고 읽었습니다. 사무치는 환희심에 눈물 흘렸고 부처님 법 만남에 감사했습니다. 그 책에 대해 자식들에게도 들려주고 읽게 했습니다. 그때 스님이 제게 '무학행'이란 불명을 주셨습니다. 고마우신 설산 큰스님을 잊을 수가 없습니다.

옛날에 저는 종교를 물으면 웃기만 했어요. 그런 제가 불자임을 말하게 된 동기가 있습니다. 25년 전으로 기억되는데, 수종사 큰스님께서 저희 병원 응급실로 오셨고, 장파열이라 서울대병원으로 급히 후송했습니다. 다음날 아침 응급실로 갔더니, 그때까지 많은 환자 틈에서 아무런 치료도 받지 못하신 채 괴로워하고 계셨습니다. 저희를 보고 반가워하며 안도하시는 모습을 보니 눈물이 났습니다.

옆 침대에는 목사님이 누워 계셨는데, 주위 신도들이 극진했고 간호사들도 목사님께 호의적이었습니다. 우리는 초라해 보였고, 스님은 보증금도 준비하지 못하신 채 그렇게 계셨습니다. 가슴이 아팠습니다. 우리는 보증금을 마련하기 위해 조급했고, 남편은 스승이신 김진복 교수님을 찾아 뛰었습니다. 다행히 모든 일이 순조롭게 진행되어 스님께서는 대장암 수술을 무사히 받으셨고, 경과가 좋아 회복되셨습니다. 이 일로 인해 앞으로 인연 있는 스님을 만나면 최선을 다해 돕기로 했으며, 모든 사람 앞에 당당히 나는 불자라 말하게 되었습니다.

제가 보문회 회원이 된 지도 어느덧 35년이 지났습니다. 박명혜 회장님과의 인연으로 여러 큰스님으로부터 불법을 듣고 배웠으며, 송광사 구산 큰스님께 '상락행'이란 불명도 받았습니다. 이런 인연으로 올바른 불자의 길을 가게 되었습니다. 이 모든 아름다운 인연에 감사드립니다.

저희 집에서 한 달에 한 번 불인 스님, 성관 스님을 모시고 법회를 한 지가 어느새 20년이 지났습니다. 10년 전부터 부부 모두 불법 공부를 하려고 직장을 그만두었지요. 그런데 요즈음 우리 부부는 너무 뜻대로 되지 않는 현실에 괴로워합니다. 이렇게 힘들 때 부처님의 밝고 맑은 지혜가 빛이 되고 힘이 되어, 자식이 겪고 있는 힘든 현실을 있는 그대로 바라보고 순응하게 합니다.

괴로움은 실체가 없다는 부처님 말씀을 깊이 새겨 괴로움 자체를 지켜봄으로써, 괴로움 속에서 편안함을 순간순간 얻게 되었습니다. 힘든 일이 없다면 어떻게 집착을 놓을 수 있을까? 모든 현실이 나를 공부하게 하는구나 생각하니 고마울 뿐입니다.

부처님을 사랑하는 아들이 자신에게 발생한 믿을 수 없는 현실을 저항하지 않고 담담하게 받아들이는 용기 있는 모습을 보며, 부처님께 감사드립니다. 또한 부처님의 가피를 굳게 믿습니다. '무슨 일이 일어나든 걱정하지 않고, 지금 여기에 머물기를……. 우주의 무한한 힘이 너를 도울 것이다. 본래 너는 우주였단다. 이것 또한 지나가리라. 나무아미타불.'

회색을 사랑하는 이유

이 영 희

"내가 그의 이름을 불러 주기 전에는 그는 다만 하나의 몸짓에 지나지 않았다."고 꽃을 노래한 시인이 있다. 내게 회색이란 그런 의미의 색깔이다. 사실 내가 한복계에 처음 입문할 당시에 회색은 한복에 쓰이는 빛깔이 아니었다. 더구나 경사스러운 자리에서 회색 같은 무채색은 입는 것이 아니라는 고정관념이 팽배해 있었다.

신라 호텔에서 열렸던 내 첫 개인 쇼에서, 하얀 색 천에 회색으로 '아표' 자 무늬를 진하게 새겨 옷을 만들어 내놓으면서 회색이란 색깔의 매력에 눈을 뜨기 시작했다. 이방자 여사가 주최한 모임에서 불우아동을 돕고

1936년생. 해인사 신도. 성신여대 대학원(염직공예) 수료. 파리 프레타 포르테에 한국 디자이너 최초로 참가, 뉴욕에 'Lee Young Hee Korea Museum' 오픈, 미국 스미소니언박물관에 열두 벌의 옷 영구 소장. 지금은 (주)매종 드 이영희·(사)미래문화 대표, 동덕여대 의상디자인학과 겸임교수, 한국예술종합학교 무대의상학과 교수, 한복의 세계화 작업에 매진하고 있음.

자 낙선재에서 열린 두 번째 쇼는 사월초파일 전야제로 열렸는데, 거기서 가장 특기할 만한 일은 회색 한복의 출연이었던 것 같다. 회색에 연꽃을 수놓은 치마에 체리핑크색 저고리를 받쳐 보았는데 정말로 아름다웠다. 회색에 진한 남색으로 바림을 주고 신사임당의 글씨를 붓으로 새긴 치마 위엔 진남색 저고리가 그림처럼 어울렸다.

한복에서 쓰이지 않던 새로운 색이었지만, 회색으로 이렇게 옷을 만들어 보니 의외로 너무나 잘 어울렸다. 다른 어떤 색과도 부드럽게 어우러진다는, 그전엔 몰랐던 사실도 발견하게 되었다. 이제 회색은 내가 가장 사랑하는 색, 내가 감히 '이영희의 색'이라고 부르는 색깔이다. 파리에선 패션쇼의 무대 하나를 아예 회색으로 뒤덮은 적도 있었다.

양장에서는 흰색과 검정색을 모든 옷에 두루 어울리는 색으로 꼽는다. 하지만 한복에선 그렇지 않다. 흑과 백은 개성이 너무 강해서 다른 색깔과 화합하지 못한다. 양장에서의 회색은 지루하고 단조로운 느낌이지만 한복에서의 회색은 다르다.

회색은 강하지 않다. 그러면서도 자기가 해야 할 말은 조용한 목소리로 끝내 다 하고 만다. 울고불고 하지 않으면서도 차분히 자기 할 말을 다 하는 사람들처럼 말이다. 회색은 부처님의 섭리와도 같다고 느껴진다. 이 세상 모든 색깔과 화합을 이루려 하고 모든 색깔을 받아 주는 것이 마치 부처님의 마음과도 같다. 회색은 신비로운 색깔이다. 세상의 어떤 것을 태워도 모두 회색이 되고 만다. 이를 보더라도 회색은 세상 만물의 기원이자 그 궁극의 색이라고 할 수 있다.

내가 회색과 함께 배색하기를 가장 즐기는 것은 바로 먹자주색 저고리인데, 이는 내가 우리 옛 옷들에서 찾아낸 색이다. 옛 옷들을 공부하다 보니 이상하게도 색색의 옷에서 한결같이 깃이며 고름은 먹자주색으로 한 경우를 많이 보게 되었다. 왜 하필 먹자주색 고름이 쓰였는지 오랫동안 궁금했다. 결국 찾아낸 답은 '색의 조화'였다. 한복의 빛깔은 밝고 화려한 것이 많은데 아래위로 밝은 색을 입으면 사람이 좀 붕 떠 보이고 가벼워 보이기 쉽다. 그런데 중심을 잡아 주는 것이 바로 먹자주색이다. 고름이며 깃, 끝동은 비록 치마나 저고리에 비해 부피가 작지만, 그 존재만으로도 충분히 옷의 균형을 잡아 줄 수 있다. 색의 조화를 통해 균형을 추구했던 우리 조상들의 슬기가 얼마나 놀라운지.

나는 회색과 먹자주색을 함께 써서 자주 옷을 짓는다. 이 두 색은 모두 자기를 주장하기보다는 화합을 빚어내는 색깔이다. 홀로도 아름답고 깊이가 있지만, 다른 색과 더불어 상대를 빛내 준다. 그렇다고 자신이 초라해지거나 위축되지는 않는다. 그냥 함께 있음으로써 스스로도, 상대방도 아름답게 만들어 주는 색깔인 것이다. 내가 이 두 빛깔을 디자이너 이영희의 색깔이라고 말하는 것은, 나라는 사람이 이 색깔 속에 담긴 깊은 의미를 닮아 가고 싶어서이다. 먹자주색에도 '먹'이 들어가고, 회색이야 더 말할 나위 없이 먹물 그대로이다. 먹물의 깊이와 향기, 천년이 흘러도 변치 않는다는 그 영원성이 색깔로 표현된 셈이다.

이들 색을 곰곰이 생각하면, 내 머릿속에 아련하게 떠오르는 풍경이 있다. 열 살 무렵이었다. 더운 여름날, 산에는 그렇게도 매미가 시끄럽게 울어 댔다. 나는 아버지의 손을 잡고 산길을 걸어 올라가고 있었다. 어머니가 정성스레 **빳빳**하게 풀을 먹인 아버지의 모시 두루마기에선 걸을 때마다 사각거리는 소리가 났다. 어린 나는 걷는 것이 싫증도 나고 더웠지만 가기 싫다는 불평을 차마 꺼내 놓을 수 없었다. 집에 잘 들어오시지 않는 아버지는 내게 항상 서먹서먹하게 느껴졌다.

대구 팔공산에 있는 동화사였다. 거의 해마다 여름이면 아버지는 나를 데리고 동화사에 가시곤 했다. 그렇게 절에 가면 며칠을 머무르다 내려왔다. 단출한 살림의 절 방 안을 가득 채우던 먹물의 향기. 벼루에 먹을 가는 소리. 아버지는 그곳에서 늘 붓글씨를 쓰셨다. 나는 옆에서 먹을 갈거나 글씨 쓰시는 모습을 구경했다. 글씨의 뜻도 모르면서, 아버지의 그 모습과 그 분위기가 왠지 좋았다. 아버지는 글씨를 잘 쓰셨다. 마흔 다섯의 젊은 나이로 세상을 뜨셨을 때 주위에서 다들 "글씨가 아까워서 어쩌나……." 했을 정도였다. 글씨 쓰기가 끝나면 스님들과 담소를 나누거나 절 근처를 산책하기도 했다.

그렇게 며칠 있으면 어머니도 절에 올라오셨다. 부처님 앞에 놓기 위해 며칠 전부터 일일이 손으로 뉘를 골라낸 깨끗하고 정한 쌀을 들고서였다. 어머니는 오시면 항상 법당에 들어가 시줏돈과 쌀을 부처님 앞에 올리고 정성껏 절을 하셨다. 어머니와 함께 절에서 노는 시간들이 좋았다. 아버지가 돌아가시면서 여름에 동화사를 가는 행사는 없어졌다.

디자이너로 이름을 좀 얻고 난 후, '신한국기행'이라는 텔레비전 프로에 출연한 적이 있다. 유명인들의 어린 시절을 더듬어 찾아가는 내용이었는데, 다시 찾아간 동화사는 예전의 그 고즈넉한 절이 아니었다. 매미 소리로 가득하던 울창한 나무숲은 없어지고 잘 포장된 큰 길이 나 있었다. 절 안에도 시멘트로 덧칠된 곳이 많았다. 나는 같이 간 사람들에게 여기가 정말 동화사냐고 몇 번이나 물어봐야 했다.

요즘에야 바빠지고 하면서 예전만큼 절에 열심히 가지는 못한다. 하지만 천연 염색을 할 때면 일부러라도 절 가까이서 작업하려고 애쓴다. 정말 이기적인 말일지도 모르겠지만 부처님을 위해서가 아니라 나 자신을 위해 영감을 받으러 절을 찾는 것이다. 반복되는 일상 속에 안이해져 가는 나를 추스르기 위해서 말이다.

아직 어린 날 절에서의 풍경들이 기억에 선하다. 알아들을 수는 없었지만 아버지와 마주앉아 두런두런 이야기를 나누던 스님들의 모습. 아버지의 글씨에서 배어나던 먹물의 향기. 오래된 절의 기와 빛깔. 그런 감각들이 내게 회색에 대한 원초적인 심상을 만들어 준 것 같다. 이런저런 인연 덕분에 나는 절을 가까이 하면서 살아왔다. 간절한 마음이 생길 때 절에 찾아가 열심히 기도를 했다. 그런 체험과 인연들이 내가 디자이너가 되면서 머릿속으로 다시 떠오른 것일까. 그래서 내게 회색이라는 그 깊은 색깔을 선물로 준 것일까.

그리운 아버지

전 영 자

    이른 새벽, 아버지의 손을 잡고 부처님을 뵈러 가던 때가 어느덧 60년……. 내가 초등학교 1학년 때부터였다고 생각이 든다. 아버지께서는 사월 초파일 부처님 오신 날에 태어난 나를 무척이나 사랑하셨다. 무녀독남이시던 아버지의 첫딸이라 더욱 그러하셨던 것 같다.

    해마다 사월 초파일이 되면 아버지를 따라 절에 새벽 기도를 가던 일이 생각난다. 아무것도 모르던 나는 부처님 앞에서 약간 두렵기도 했지만 열심히 절을 했다. 기도가 끝나면, 둥근 상에 차려진 여러 가지 나물과 부각, 떡, 유과 등등. 그때는 그 음식들이 그렇게 맛있었다. 지금 생각해 보면 그 음식에 더 마음이 갔었는지도 모르겠다.

불명은 진영주. 1942년생. 부산사범대 졸업. 중학교 교사, 한국여성합창단 단장을 지냄. 지금은 (사)자행회 이사로 있음.

그러고 아버지의 출근 시간에 맞추기 위해 부지런히 산을 내려와야 했다. 세월이 지난 지금에도 그 산길이 잊히지가 않는다. 오월의 신록과 그 곱던 진달래꽃들이 정겹고 잔잔한 행복감에 젖어 들게 했다. 거기다 만개 나뭇잎에 싸서 쪄 낸 그 맛나던 만개떡 한 봉지를 사서 내게 안겨 주시면 더할 나위 없이 행복했던 그리운 그때, 그 시간들……

내가 처녀 시절 교편을 잡을 때, 학교 발령이 나면 학교를 옮길 때마다 아버지께서는 열심히 오셔서 우리 딸 잘 봐달라고 전 직원에게 식사 대접을 해 주곤 하셨다. 평생을 공직 생활에 성실과 근면으로 사시면서 인생의 모범을 몸소 실천하신 분이다. 어머니를 먼저 보내시고, 남은 생애를 조금은 힘겨워 하시던 아버지 생각에 지금도 가슴이 저려 온다. 언제나 포근하고 정겨우시던 아버지의 모습이 정말 그립고, 그 깊고 깊은 사랑에 다시 한 번 감사드리며, 자꾸만 살아나는 기억들에 눈물이 흐르곤 한다.

그렇게 어린 시절 아버지를 통해 불교와 인연이 되었지만, 자라서 직장 생활을 하면서는 그리 불자로서의 신행생활은 하지 못하였다. 그러다 정신 지체 장애인들의 교육과 취업 등 복리 증진을 위해, 조선 왕조 마지막 임금 영친왕의 왕비인 이방자 여사가 1966년 창립한 자행회와 인연이 되어 10년 동안 이사로서 활동해 오고 있다. 이방자 비께서는 1989년 숙환으로 서거하시고, 현재 제6대 회장에 박명혜 회장께서 취임하셨다.

자행회의 교육 시설인 자혜학교는 유치부, 초등부, 중등부, 고등부, 전공과에 학생들이 재학 중이며, 생활 시설인 수봉재활원에는 주로 기초 생활 보호 대상자인 중증 장애아들이 생활하고 있다. 직업 시설인 자혜직업 재활센터에는 경증 정신 지체 장애인들이 직업 기술을 연마하고 있다. 2004년 나는 장애인의 날을 맞이하여 대통령으로부터 장애인 복지에 대한 봉사활동에 대해 감사 편지를 받기도 하였다.

되돌릴 수도 멈출 수도 없는 세월을 아쉬워하며, 한 잔의 진한 커피 향에 자꾸만 슬퍼지는 내 마음을 달래 본다. 5월이 다 가기 전에 시골에 계신 아버지 산소라도 다녀와야겠다. 아버지의 딸로 태어나, 사랑 받고, 아버지 곁에서 살아온 것을 부처님께 감사드린다.

부처를 닮는 사람들

어머니의 한생 갈무리가 남긴 선물

강 선 희

늘 마시고 사는 공기의 고마움에 무딘 것처럼, 어머니 따라 절에 다니면서 이미 어느새 나도 그 분위기에 젖어 있음을 어느 날 알게 되었다. 하지만 『천수경』, 『반야심경』, 『금강경』, 『관세음보살보문품경』, 『능엄다라니』, …… 하나하나 외울수록 상만 높아가고 있음을, 거기에 참선을 하게 되면서 더욱 잘난 체하고 혼자서 공부를 다 한 양 으스대며 이런 것들을 방패막이로 얼마나 많은 죄를 지으며 잘못 살아가고 있는가를, 부처님의 가르침과는 반대로 한참을 걸어가고 있다는 것을, 어머니의 임종과 장례절차를 끝내고서야 깨닫게 되었다.

사실 불교를 한다고 해 놓고는 부처님이 가신 길과 반대로 걸어가다가

불명은 선명화. 1963년생. 조계사 신도. 재가 수행자. 조계사, 불광사 등 전국의 사찰과 기관, 기업에서 수행 관련 강의를 해 오고 있음. 저서로 『체험으로 읽는 티벳 사자의 서』, 논문으로 「주력수행」이 있음.

다시 방향을 바꿔 정진에 더욱 매진할 수 있었던 것은, 10년도 넘은 어느 날 친정어머니가 한생을 갈무리하는 모습을 보고부터였다. 어머니가 죽음을 미리 알고 당신의 삶을 정리하는 과정을 보고 정신이 번쩍 들었기 때문이다. 어머니의 가시는 모습을 보면서, 나 자신은 금생을 어떻게 회향할 것인지에 대한 의문과 부끄러운 마음이 밀려들어, 모든 것을 제쳐 두고 정신을 가다듬어 이런저런 핑계로 미루고 미루어 왔던 수행에 다시 나서지 않을 수 없을 만큼 한없이 부끄러웠다.

나는 그동안 나와 인연 있는 세상의 모든 일은 내가 처리해야만 하는 줄로 생각하고 온갖 일에 해결사로 자청하고 나섰는가 하면, 의협심이 강하여 조금이라도 잘못되었다고 생각되면 무슨 일이건 참지 못하고 관여하기도 하였으며, 먹는 것에서부터 입는 일에까지 생활의 모든 것에서 지나친 소비 등으로 그 욕망은 끝없이 점점 확대되어 가고 있었다. 그렇게 살아가다 보니 항상 심신이 지쳐서 건강이 극도로 악화하여 악성 빈혈과 위궤양, 골다공증 등 '걸어 다니는 종합 병원'이라고 할 만큼 건강이 심각해지게 되었다.

그러나 좋은 일도 나쁜 일도 결국 중생의 잣대로 재는 일은 그릇된 결과를 남겨 세상이 다시 시끄러워질 뿐이었다. 왜냐하면 모든 일을 판단함에 있어서는 자신의 과거 경험과 연계하여 판단하기 때문에 그 어떤 것도 순수한 객관성이란 있을 수 없다고 여겼다.

이렇듯 자신이 어디로 가고 있는지조차도 모르고 헤매다가 어머니의 남다른 임종 앞에서 나 자신은 너무나 왜소하고 초라해졌으며 부끄러움 그 자체였다. 이후 기도와 참회를 통해 그것들이 모두 죄임을 알게 되었다. 낱낱이 참회하면서 내가 얼마나 많은 죄를, 그것이 죄인 줄도 모르고 더욱이 의도적으로 지었다는 것을 알게 되었다. 지은 죄를 덮기 위해 또 죄를 짓게 되는 악순환을 거듭한 셈이다. 만약 내가 참회를 하지 않았더라면 이후에 쌓였을 죄를 생각만 해도 아찔하다. 지은 죄가 너무 많아 어떤 것은 나 자신에게도 부끄러워 온전하게 참회를 하지 못한 부분도 있었다.

그러나 어느 날 용기가 생겼다. 그 동기는 공부가 조금씩 깊어지면서 나도 모르게 생겨났다. 지은 죄를 뿌리째 파헤쳐 진실로 참회하지 못하면 언제까지나 그 죄에 얽매여 스스로 괴롭힘당한다는 것을 알게 되었다. 우리가 공부하면서 일어나는 모든 망상이 다 지은 죄 때문이라는 것을 하나하나 알게 된 순간, 그 죄를 참회하고 다시는 그런 짓을 반복하지 않겠다고 다짐하고 다짐했다.

그렇게 해 가던 어느 날부터인가 건강이 회복되고 모든 일이 감사이고 행복 그 자체였다. 무엇보다도 불교와 인연이 되어, 가장 큰 행복은 언제나 잘못을 인정하고 내 앞에 일어나는 일들에 대해 감정을 스스로 조절할 수 있다는 것이다.

나와 불교와의 인연

권 혁 란

　　나와 불교와의 인연을 이야기하자면 어렸을 때로 거슬러 올라간다. 나의 할머니는 무척이나 지독한 불교 신자였던 것 같다. 새벽 5시면 일어나서 정갈하게 옷을 입으신 후, 앞 개울가로 가서 깨끗이 얼굴을 — 겨울에는 얼음을 깨고 찬물에 — 씻고는 두 시간 정도 꼼짝도 하지 않고 불경을 외우셨다. 편찮으신 날에도 거르지 않으시고, 맑고 낭랑한 목소리로 한 구절도 놓치지 않고 외시는 모습에, 어린 나로서는 '할머니 참 머리가 좋으시다. 저 어려운 인도말을 저렇게 잘 외우시다니…….' 하고 신기하기만 했던 기억이 난다.

　　할아버지와 큰아버지를 6.25때 인민군에 총살로 잃으신 후부터 시작한

불명은 관음자(觀音子). 1950년생. 청도 운문사 신도. 이화여대 약대 졸업, 경희대 한의대 석사, 동국대 한의대 박사과정 수료. 대한여한의사회 회장 지냄. 지금은 부산여성단체협의회 회장, 경희대 한의대 외래교수, 부산신창한의원 원장으로 있음.

할머니의 기도는 돌아가시기 전날까지 계속되었던 것 같다. 그 긴 기도가 끝나고 아침을 드실 때 난 할머니께 무엇을 위해 기도를 하느냐, 바램이 무어냐 물었더니, 처음에는 자식 잘되라고 기도를 한다 하시더니 나이가 더 드시고 난 후에는 당신이 고통 없이 잘 죽게 해 달라고 기도한다고 하셨다. 어린 마음에 나는 할머니가 부처님을 좋아하고 의존하며 사시나 보다 생각했다.

초등학교 6학년 때 수학여행을 갈 때였다. 경주 불국사로 가게 되어 할머니께 여행 다녀오겠다고 인사를 드렸더니, 치마 앞 빨간 천 주머니에서 꼬깃꼬깃한 5천 원짜리 지폐를 한 장 꺼내 주시며 여행 중 맛있는 것 사먹고 오라며 머리를 쓰다듬어 주셨다. 경주에 가서 1박을 하고 아침 일찍 석굴암의 일출을 보기 위해 선생님을 따라서 토함산으로 올라갔다. 지금은 쉽게 차가 다니지만 그때는 꼬불꼬불 산길을 꽤 힘들게 올라갔던 기억이 난다.

석굴암이 있는 정상까지 땀을 흘리며 올라갔을 때 입구 길바닥에 기념품을 놓고 파는 아저씨가 눈에 띄었다. 그때 눈에 들어온 것은 석굴암 안에 있는 돌부처를 돌로 본떠 만든 거였다. 순간 '아, 할머니가 좋아하시는 부처님이구나.' 하는 마음과 용돈까지 주신 할머니에 대해 뭔가 사드려야 한다는 마음이 합쳐져서 아저씨에게 가격을 물었다. 나는 할머니가 주신 꼬깃꼬깃한 5천 원을 내밀고 아저씨가 신문지에 여러 번 똘똘 말아 싸 주시는 것을 받아 들었다. 제법 크고 무거운 돌부처를 가슴에 안고 토함산을 내려오며 할머니가 제일 좋아하시는 선물을 샀다는 생각에 나는 콧노래를 불렀다. 깨지지 않도록 조심조심 소중히 안고 고향 강릉으로 돌아왔다. 돌아온 이튿날 할머니께 달려가 "할머니 선물" 하고 신문지덩어리를 내밀었더니 할머니는 크게 기뻐하며 좋아하셨다.

그 후 할머니는 그 돌부처를 선반에 올려놓으시고 그 앞에서 매일 불경을 외셨다. 지금 생각하니 『천수경』과 『다라니경』을 외셨던 것 같다. 얼마 후 할머니가 나를 부르시더니 "네가 선물한 부처님이신데 방석이 없구나. 방석을 만들어 오너라." 하셨다. 나는 가정 시간에 배운 코바늘 실력으로 방석을 곱게 짜 가지고 갔더니, 할머니는 머리를 쓰다듬어 주시며 "너는 부처님이 잘 보살펴 주실 거야." 하셨다.

그런데 얼마 후 큰집에서 가족회의가 열렸다. 방에 부처님이 계시니 고기는 일절 올리지 말라는 할머니의 엄명이 내려졌기 때문이다. 생선이나 고기는 전혀 입에 대시지 않으시니 큰어머니와 사촌 오빠들은 가뜩이나 연로하신 할머니의 건강에 걱정이 말이 아니었다. 가족회의에 다녀오신 어머니가 "얘야, 부처님 불상은 원래 집에 들여오지 않는다는데 너는 왜 그런 선물을 사 와서 온 집안에 문제를 일으키느냐?" 하며 야단치셨다. 나는 어쩔 줄을 몰라 한동안 큰집에도 못 가고 가슴앓이를 했다.

그리고 얼마 후 큰집에서 다시 가족회의가 열려 부처님은 평소 할머니가 잘 다니시는 대관령 밑 보광사로 모시기로 할머니를 설득하여 결정하였다. 12월 추운 어느 겨울날 할머니는 나를 부르셨다. "네가 선물했으니 모시고 가야 되지 않겠느냐?” 하시며 일요일 일찍 큰집으로 오라고 하셨다. 그날은 눈이 많이 내려 눈길에 장화가 쑥쑥 빠지곤 했는데 할머니는 나를 앞세우고 2시간 이상 걸으면서 부처님에 대한 많은 이야기를 들려 주셨고, 나는 돌부처를 가슴에 안은 채 넘어지지 않고 바르게 걸으려고 무던 애썼던 기억이 난다.

보광사 절에는 점심때가 가까이 되어 도착했는데 주지 스님이 턱마루에 앉아 계시다가 우리를 보고 반가이 달려 나오셨다. 나는 부처님을 가슴에 안고 스님을 따라 법당에 들어갔다. 할머니가 부처님을 법당에 모시러 왔다고 하시니 그때 스님이 내게 하신 말씀이 아직도 생생하다. “그러지 않아도 어젯밤 꿈에 어린 동자가 법당에 들어오면서 ‘오늘부터 이곳에 살러 왔다.’고 해서 누군가 오지 않을까 하고 아침부터 턱마루에 앉아 기다리고 있었다.” 하셨다. 나는 공손히 큰 부처님 앞에 작은 부처님을 올려놓고 삼배를 올렸다.

그때부터 어린 마음에 정말 부처님이 살아 계시는구나 하는 생각을 갖게 되었다. 지금까지도 신기하고 불가사의한 부처님의 세계를 많이 느끼곤 했다. 그 후 나는 할머니와 어머니를 따라 열심히 절에 다니면서 부처님은 항상 우리 마음속에 있다고 느끼고 깨달아 왔다.

모든 것이 부족한 중생인 나를 채찍질하면서 마음과 정신이 맑아지는, 눈에 보이지 않는 영의 세계를 보고 싶은 간절한 마음으로 살아가고 있다. 더불어 항상 운문사 명성 큰스님의 가르침을 받들어 그래도 의학도이므로 조금이라도 불교에 도움이 되고자 했다. 내가 못하는 우리 중생 제도를 위해 애쓰시는 운문사 스님들과 승가대학 학인 스님들의 건강을 돌보고자 진료하는 것이 불교에 대한 나의 조그마한 정성이라고 생각하며 스스로 마음의 평화를 느끼며 살아 간다.

부처님을 닮아 가는 사람들

김 승 목

　　나는 어린 시절 친정어머니를 따라서 절에 다녔다. 절에 가면 어머니를 따라 절을 하기도 하고, 또 어머니가 절 하시는 모습을 지켜보기도 하면서 내 마음에는 부처님 상이 친숙하게 새겨졌으며, 이렇게 불교와의 인연이 시작되었다.

　　20대에는 다니던 회사가 마침 조계사 근처였기 때문에 점심 식사 후 또는 퇴근길에 대웅전의 부처님을 뵙곤 하였다. 그때는 지금처럼 거대하지 않고 아주 작은 모습이었으나 내 마음에는 거대한 마음의 등불이었다. 아마도 20대에 가졌던 이상과 현실 사이의 크나큰 혼란을 극복하고 나름대로 바른 삶을 살 수 있었던 것은 부처님의 크나크신 은혜였다고 생각한다.

불명은 원효행. 1949년생. 도선사 신도. 성신여대 시각디자인학 석사, 건국대 멀티테라피학 석사. 세명대 겸임교수 지냄. 지금은 중앙대 예술대학원 객원교수, (사)지혜로운여성 감사로 있음.

지금도 조계사 앞을 지날 때면 20대가 생각난다.

결혼 후에는 시어머님을 따라 절에 다녔는데 초파일을 비롯한 대소 행사에 온 가족이 함께하였다. 시아버님, 동서, 시누이 다 같이 참여하였는데 휴일일 경우에는 남편도 함께하였다. 그러나 남편은 당시 법당에까지는 가더라도 부처님께 절은 하지 않았다. 보다 못한 내가 "부처님과 대좌하느냐?" 하고 면박하여도 고칠 줄을 몰랐다.

그러던 남편이 50대가 되어 자연스럽게 불법을 공부하더니 어느 날 포교사가 되었다. 2002년 월드컵이 열리던 당시, 절에서는 외국인을 위한 프로그램을 준비하고 템플스테이를 활성화하였다. 남편도 그때 포교사로서 외국인들에게 우리나라의 절을 소개하고 행사를 설명하는 자원봉사를 하였다. 젊은 시절, 절에 가서 부처님께 절도 할 줄 모르고 **뻣뻣**하기까지 하던 남편은 이제 108배를 하며 하루를 시작한다. 정말 많이 변하고 발전하였다.

나도 108배로 하루를 시작한다. 내가 정식으로 108배를 시작하게 된 동기는, 당시 외국에서 공부를 하던 딸아이가 논문을 쓰는 과정에서 어려움이 많았는지 디스크 증세가 나타났다. 그렇다 보니 딸아이는 의자에 앉아 있을 수 없을 정도로 괴로움을 겪게 되었고, 멀리 떨어져있는 나로서는 그저 속수무책이었다. 그래서 108배를 하기로 하였다. 처음엔 매일 108배를 하는 것이 쉽지만은 않았으나, 100일을 정해 놓고 했기에 하루도 거를 수가 없었다.

　　이렇게 한 단계를 마치고, 계속 나름대로의 원을 세워 100일 동안 108배를 한 지 이제 3년여가 되었다. 다행히 딸아이는 몸이 회복되어 무사히 논문을 마칠 수 있었으며, 모든 것이 부처님의 가피로 생각한다. 이제 108배는 나에게 생활이 되어 마음을 다스리고 기도하고 참회하며 감사드리는 참으로 소중한 시간이 되었다. 또 부처님과 대화하는 시간이기도 하다. 아직도 마음의 공부가 멀고도 멀게 느껴지지만 이만큼이라도 소통할 수 있다는 것이 나에게는 큰 은혜라고 생각한다.

　　주변에는 드러내지 않고 남을 위하여 봉사의 삶을 사는 훌륭한 사람이 많이 있다. 불교여성개발원을 통하여 알게 된 교화위원들도 그러하다. 나는 교화에 참여했다고는 하지만 많은 시간을 함께하지 못하여 오히려 객관적인 눈으로 바라보게 되었고, 따라서 감히 그분들을 평가하는 입장에 설 수 있다고 생각한다.

　　먼저 황명숙 교수님은 젊은 사람들에게 항상 귀감이 되는 분이시다. 그분의 말씀에서는 한마디 한마디 울림을 느낀다. 불교 공부가 너무나 깊어 나는 그저 바라볼 뿐이다. 평소 너무나 바쁘심에도 불구하고 이인자 교수님은 구치소 교화 활동에 참여하여 교육을 통해 재소자들에게 커다란 힘과 용기를 주신다. 윤순옥 선생님은 평소 재소자를 만날 때 모든 준비를 거의 도맡아 하시는데, 특히 구치소의 불교 행사가 있는 날은 그 준비가 너무나 철저하여 내가 몸 둘 바를 모른 적이 한두 번이 아니었음을 고백한다. 재소자와 만나는 날, 김필연 선생님이 손수 만들어 준비해 온 음식을 보면 누구 생일잔치 그대로였다. 그분이 매일 바삐 뛰는 생활을 하신다는 것을 아는 나로서는 그저 놀라울 따름이었다. 재소자들에게 베풀 수 있는 모든 것을 베풀고자 하시는 황수경 선생님의 모습은 마치 보살행을 떠올리게 한다. 선생님이 몇 년 전 어느 날, 청송교도소 복도에 미술품을 걸었으면 좋겠다며 부탁의 전화를 해 오셨을 때의 일이다. 나는 (사)커뮤니케이션디자인협회를 통하여 디자인 작품 몇 점을 기증받아 전하였는데, 그 과정에서 공과 사를 분명히 하고자 한 것이 결과적으로 일을 까다롭게 하여 혹시 마음을 상하셨다면 널리 혜량하시기를 바란다.

그 밖에도 음악으로 재소자를 교화하셨던 김해경 선생님, 밝은 웃음과 천진함이 먼저 떠오르는 윤승혜 선생님 등 저마다의 바쁜 일을 제쳐 놓고 재소자들을 위하여 물심양면으로 도움을 주고 계신 분들을 바라보면서 찬사를 드린다. 나도 이런 분들의 마음을 본받아 내가 수행할 수 있는 역할을 기대한다.

발이 젖으려면 물가에 가야 한다

엄 앵 란

여성 불자 108인에 선정되었으니 불가와 맺은 인연에 대해 글을 쓰고 불법을 전하는 일을 좀 하라는 주문을 받았다. 망설여졌다. '하려면 뭐든 제대로 해야지.' 하는 마음이어서, 처음에는 고사했다. 일은 너무 바쁘고 몸은 하나이니, 우선 피하고 본 것이다.

그런데 막상 되새겨 보니, 이게 아니다 싶었다. 우리 불교인들은 전파하는 데 약하다. 누구 붙들고 "절에 갑시다."라고 잘 안 한다. 구정물에서 깨끗한 물을 만들고 먼지에서 맑은 공기를 만드는 게 불교인데, 자기만 알고 만족한다. 이제 나부터라도 알려야겠다고 맘먹는다.

어릴 적에 불교가 뭔지도 모르고 절에 따라다녔다. 절에 가면 떡을 주

불명은 보현행. 1936년생. 진관사 신도. 숙명여대 가정학과 졸업. 〈단종애사〉(1956년)로 영화 데뷔. 지금은 (주)닥스클럽 대표컨설턴트로 있음. 저서로 『뜨거운 가슴에 좌절이란 없다』가 있음.

니 마냥 좋았다. 할머니 뒤를 강아지마냥 쫄쫄 따라갔다. 아무것도 모르고 그저 떡 먹는 재미에 부처님을 만났는데, 철들면서는 초파일과 다른 날 하루 정도 더해서 두 번은 꼬박꼬박 가서 부처님을 만났다. 그래도 절실하게 가까이하지는 않았다. 평소에는 부처님의 존재를 생각지도 않다가, 어려운 일을 겪게 되고서야 절에 가서는 “내가 만날 빌러 올게요, 이거 하나만 들어주세요.” 해 놓고는 내려올 때는 금방 부처님께 투정을 부렸다. “그거 하나 들어주지. 빌어 보아도 좋은 기색도 없으셔!”

부처님께서 알아주셨는지, 마흔 살부터 마흔다섯까지 내 일이 참 잘되었다. 일이 잘되려니 물방울 커지듯이 잘되었다. 물방울이 튀어 바위를 뚫듯이 힘차게 잘되었다. 그런데 내가 만날 빌러 가겠다고 한 그 절은 잊고, 더 뭔가의 복을 받을까 하고 이 절도 가고 저 절도 가는 몹쓸 신도로 살았다.

그러다가 진관사에 마음이 머물렀다. 기실, 진관사와의 인연은 참 깊다. 미동초등학교 시절, 원족[소풍] 가던 곳인데, 어쩐지 마음이 끌려 점심 얻어먹으러도 가고 때 되면 찾아가고 하다 보니, 주지 스님과도 친해지고 일찌감치 가족이 되었다.

사업차 대구에 있을 때 동화사 말사인 파계사에 잠시 맘이 머물렀다. 법당에 가지 않고 보살님 거처하는 뜨뜻한 방에 누워 쉬곤 할 때 어느 스님이 불교를 그렇게 믿으면 안 된다고 일러주어도, 잘 듣지 않고 거듭했다.

그렇게 편하게 오가는 중에 문득 깨달음이 왔다. 부처님은 빨간 불처럼 강하게 오지 않고, 잿빛 안개처럼 다가왔다. 스님을 자꾸 빌 때마다 “아만을 버려라, 버려라.” 하여 아만을 풀고 보니, 난 죄인이었다. 혼자서 아만을 새기고 살았다는 걸 알았다. ‘더불어 살아야지.’, ‘고집을 버려라.’ 하는 다짐이 일었다.

이렇게 불교를 제대로 보기 시작하면서, 세 번 하던 절을 자연스럽게 108배까지 하였다. 한 번 보이면 또 보여 달라 하고 투정부리던 데서 나아가 이제는 “감사합니다.” 하게 되었다. ‘나만 못한 이가 얼마나 많을까?’ 싶으면 눈물이 났다.

그러구러 나이를 먹게 되고 뭐든지 급하게 살던 데서 정말 천천히, 속도를 늦추어 살기 시작했다. 좋은 것도 지그시 ‘한 모금씩’ 머금을 수 있는 여유도 생겼다. ‘불교는 인간을 만든다.’ 하는 생각이 들었다. 아침에 일어나면 멍하니 천장을 본다. 종교에 관해서 남을 보고 뭐라 하지는 않지만, 나보고 누가 “너, 개종해라.” 하면 “너, 죽는다.” 하는 깡패 품새가 된 나를 본다.

그렇다고 내 신행생활이 따로 있는 건 아니다. 오직 매사에 ‘감사’할 뿐이다. 한강변에 사는 나는 강을 보고 감사, 베란다에 피는 꽃을 보며 감사, 살아 있다는 데 대해 감사, 나를 보고 성내는 사람이 없어서 또 감사한다. “감사합니다.”가 내 기도의 시작이며 끝이다. 찡그리고 살면 귀신같이 변한다. 주름이 더 간다. 매사에 감사해 보라.

나는 본래 좀 느리고 게으르다. 그래서 내 남편 신성일도 가슴을 치지만, 내 본성이다. 그런데 불교를 알면서 더욱 천천히 사는 법을 배웠다.

아랫목에 둔 엿이 자연히 녹듯이, 이 세상을 만들려 하지 않고 그대로 놔두면 어려움도 스르르 녹는다는 걸 알게 되었다. 불교는 이런 여유 있는 생의 해법을 가져다주었다.

요즘 스님들 동안거·하안거 하는 모습들 보면서, 어디 하나 떼어 버릴게 없다는 마음이 든다. 알토란 같은 마음을 느끼며 내 종교는 죽을 때까지 불교라고 못 박는다. 발이 젖으려면 물가에 가야 한다.

너와 내가 둘이 아닌 하나

윤 순 옥

13년 전, 중학생인 딸아이의 학교가 멀어져서 매일 등하교를 시켜주게 되었다. 딸을 기다리는 시간이 많아지면서 그 시간을 어떻게 의미 있게 보낼까 생각하게 되었다. 그러던 어느 날 문득 기도를 해야겠다는 마음이 생겼다. 그래서 딱히 잘 아는 사찰도 없던 터라 자연스럽게 시어머님께서 다니시는 사찰에 가게 되었다.

시어머님은 작년 여름 98세로 작고하셨지만, 60년 이상을 부처님 법을 믿고 아들 다섯을 모두 박사로 만들기로 큰 원(願)을 세우시고 기도 수행하신 분이셨다. 이제 세 아들을 박사로 키우셔서 손자들을 포함하여 모두 11명의 박사가 배출되었다. 이는 분명 시어머님의 기도 공덕 — 박사가 대

불명은 환희심. 1952년생. 서울 내곡동 소림사 신도. 이화여대 교육학과 졸업. 불교여성개발원 이사 지냄. 지금은 법무부 교정위원으로 있음. 법무부장관 표창 수상.

단하다는 것은 아니지만 시어머님의 원이었으므로 — 이라 믿고 있다. 그리고 시어머님은 성불할 때까지는 눈을 감지 않겠다고 하시며, 참선 수행을 용맹정진하셨다. 시어머님은 그렇게 부처님에 대한 믿음이 확고하셨고 수행도 여법하셨다.

그러함에도 자손들과 며느리들에겐 불교를 믿으라고 강요하지 않으셨다. 그렇게 행동으로 모습으로 보여 주셨을 뿐이다. 지금은 며느리 모두가 부처님 법을 믿고 있다. 시어머님께서는 며느리 모두가 부처님 품으로 들어올 것이라고 확신하셨던 것이리라.

나도 시어머님의 기도 원력(願力)과 수행 덕분으로 불교와 인연이 된 것 같다. 그 후 나는 부처님 법에 대해서 아무것도 모른 채 매일 절에 가서 사시 예불에 동참하였다. 그때는 남편과 아들, 딸의 소원 성취와 가정의 평안을 위한 기도밖에 할 줄 몰랐다. 그렇게 여러 해가 지나면서, 좋은 도반들을 만나 매일 사시 예불과 재일마다 철야 기도도 하였다. 정진해 나가면서, 기도는 가족을 위한 기도도 중요하지만 나와 인연 있는 이들은 물론 나를 모르는 모든 이를 위해서까지 기도하여야 한다는 것을 알게 되었다.

그렇게 기도하면서 지내던 중, 부처님 법을 실천하는 보살행을 해야겠다는 생각이 들었다. 그래서 도반들과 함께 사찰에서 봉사활동을 시작하였고, 또 탑골 공원의 노숙자 배식 봉사, 그리고 중학교 학생들을 위한 집단 상담 봉사도 하게 되었다. 그러한 좋은 도반들 중 한 분이 불교여성개발원 황명숙 고문 보살님이시다. 황명숙 보살님의 소개로 불교여성개발원과 인연을 맺게 되어 창립 때부터 지금까지 복지 분과에서 봉사하게 되었다.

불교여성개발원이 창립하던 2000년께는 불교계에서는 봉사할 곳이 그리 흔치 않던 때였다. 나는 친구와 함께 교회에서 운영하는 지체 장애 아동 보육 시설에서 봉사하고 있던 터라 망설임 없이 불교여성개발원에서 봉사를 하기로 하였다. 우리 복지 분과 위원들은 사회로부터 가장 소외받는 수용자가 있는 교도소의 교화 활동 봉사를 시작하게 되었다.

첫 교도소 봉사활동은 멀리 김천의 소년 교도소였다. 한 달에 한 번, 우리 복지 분과 위원들은 아침 일찍 승합차를 타고 김천으로 달렸다. 교화 활동을 해 나가면서, 단지 약간의 다과를 가지고 가서 만나 먹고 이야기하는 것으로 끝나는 것보다 좀 더 짜임새 있는 프로그램이 필요하다는 것을 느꼈다. 때마침 나는 동국대학교 불교대학원 사회복지학 공부를 한 덕분에 그런 프로그램을 만들 수 있었다. 수용자들은 체계적인 프로그램 상담이 다른 사람들의 일반적인 상담과는 다르다는 것을 느끼는 듯했다. 그들은 차츰 우리를 신뢰하게 되어, 이감하기도 하고 출소도 하게 되는 2년여 동안 서로 좋은 관계를 유지하면서 김천소년원의 교화 활동을 마치게 되었다.

그 후 이인자 초대 원장님은 우리의 교화 활동 기록을 교화 활동의 사례집으로 발간하자고 제의하여 『불교여성개발원 교화활동사례집』을 발간하게 되었다. 교화 활동을 하는 다른 분들께 도움이 되었으면 하는 바람을 담고 있다.

2001년 10월, 사형수 교화를 30년 동안 해 오시던 고 노병섭 법사님께서 서울구치소 사형수 상담을 불교여성개발원에 의뢰해 와, 우리는 사형수 상담을 시작하게 되었다. 처음 우리가 가지고 있던 편견과는 달리 그들은 벌써 부처님 법을 익혀 수행하고 있었다. 그들은 순간의 악연이 가져 온 사형수이기에 우리와 동업 중생이었다.

우리는 그들과 함께 참회 정진으로 업장 소멸(業障消滅)의 서원을 세우고, 1,000일 기도를 시작하였다. 첫 번째 1,000일 기도 회향 즈음에, 우리가 상담한 사형수 한 명이 감형되는 부처님의 가피를 입는 기적이 생겼다. 다시 두 번째 1,000일 기도를 시작했고, 신기하게도 2,000일 회향 즈음에 또다시 한 명이 감형되는 부처님의 가피가 있었다. 우리는 진심으로 부처님께 감사하였다. 또다시 3,000일 기도 중 또 사형수 한 명이 이감하여 출력 ― 일을 할 수 있는 것. 이제껏 사형수는 미결수로 일을 할 수 없었다. ― 할 수 있게 되었다. 그는 일을 할 수 있음과 살아 있음에 감사하며 다른 사람에게는 보살행을 베푸는 생활을 한다.

나는 이 교화 활동을 통하여, 봉사란 누구에게 베풀고 도와주기보다는 상대방을 있는 그대로 볼 줄 아는 마음이 중요하다는 것을 배웠으며, 부처님의 '너와 내가 둘이 아닌 하나'라는 가르침을 확인했다. 사형수들과 하나가 되어 일념으로 기도하였기에 그들이 감형되는 부처님의 가피가 있었고, 사형수 그리고 같이 봉사하는 도반들, 그들이 있었기에 108인에 선정되었으리라고 믿고 있다. 부처님 감사합니다.

나는 행복합니다

이 선 희

살면서 고민 없는 사람은 없을 것이다. 나도 마찬가지다. 포기하고 싶을 때도 있고, 아무리 극복하려고 해도 혼자 힘으로 감당하기 어려운 때도 있고, 왜 나에게만 이런 일이 있는지 화가 나기도 하고 그랬다.

그러던 어느 날 정말 누구에게도 고민을 털어놓기 힘든 일이 있었다. 하루하루 보내기가 너무 힘이 들었는데, 누군가 그랬다. "신묘장구대다라니 기도를 하면 영험이 있다."고. 귀가 솔깃했다. 아마 다른 때 같으면 그냥 흘려들었을 테지만, 이번엔 한번 해볼까 하는 생각이 들었다. 하루에 21번씩 백일기도를 하겠다고 나름대로 결정했다.

일정 기간 뭔가를 정해서 기도하는 것은 정말 처음이었다. 처음엔 자꾸 틀리고 집중도 안 되고 해서 애를 먹었다. 별거 아니라고 생각했는데,

---

불명은 선덕화. 도선사 신도. 불교방송 아나운서로 있음.

시간을 지켜서 하기도 쉽지 않았고 무엇보다 꾸준히 하는 게 어려웠다. 그렇게 한 달 정도 지나니, 마음도 편해지고 어려운 일에도 덜 끄달리는 나를 발견하게 되었다.

기도한 지 두 달 정도를 지났을까? 조금 살 만했던지 기도 시간도 어기고, 횟수도 못 채우고 그렇게 게으름을 피우고 있었다. 하지만 마음 한 구석은 '이러면 안되는데…….' 하는 생각으로 편치 않았다. 그러길 며칠을 보내고 나니 정말 이런 내가 한심하단 생각이 들었다. 다시 마음을 고쳐먹고 백일기도를 마쳤다.

기도를 끝내고 나니, 해냈다는 뿌듯함과 함께 그렇게 날 힘들게 한 일들이 별일 아니구나 하는 것을 알게 되었다. 그저 혼자 끙끙 앓았을 뿐이다. 그걸 알고 나니 억울하기도 하고 웃기기도 하고 그랬다. 기도의 영험이란 이런 건가 생각하니 참 싱거웠다. 지금 생각해 보니 그 영험이란 내 마음이 편안해지는 것이었다.

그 이후 기도를 해야지 하면서도 게으름 탓에 하지 못하고 다시 마음의 갈피를 잡지 못하고 있을 때, 아는 분이 불교 공부 모임이 있으니 시간 되면 한번 나와 보라고 하셨다. 뭔가 마음 둘 곳을 찾아야겠다 싶어 2006년 5월 발걸음을 옮겼다.

그렇게 만난 '금강강독회'. 청화 큰스님의 염불선을 공부하는 모임이다. 청화 큰스님의 법문 내용을 담은 책을 돌아가면서 읽고, 모임의 대표이신 경주 법사님께서 자세히 설명을 해 주시고, 함께 공부하는 도반들이 수행 이야기를 나누며 서로 격려해 주고 보듬어 주기까지 하는 그런 모임이다. 사람에 대한 믿음이 깨지고 사람과의 관계 속에서 힘들어 하고 있는 바로 그때, 난 이곳에서 다시 사람에 대한 믿음을 싹틔울 수 있었다.

금강 카페에 가입하고 닉네임을 지어야 하는데 뭐라 할까 살짝 고민했다. 그래 내가 아직 무늬만 불자니 열심히 공부하자란 마음으로 '보리씨'로 지었다. 싹을 틔우기 위해 열심히 하자. 그렇게 모임을 해 온 지 어느덧 햇수로 4년째를 맞고 있다. 금강강독회를 통해서 기도라는 것이 늘 일상에서 생활화하는 것임도 알게 되었다.

이젠 든든하다. 눈에 보이진 않지만 내게 힘을 주는 그 무엇을 느낀다. 그리고 내 입안을 맴도는 아미타불은 늘 나를 기쁘게 한다. 이젠 상대가 나를 힘들게 한다고 생각하지 않고, 내가 그를 먼저 그렇게 보려고 했던 것이 아닌가 그렇게 생각하면 힘든 일을 해결할 수 있는 방법이 보인다.

지금도 고민이 있고 힘든 일이 있지만, 늘 감사한 마음 그리고 있는 그대로 보려는 노력을 할 뿐이다. 작은 것에 눈길 한 번 더 주고, 세상일에 불평 대신 좋아질 거라고 마음속 주문을 외우며 그렇게 살고자 할 뿐이다. 부처님 법 만난 것에 감사하고, 청화 큰스님과의 인연에 감사하고, 금강 가족들과의 만남에 감사하다.

2007년 12월부터는 금강정진회에도 참석한다. 한 달에 한 번 도반들과 함께 철야 정진을 하는 모임이다. 금강정진회는 온 가족이 함께하는 시간이어서 내겐 더욱 특별하다.

강독회를 통해 마음을 맑히고, 정진회를 통해 몸을 맑힌다. 마음 행복한 공부를 통해 날마다 행복에 젖어 든다. 그리고 보면 난 참 행복한 사람이다. 지금 이렇게 음성을 통해 부처님 말씀을 전하는 일을 하고 있으니 말이다.

환자를 화두 삼아

임 윤 정

　올해는 내 나이 불혹이 되는 해이다. 막연하게 의사가 되고 싶어 의과대학을 입학했고, 졸업하자 의사가 되었다. 인턴과 레지던트의 내과 전공의 수련 생활은 그야말로 병원에서 살아야 했다. 좋아져서 퇴원하는 사람도 많지만, 운명하는 환자를 옆에서 지켜보고 사망을 판명해야 하는 일도 많았다. 사람은 태어나면 반드시 죽는다. 죽음에는, 밝혀지지 않을 수도 있지만 그 원인이 있고 병명이 있다고 생각하게 되었다. 동시에 죽음에 대해 무감각해지고 있었다.

　내과 전문의가 되고 소화기 내과를 더 공부하여 교수가 된 지금에서야 죽음에 대해 그리고 의사의 역할에 대해 조금씩 깨닫게 되었다. 의사가 된

불명은 혜당화. 1970년생. 봉선사 신도. 경북대 의대 졸업, 울산대 의대 석사, 성균관대 의대 내과학 박사. 서울아산병원 내과 전공의, 삼성서울병원 소화기내과 전임의 지냄. 지금은 일산 동국대병원 소화기내과 조교수로 있음.

지 15년이 넘어서야, '명의란 어떤 의사인가? 나는 어떤 의사인가?' 하는 깊은 의문을 가지게 되었다.

가족성 아밀로이드증이라고, 아주 드문 질환을 앓는 환자가 있었는데, 그는 자율 신경계 이상으로 소변과 대변을 조절할 수 없어 먹는 그대로 항문으로 배출하게 되니, 욕창이 잘 낫지 않고 점점 영양실조로 쇠약해져 감염이 용이하였다. 근본적인 치료법은 현대 의학이 발전했음에도 없었다. 그 환자에게 내가 해 줄 수 있는 건, 설사를 덜하게 하고 식도성 흉통 등 통증을 조절하는 약을 처방하고, 욕창·폐렴 등 감염이 오면 항생제로 치료하고, 먹은 걸 흡수 못하니 정맥으로 수액 치료하는 것이 다였다. 3년 넘게 그 환자는 다른 요양 병원에 입원하고 있음에도, 항상 내가 처방한 약만을 고집하여 한 달에 한 번 꼭 방문하여 외래 진료를 받았다.

그러던 어느 날 수액을 맞아야 하는 혈관 확보가 어려워 삽입한 혈관의 인공 관이 막혀, 재삽입을 원한다면서 우리 병원에 다시 입원하였다. 회진 시 피골이 상접한 그의 용모 때문인지 2인실의 다른 과 환자의 격한 항의를 받았다. 나는 혈관의 관이 잘 작동하는 걸 확인한 후, 퇴원해서 다시 요양 병원으로 갈 것을 쌀쌀맞게 권유하였다. 다음날 와 보니 그 전날에 환자가 퇴원한 듯했다.

열흘이 지나서 외래로 떡과 과자를 한 아름 안고 그의 부인이 찾아왔다. 우리 병원에서 퇴원한 지 일주일 뒤 그가 돌아가셨다고, "그동안 고마웠습니다." 하고 눈시울을 붉히면서 고개 숙이는 부인 앞에, 나는 너무 부끄럽고 슬펐다. 의사는 고칠 수 없는 환자 앞에서 무기력함을 느끼면서 좌절하는데, 때로 환자는 오로지 의사에게 기댄다. 고칠 수 없는 병임을 알더라도 자기를 포기하지 말아 주길 바란다. 나는 그 환자에게 어떤 존재였는지 안다. 그런데 그와 마지막 회진 날, 그가 나에게 기대는 의지와 희망이 힘겨워 던져 버리듯 회진을 돌았다.

환자의 증상을 잘 경청해서 진찰과 필요한 검사를 토대로 정확한 진단을 내리는 일, 올바르고 적절한 치료를 하는 일, 그리고 환자의 마음을 보듬는 일 등 어느 것 하나 중요하지 않은 것이 없고, 제대로 하지 않으면 안 된다. 철이 들수록 그걸 알게 해 주는 인생의 무게만큼 의사로서 난 열심히 살려고 노력하고 있고, 늘 바쁜 것 같다.

초등학교 다닐 때 아버지를 따라 가족들과 함께 김천의 직지사를 여러 번 간 적 있다. 그 당시 직지사로 가는 넓은 길은 마음을 탁 트이게 했고, 언니와 동생과 장난치며 가던 그때 기억을 떠올리니 무척 그리워진다.

의과 대학 재학 시절 '반야회'라는 불교 동아리에 가입했고, 그 계기로 의료 봉사에 참가하였다. 지금 생각하면 참선이나 경전 공부로 내면의 깊이를 더하지 못한 게 무척 아쉽다. 수련 기간 동안은 대구에 있는 집엘 거의 못 가고 바쁘게 지내다가, 지금의 남편과 결혼을 하게 되었다. 남편은 바빠 절에는 나가지 못했지만, 부모님의 영향을 많이 받아 그야말로 불교적인 가정교육을 받은 듯했다. 어떤 현상과 사건을 대할 때 남편의 해석은 항상 그러함을 느낄 수 있었다.

아이 둘을 낳으면서부터 친정어머님의 도움을 전적으로 받아, 자식이 둘 있는 여자인데도 일에만 몰두할 수 있었다. 세월이 쏜살같이 흘러 둘째 아이가 6살이 되던 해, 어머님은 작별 인사도 제대로 못하신 채 뇌의 지주막하 출혈로 쓰러지시더니, 그 길로 3일 만에 열반에 드셨다. 49재를 하면서 아이들을 데리고 매주 대구에 내려갔다. 49재 내내 경전을 열심히 읽는 중에도 마르지 않고 눈물이 흘러내렸다. 「광명진언」을 외우고 『천수경』, 『아미타경』을 독송하였다. 어머님이 살아 계실 때나 지금이나 절에 갈 때는 아이들을 꼭 데리고 가는데, 불교 만화를 많이 봐서인지 아이들은 자연스레 불교를 접하고 좋아하게 되었다. 우리 집 가훈은 '種瓜得瓜種豆得豆 善惡因果斯項不忘(종과득과 종두득두 선악인과 사항불망)'이다. 오는 한식날에 어머님 천도재가 있다.

지금 근무하는 병원은 일산불교병원(동국대학교일산병원)이다. 스님들과 불자들은 먼 곳에서도 마다하지 않고 많이 오신다. 계를 주신 스님께 언젠가 화두를 여쭌 적이 있다. 의사는 환자를 열심히 돌보는 것이 곧 화두라 하셨다. 환자 한 명 한 명을 정성껏 잘 보는 것이 내가 할 수 있는 복 짓는 일이라고 하셨다. 바빠서 절에 못 가서 아쉽다고 말씀드리니, 병원에서 환자 보는 걸 열심히 하면 그곳이 법당이라 하셨다. 환자는 나름대로 열심히 보지만 내면의 탐·진·치를 잘못 다스리고, 부모님을 잘 공양하지 못하고 보내드린 죄책감이 크다.

신생 병원이라 일도 많지만 젊은 교수인 탓에 진료, 연구, 교육 등 일이 하루가 멀다 하고 밀려들고, 아이들은 아직 어려 엄마의 손길이 절실한 데 손잡아 줄 시간이 늘 부족해 엄마로서 마음만 조급하다.

내 주위에는 너무나 훌륭한 불자가 많다. 나는 너무나 부족한 사람인 데 3차 108인으로 선정된 것은, 지금은 많이 부족하더라도 앞으로 훌륭한 불자가 되라는 뜻인 것 같다. 삶에는 도반이 소중한데, '여성 불자 108인 회'를 통해 훌륭한 도반, 좋은 인연을 많이 만나고 싶다.

어머님이 열반에 드신 후 다짐했다. 다시는 내 소중한 가족을 나로 인해 잃고 싶지 않다. 이생에서 나와 인연이 깊은 가족들에게 더 많은 사랑을 전하고 싶다. 나중에 나의 시간이 주어지면, 참선과 경전 공부를 게을리하지 않고 매사 실천하는 보살이 되고 싶다.

마지막 기도

정 진 희

나에게는 내 마음과 똑같은 언니가 있었다. 언니와 나는 세상사 무엇을 얘기하더라도 늘 "맞어! 맞어!" 하며 맞장구를 치고는, "언니랑 나랑은 왜 이리 마음이 똑같지?" 하면 언니는 이렇게 결론을 맺는다.

"부처님 생각대로 사니까."

내가 불교에 입문한 것도 언니를 만난 인연에서 비롯한다. 언니는 33세에 직장암 선고를 받고, 62세에 방광암으로 세상을 떠나셨다. 직장암을 이겨 낼 수 있었던 것은 의학도 아니요, 민약(民藥)도 아니요, 오로지 부처님께 기도한 공덕이었다.

성철 스님으로부터 하루 3,000배씩 100일 기도의 숙제를 받고, 1차는

불명은 삼매향. 1950년생. 청주 안심사 신도. 성균관대 사서교육원 수료. 대한무역투자진흥공사 도서실 근무. 지금은 경기도꽃꽂이경진대회 심사위원, 동국대 사회교육원 불교전통꽃꽂이 강사, (사)한국꽃꽂이협회 정진희꽃꽂이연구회 회장으로 있음.

대구 팔공산 작은 비구니 스님 암자에서, 2차는 대전 천마산 어느 비구 스님 사찰에서 했다. 언니는 하루 1,000배씩 세 번 나누어 절을 하고 남은 시간은 관세음보살 정근을 하면서 100일을 산에서 보내고, 나는 옷가지와 약을 가지고 수시로 언니를 만나러 절에 간 것이 인연이 되어 불자가 된 셈이다. 나는 태어나서 한 번도 절을 해 본 적이 없이 언니를 위해 3,000배를 하면서, 부처님께 약속을 했다. '언니가 암으로부터 완쾌가 되면 저도 부처님의 제자가 되겠습니다…….'

언니는 요행히 직장암으로부터는 벗어나 30여 년을 진실한 불자의 삶을 잘 살았으니, 나도 속절없이 부처님께 한 약속대로 불자가 되지 않을 수 없었다. 언니 따라 기도도 많이 다녔고, 3,000배도 많이 했다. 그 후 언니는 "부처님 생명, 내 생명"이라는 마음의 신념을 가지고, 집에서도 새벽 3시면 작은 목탁 — 큰 목탁은 소리가 크므로 — 을 치면서 혼자 아침 예불을 하는 삶을 살았다.

그런데 61세 되던 해 다시 방광암이 찾아왔다. 암 선고를 받고 서울대학병원에서 수술을 했지만, 수술 결과가 좋지 못했다. 왜 이번에도 의학에 의존하지 말고 또다시 부처님께 매달리지 않았는지, 가족들은 후회하고 있다. 현대 의학이 30년 전보다는 많이 좋아졌다는 생각으로 의학에 의존한 것이 우리 가족 모두의 후회로 남게 된 것이다.

서울대학병원에서 운명을 하셨는데 워낙에 기도를 많이 하신 분이라 임종이 남다르다는 것을 나는 그때 보고 느꼈다. 이미 말씀은 어눌하여 발

음이 정확하지 않은 상태라 모두들 숙연히 환자의 얼굴만 바라보고 있는
데, 갑자기 화안대소(花顏大笑)를 지으셨다. 웃는 얼굴이 남달리 예쁘던 언
니였다.

"언니, 왜 그리 화안하게 웃어?"라고 물으니, 내 앞에 너무 많은 연꽃
이 아름답게 피어 있고 아미타 부처님께서 내왕(來往)해 계신다고 하시면
서, 아미타 부처님께 가야 하니 "기도 하자."라고 말씀하셨다.

나도 내 조카 — 언니의 아들 — 도 합장을 하고, 언니는 누워서 핏기
없는 두 손으로 합장을 한 채 『반야심경』을 너무나 또렷한 음성으로 맑고
밝게 끝까지 한자도 틀리지 않게 염송을 하고는, 조용히 합장을 풀고 다시
맑은 미소를 머금고 운명하시었다. 웃음 띤 그 표정은 입관할 때까지 그대
로였다.

언니는 1남 2녀를 두었는데 그 당시 모두 출가하여 자기 자리를 잡고
있었고, 항상 넉넉한 살림살이가 아니었지만 살림을 잘 꾸려 온 언니는 알
뜰형 주부였다. 임종이 가까워 오던 어느 날 나에게 1억 원 — 언니에게 1
억 원은 매우 큰돈이었다 — 이 든 통장을 내놓으면서 언젠가 부처님께 올
리려고 모았으니, 절 짓고 종 만드는 곳에는 다른 사람이 보시를 많이 하
니까 스님들 공부하시는 데 보시를 해 달라고 하여, 승가대학에 언니의 뜻
을 전하기도 했다.

나는 생각했다. '나의 언니이기 이전에 보살로 오셨다가 보살로 가시는
구나. 삶을 마무리하는 이 진정한 장면을 보면서, 누가 부처님을 부정하겠

는가!’

　오, 부처님이시여! 오늘도 기도하는 모든 중생의 소리를 듣기 위해 관세음보살로 우리 곁에 오셨나이까? 나무마하반야바라밀.

부처님을 생각하며 어우러진 인연

조 현 숙

　　나는 어려서부터 부모님을 따라 절에 다니곤 했다. 어린 마음에 스님의 목탁 소리가 낯설지 않고 어찌나 좋았던지 절에 가는 것을 좋아했다. 그래서 언제부터서인가 종교가 뭐냐고 물어 오면 '불교'라고 말하게 되었다. 그러다 20여 년 전부터 주위의 훌륭한 도반님들과 함께 불교 교리를 공부하게 되었고, 봉은사의 불교대학에서 『반야심경』, 『금강경』을 배우고 불교와 조금 더 가까워질 수 있었다. 그 후 지금까지 큰아이의 100일 기도 입재를 시작으로 항상 겸허한 마음으로 봉사하고 베풀며 부처님 전에 다가가고 있다.

　　불교와의 인연은 단순한 인연으로 이루어지는 것이 아닌 것 같다. 나

불명은 현선행. 1949년생. 봉은사 신도. 인드라망생명공동체 생협 초대 이사장, 봉은사 생협 부장, 봉은사 생협 물품 선정위원 지냄. 지금은 인드라망생명공동체 불교생협 준비위 소비자 모임 대표로 있음.

와 부모님과의 인연, 부모님과 부처님과의 인연이 없었다면 나와 부처님과의 인연은 이루어지지 않았을 것이다. 앞으로도, 불교와의 소중한 인연을 지켜 나가면서 우리가 받는 어떠한 고통도 고통으로 받아들이지 않고, 삶의 여유를 가지려고 노력하며, 생활 속에서 작은 일에도 기뻐하고, 스스로 나 자신을 낮추면서 소박한 삶을 지키고자 한다.

나는 지금 봉은사 생활협동조합(솔향기)에서 봉사하며 생협의 운영 모토인 환경사찰 만들기, 불자에게 안전한 먹거리 제공하기, 종단을 초월하여 부처님 전에 무농약 공양미 올리기, 유기농산물 보급하기 등을 위하여 조사하고 연구한다. 최근에는 도시와 농촌이 하나가 되기 위한 귀농자와의 연대에도 힘쓰며, 환경운동을 추진할 주체를 형성하여 깨끗하고 아름다운 도량을 만들어 간다. 이런 모든 일이 불자의 뜻이며 항상 부처님을 생각하고 따르는 도반과 어우러진 생활이기에, 불교는 나의 삶에 있어 소중하고 늘 마음속 깊이 간직될 인연이다.

평상시 신행생활로, 매달 초하루는 꼭 부처님을 찾아뵈려 하고, 이웃의 불자들과 함께 매달 둘째 월요일에는 봉은 법회에 참여하여 서로의 이야기를 주고받으며 부처님의 뜻을 기리며 불자들과의 친목을 돈독히 한다. 평소에는 불교 TV를 통해 큰스님들의 법문을 들으며, 나의 손길을 필요로 하는 곳이 있으면 어디든지 찾아가서 봉사한다.

불교는 나에게 많은 가르침을 준다. 항상 나를 낮추고 비우며 나누어라 하고 가르친다. 현대 사회를 살아가는 데에 우리는 혼자만을 생각하게 되고 개인주의에 휩쓸리게 된다. 우리의 이런 생활에 불교의 가르침은 커다란 깨우침을 주는 진리이다. 힘들고 지쳐 가는 우리의 삶을 항상 긍정적이고 낙천적인 생각으로 매사에 감사하고 참회하며 정진하도록 인도해 주시는 부처님을 따를 수 있어서 무엇보다 불교가 좋다.

앞으로 인드라망생명공동체에서 추진하고 있는 우리 농촌 살리기, 우리 쌀 지키기, 부처님 전에 무농약 공양미 올리기, 농민의 한숨 덜어 주기 등의 운동에 동참하여 부처님의 뜻을 기리는 인연들과 함께 보다 나은 불교 생협의 발전에 기여하고 싶다.

끝으로, 불교를 사랑하는 모든 사람들을 위하여 각 사찰에서 문화 강좌 등의 좋은 불교 프로그램을 개발하기를 바란다.

불교를 만난 인연에 감사하며

피 상 순

나는 어머니께서 아들을 한 명 더 얻기 위해 상주 남장사라는 절에서 불공을 드린 뒤 태어났다. 그 당시 내가 사는 마을은 기독교가 성해 나도 교회에 열심히 다녔다. 어머니를 교회로 인도하고 싶은 마음 간절하였으나, 어머니께서는 불심이 돈독하여 흔들리지 않고 늘 단정한 차림으로 절에 다녀오시곤 하셨다.

대학 시절 이대 중강당 대학교회에서는 김흥호 선생님의 연경반 강의가 열렸다. 선생님께서는 동양 사상과 서양 사상, 불교와 기독교, 도교 등을 두루 섭렵하여 서로 연결시키는 강의를 해 주셨고 말씀 하나하나가 그렇게 가슴에 와 닿을 수 없었다. 마치 물고기가 물을 만난 듯 불경 강의에

불명은 여래향. 1954년생. 길상사 신도. 이화여대 의학과 졸업, 의학박사. 우리정신과의원 원장, 이화여대 의대 외래교수, (사)가족아카데미아 이사, 불교여성개발원 이사로 있음.

매료되었다. 선생님의 강의를 들으면서 불교를 재조명하게 되었던 것이다.

여행을 좋아하여, 책을 읽거나 전시회 등에서 마음에 와 닿으면 혼자서 현품 대조하러 찾아다니곤 하였다. 그 당시만 해도 학생이라고 하면 무조건 믿어 주던 순수한 시절이어서 나의 여정은 거의 언제나 성공적으로 끝났고, 많은 분을 선생님으로 모시게 되었다.

어느 겨울, 법정 스님의 『무소유』, 『어린 왕자』 등을 읽고 무작정 송광사로 떠났다. 눈발이 조금 날리더니 펑펑 내려, 버스는 벌판을 엉금엉금 기어서 간신히 도달하였다. 어둠이 내려 지천을 분간하기 어려운 시각이었다. 무작정 송광사 절 입구로 갔다. 이 시각에는 들어갈 수가 없다며 옥신각신하고 있던 차에 택시가 빙그르르 입구에 멈춰 섰다.

"늦었어요. 눈 때문에 길이 미끄러워서 그만 차가……."

법홍 스님을 따라 후원으로 들어가 저녁 공양까지 얻어먹는 호사를 누렸다. 방을 배정받아 따끈따끈한 송광사 후원에서 깊은 잠에 빠져들었다.

새벽 예불 시간. 청랭한 새벽 공기를 타고 가사 장삼을 걸친 스님들이 사각사각 법당으로 모여드는 소리는 마치 천상에 와 있는 느낌 바로 그것이었다. 가슴 깊숙한 곳을 울려 주는 북소리, 정신을 깨워 주는 목어소리, '지심귀명례', 지극한 마음으로 귀의하는 듯한 그 음률, 『반야심경』을 읊는 소리, …… 이 모두 모두가 영혼의 모음이었다.

송광사 후원에서 아침 공양을 마치고 행자 스님이 일러 준 대로 길가 바위에 새겨진 'ㅂ'자를 따라 산을 올라가니 불일암에 도달하였다. 회색 털

모자를 쓰신 스님 한 분이 찻물을 뜨러 우물로 내려오고 계셨다. 마주친 눈빛이 형형하여 맑디맑은 하늘에 샛별이 떠 있는 느낌이었다.

"스님 계세요?"

법정 스님께서는 대학교회를 이끄는 김흥호 선생님, 김동길 선생님과 친분이 두터워, 귀한 두 분에 대해 말씀을 나누며 차를 마셨다. 차 맛이 달디 달았다. 편안하다. 불일암은 내가 어렸을 때 종종 꿈에서 보았던 풍경 속 지점이기도 하였다. 교회를 다니는 시절이었는데 절에 와서 마치 내 집인 것처럼 이렇게 편안하게 느껴질 수 있단 말인가!

법정 스님께서는 '지금 여기에서' 명징하게 깨어 있는 모습을 보여 주셨고 나도 스님처럼 늘 깨어 있는 사람이 되려고 무척 노력하였다. 이후 아침에는 대학 교회, 오후에는 절에 다니며 서서히 절 쪽으로 기울어졌던 것이다.

대전에 살던 때에는 도법 스님께서 공부하라며 충남대 이평래 교수님을 소개해 주셨다. 우리 집에 모여 불경 공부하는 연경반 모임이 만들어졌고, 교수님께서 『대승기신론』 등을 강의해 주셨다. 법 자체가 너무나 수승(秀昇)하여, 불교를 만나게 된 인연에 그저 감사할 따름이었다.

'지금-여기에서 나를 챙기기(Reality Testing)'는 이미 습관처럼 몸에 배어 순간순간 나를 챙겨 보게 된다. 지금 나는 무엇을 하고 있는가? 항상 묻고 있는 나와 만난다. 이것이 소박한 나의 신행생활이다,

오랫동안 종합 병원 봉직의로 근무하다가 얼마 전에 개원하였다. 입원

하러 오시는 환자분은 대부분 알코올 중독자와 정신증 환자분이다. 환자분은 대부분 순하고 착하신데, 그분 중에는 가끔 성격이 과격하고 충동 절제가 잘되지 않는 성격 장애인 분이 있다.

환자 A는 술을 마시면 아버지를 구타하고 부인을 죽이겠다고 연장을 휘두르는 등 싸움이 끊이지 않아, 아버지께서 동네 분에게 신고를 부탁하여 구급차로 입원하였다. 병실에 있는 동안 A의 마음을 순화시키기 위해 면담 시간이나 요법 시간에 특별히 더 지지하고 칭찬해 주었는데도, A는 병원에서 무엇을 해 주었냐며 반문하고 자신의 눈으로 평가한 병원의 결점을 조목조목 가슴에 담고 분노하였다. 자신이 했던 행동은 전혀 검토하지 못하고, 입원된 것 자체에 매우 흥분하고 억울해하였다.

퇴원 후 그 환자분은 자신을 '불법으로 감금하고 약을 먹였다', '전화를 제한시켰다', '영양사가 없다', '소방시설이 미비하다'는 등등 보건소, 시청, 도청, 인권위원회, 청와대, 신문사, 검찰청 등에 신고하였다. 지난 1년간 온갖 조사를 다 받았다. 덕분에 세상사도 많이 배우고, 병원의 정비도 잘 다져졌다. 매우 고통스러운 나날이었으나, 결과적으로 그 환자분이 나에게 공부를 많이 시켜 준 셈이라고 위안을 삼으려 한다.

사사건건 환자분의 악담 섞인 신고를 접하며, 에너지가 많이 소모되고 소진되기도 하였다. 이런 고통스러운 인연의 굴레는 어디서 왔는가? 세상사가 너무 힘드니까 저절로 「보왕삼매론」의 구절이 쏙쏙 와 닿았다.

"세상살이에 곤란 없기를 바라지 말라. 세상살이에 곤란이 없으면 제

잘난 체하는 마음과 사치한 마음이 일어난다. 그래서 성인이 말씀하기를, '근심과 곤란으로써 세상을 살아가라.' 하셨느니라."

병원을 열기 전 어떤 분께 여쭈었더니 단연 개원을 반대하셨다. 부정적인 생각으로 가득 찬 사람들을 어떻게 긍정적인 사람들로 바꾸겠느냐며, 그러다가 도리어 내가 병이 날 것이라며 말리셨다.

그러나 정신과 의사로서의 내 마음속 생각은 변함이 없다. 지장보살께서, 죄고(罪苦)에 빠진 모든 중생을 구원하기 전에는 자신의 성불을 미루겠다는 서원을 세웠듯이 나 또한 정신과 의사라는 일을 통해 보살과 같은 마음으로 매진하고 싶다.

한 알의 씨앗이 움터 오르기 위해서는 딱딱한 흙을 뚫고 나오는 역경을 견뎌 내어야 하듯, 오늘의 이 역경을 이겨 내어 한 송이 꽃을 피우고 싶다. 대자대비(大慈大悲)하신 지장보살의 원력에 힘입어, 고통으로 얼룩진 부정적인 사람들의 마음을 또다시 두드려 봐야겠다.

내 마음속 지주

홍 정 애

나는 태어날 때부터 불자로 태어났다. 새벽이면 어머니의 잔잔한 예불 소리를 들으면서 잠에서 깨어났고, 향냄새 그윽한 집에서 세수하고 학교 갈 준비를 마치면 새벽 예불을 마치신 어머니는 어느새 밥상을 차려 놓고 도시락을 싸 놓으셨다. 그렇게 부처님은 우리의 생활 자체였고 항상 마음속의 지주셨다.

나이가 차서 남편을 만나 결혼을 하였는데, 시댁 역시 독실하게 불교를 믿는 집안이었다. 시할머님의 불심은 대단하셔서, 절을 창건한 이야기며, 전기가 들어오지 않는 산속의 절에 전신주를 세워 전기를 들였다는 이야기며, 시어머님이 결혼하시고 채 몇 년이 되지 않아 몹시 좋지 않은 병

불명은 지견성. 1957년생. 음성 미타사 신도. 숙명여대 대학원 아동복지학과 박사. 한국치료놀이연구소 상임연구원, 동국대·숙명여대 강사 지냄. 지금은 홍정애치료놀이상담센터 소장, 나무여성인권상담소 부소장, 원광디지털대 초빙교수로 있음.

이 들어 죽음의 문턱까지 이르렀을 때 꿈에 관세음보살님이 나타나셔서 "다시 살 수 있다."는 소리를 하신 뒤 금세 병을 털고 깨어나신 이야기며, 남편이 돌을 막 지날 즈음 장이 꼬여서 사경을 헤맬 때 역시 부처님의 가피로 다시 건강하게 되었다는 이야기 등 「전설의 고향」에서나 나올 법한 이야기를, 옛이야기를 듣는 것처럼 신기하고 재미있게 들으면서 신혼을 보냈다.

그러던 중에 남편이 교통사고를 당하여 생사가 불분명한 상태로 병원에 입원하는 큰일이 닥쳤다. 나는 의식이 없는 남편 옆에서 울면서 부처님 명호를 부르며 밤을 지새우고, 남편의 의식은 좀처럼 돌아오지 않는 날들을 보냈다. 부모님은 절에 가서, 아들이 다시 건강하게 되기를 간절히 기도하셨고, 나는 절대로 남편이 잘못되지 않는다는 믿음을 갖고 부처님께 의지하면서 의연하게 버틸 수 있었다.

우리의 믿음대로 남편은 의식이 돌아왔고 수술도 무사히 마쳐서, 다시 건강을 되찾아 퇴원하게 되었다. 그때의 고통이 언제였던 듯 남편은 지금 건강하게 자신의 일에 열중하며 생활한다.

현재 나의 일은 아동과 가족의 문제를 상담하는 심리 상담이다. 이 일을 하면서 두 부류의 사람을 만나게 된다. 빨리 자신의 문제를 알고 그것을 받아들이는 사람과 자신의 문제를 다른 사람의 탓으로 돌리는 사람이다. 자신을 성찰하여 겸손하게 현재를 받아들이는 사람은 빠르게 변화하여 다시 건강한 삶을 살아가게 된다. 그러나 그렇지 않은 사람은 항상 억울해

하고, 분노하고, 공격할 대상을 찾는다. 그러면서 삶을 더욱 황폐하게 만든다. 모든 것은 나로부터 출발하고 마음의 작용이라는 부처님의 가르침이 가슴에 사무치는 순간들인 것이다.

이제 와서 돌이켜 보면, 삶의 굴곡을 만나 힘들거나 감사한 일이 생기면 부처님 전에 예배를 드리는 것이 내가 할 수 있는 전부였다. 그러면서 나를 추스르고 지혜롭게 생각하는 법이 부처님의 말씀 안에 있음을 다시금 확인했다.

오늘날 모든 사람이 여러 어려움을 겪는 힘든 시기라고 이구동성으로 말한다. 어디에서 희망을 찾고 어디로 가야 하는지 모르겠다는 두려움과 불안으로 혼란스러워한다.

부처님은 "모든 것은 마음의 조화"라고 하셨다. 같은 상황에서도, 어떤 이는 의연하고 어떤 이는 두려움으로 자신을 해치는 행동을 하기도 한다. 외부의 변화에 따라 자신의 삶이 만들어지고 흔들리는 어리석음이 더욱 불안을 가중시키는 것이다. 모든 것은 변하고 고정된 것이 아니라는 것은, 이 어려움도 지나가고 변화한다는 것이다. 자신이 자신의 주인이 되어서 현상을 바로보고 지혜로운 생각을 갖도록 하는 것이, 불교가 가진 특별한 것임을 불자들은 안다.

아직도 살아가야 하는 삶이 남아 있는 지금, 부처님의 말씀을 삶의 지표로 삼고 나의 삶을 이루어 가련다. 세상의 모든 사람에게 부처님의 자비광명이 나투시기를 빌어 본다.

불교를 만난 인연

황 남 수

　　1945년 경북 안동에서 저는 비교적 유복한 가정의 5남매 중 맏딸로 태어났습니다. 외할머니의 지극한 불심 속에 모친께서도 독실한 불자이셨기 때문에 저는 모태 신앙이었습니다. 요즈음 절에 오는 청소년은 『천수경』이나 『반야심경』 같은 경전 암송을 예사롭게 하나, 50여 년 전 제 나이 10대 중반일 때 그것을 다 외우는 일은 그리 흔치않은 일이었습니다. 지극한 어머님의 불심으로 저는 『천수경』과 『반야심경』을 다 외우고, 막연히 부처님을 존경하는 마음으로 자랐습니다.

　　어머님은 한때 안동 대원사라는 사찰의, 지금의 신도회장과 같은 대화주보살이셨습니다. 그 당시, 지금은 열반하신 일타 스님께서 잠시 대원사

불명은 여래심. 1945년생. 봉은사 신도. 동덕여대 국어국문학과 졸업. 봉은사 신도회 수석 부회장, 불교여성개발원 이사 지냄. 지금은 봉은사 신도회 회장으로 있음.

에 계실 때 어머님은 일타 스님을 저희 집에 모셔서 지극한 정성으로 점심 공양을 대접해 드린 적이 있는데, 지금도 잊히지 않는 기억이 있습니다. 저희 집에 오신 일타 스님께서는 물 한 컵 마시고는 "먹은 바나 다름없다." 하시고는 자리에서 일어나셨습니다. 저희 가족들은 더욱더 일타 스님을 존경하게 되었고, 오랜 세월 너무나 인자하시고 자상하신 일타 스님과의 인연이 이어졌습니다.

일타 스님께서 열반하시기 두 해 전에 어머님은 돌아가셨으니, 저를 봉은사에 인도하신 어머님을 생각하며 왕생극락을 기도드립니다.

대학생이 되어 서울로 와서, 지금은 50대 중·후반인 남동생 셋이 용산중고등학교에 다니던 때에는 절에 잘 안 가다가, 결혼해서 삼 남매 기르면서 30대 초반에 다시 절에 나가기 시작했습니다. 무언가 알 수 없는, 불법에 대한 갈증으로 장안사, 등명 낙가사에 다니며 틈나는 대로 경전을 공부하여 부처님과의 인연을 돈독히 하였습니다.

40대 초반에 이르러 서울 강남 봉은사에 등록하고 본격적인 공부를 시작했습니다. 중간중간 채워지지 않는 갈증이 불같이 일어날 때는 능인선원 같은 타 사찰에도 가서 교육받았습니다. 그 즈음 불교대학 공부가 성시를 이루어 봉은사불교대학을 거쳐 능인선원불교대학과 법사대학원 공부를 하고, 봉은사불교대학원도 졸업했습니다. 50대 중반에 불교대학 대표를 거쳐 신도회 부회장, 수석부회장 그리고 지금 신도회장직을 맡게 되었습니다.

신심은 누구보다도 돈독했지만 바쁘다는 핑계가 많았고, 모든 것이 늦은 것 같은 생각이 드는 요즈음입니다. 그러나 우리 봉은사에 명진 주지 스님이 새로 오셔서 천일기도를 하시며 일체 산문 밖 출입을 금하시고 열심히 정진하시는 모습을 보며, 배울 점이 너무 많고 해야 할 불사가 너무 많다는 것을 느끼게 되었습니다. 나이를 개의치 않고, 만만치 않은 신도회장직을 열심히 수행하며 남은 인생 참된 보살의 길을 가려고 다짐합니다.

먼동 트듯 다가오는 바람결로 아직은 시샘하듯 바람이 차갑지만 이른 봄마중을 했습니다. 108인 여러분, 가장 좋은 것만 베풀 수 있는 한 해가 되시길 바랍니다.

더불어 보리를 얻는
나눔

승만 부인, 고맙습니다

강 보 향

예닐곱 명이 타고 온 봉고차는 저 밑에 세워 두고 좁은 오르막길을 한 줄로 서서 걸어 올랐다. 대문도 없이 여러 가구가 사는 집의 수돗가에 있던 아주머니는 "안녕하세요?"라는 인사말에 아무 대답도 없이 들어가 버렸다. 야트막한 슬레이트 지붕의 집 출입문을 여니 이끼가 낀 부엌 바닥 위의 개수대에 뽀얗게 먼지가 쌓인 뚜껑 없는 냄비만 보였다.

방문을 여니 목발이 나란히 세워진 옆에 요강이 놓여 있고, 열려진 채로 있는 3단 서랍장, 그 옆에는 전기밥솥과 말라비틀어진 걸레가 방 한구석에 놓여 있었다. 오른쪽의 조그만 봉창에는 철사 줄에 커튼이 늘어져 있고, 그 위에 한쪽 면만 유난히 손때가 묻은 수건이 걸쳐져 있었다. 무슨

불명은 도명행. 1956년생. 관오사 신도. 서울대 인문대학원 미학과 박사과정 수료. 대학 강사, '여성의 전화' 상담원, 『우먼라이프』 편집국장 지냄. 지금은 (사)불교사회복지회 후원회 운영위원, (사)반딧불이 이사, 한국장애인문화협회 정책자문위원으로 있음.

병인지도 모르게 한쪽 다리가 계속 썩어 들어가고 있다는 60대 중반의 집주인은 거의 24시간 요를 깔고 이불을 덮고 살아서 그런지 홀아비 냄새가 진동하였다. 좁은 방이라 세 사람만 방안으로 들어가 앉았다.

"구청의 간부 부인들이 자선 장터를 해서 번 돈입니다. 10만원입니다. 요긴하게 쓰십시오." 하고 봉투를 내미니, 혼자 사는 주인아저씨는 "이게 정말 10만원입니까?" 하며 누운 상태에서 일어날 듯이 봉투를 뺏어 들고는 봉투 속에서 돈을 꺼내어 "하나, 둘, 셋, 넷, ……." 소리까지 내어 세었다. 그리고 크지 않은 굴비 10마리를 담은 비닐 봉투를 드리며 "굴비입니다. 가끔씩 구워 드십시오." 하고 드리니, 가슴에 와락 껴안고는 "이게 굴비입니까?" 하셨다.

15년 전의 그 일은 제 삶을 송두리째 흔들어 거의 처음부터 다시 시작하게 만들었습니다. 돈 10만원이 어떤 사람에겐 그렇게 큰돈인가 새삼 느꼈었고, 대학 강의를 한답시고 바쁘다는 핑계로 일주일에 두어 번 파출부 아줌마를 오게 한다는 게 어쩐지 미안스럽게 느껴졌습니다. 제가 어떻게 살아야 잘 사는 것인지를, 그렇게 어렵고 힘들게 지내시는 분들과 함께 사는 이 세상에서 모두 편안하고 행복하게 잘 살 수 있는 길은 무엇일까를 궁리하게 되었습니다.

제가 무언가 해야 한다는 생각에서 길을 찾던 중에 한 스님을 만났습니다. 달성공원에서 일주일에 한 번씩 경로 급식을 하고 계시던 그 스님 — 지금 스님은 복지에 관한 한 전국의 모범이 되는 사회 복지 법인을 이

끌고 계십니다 — 으로 인해, 대학에서 불교에 관해 강의까지 하던 나의 작은 알음알이는 하나씩 깨어져 나갔습니다.

그래서 삶과 죽음 속으로 던져진
버림받고 서러운 인생을 되씹으며 밤새워 절하기도 하고,
또르르 딱 또르르 딱 목탁 소리가 너무 좋아서
조용하고 한적한 시외를 찾아 목탁을 두드리기도 하고,
깊이 있게 인간을 보는 부처님의 혜안에 탄복하며 불경 구절을 뽑아
기도책을 만드느라 추운 줄도 날이 새는 줄도 모르고,
그렇게 부처님이 계신다는 게 너무 고마워서 울다가
퉁퉁 부은 눈을 감추느라 색안경을 끼고 새벽 기도에 가기도 했습니다.

요즘 저는 불교여성개발원에서 『승만경』을 공부하고 있습니다. '승만이 되고자 하는 사람들'에 동참하여 무엇을 향해 살아가야 하는지를 확인하게 되어 즐겁고 기쁜 마음이 솟아나고 있습니다.

파사익 왕의 딸로서 아유자 국의 왕비인 승만 부인은 호화로운 궁전 생활을 하고 있었지만, 하루하루 살아가는 목적이 극락 가는 것이 아닌 '깨달음을 얻는 것'이라고 합니다. 그래서 승만 부인의 10대수(受는 願을 뜻한다)는 전부 "세존이시여, 저는 오늘부터 보리를 얻는 그날까지"로 시작됩니다. 저는 그 열 가지 원이 보리를 얻는 방편이라고 생각합니다.

그 10대수에는 높은 계급에 갇혀 교만하거나 화내기 쉽고 인색하기 쉬

운 승만 부인 자신의 마음을 늘 점검하려는 원과 더불어, 어렵고 힘든 사람들과 같은 처지에 서서 그들의 문제를 해결하려는 원이 같이 들어 있습니다. 그중 여섯 번째에서는 "세존이시여, 저는 오늘부터 보리를 얻는 그 날까지 스스로를 위해서는 재물을 모으지 않고, 모이는 재물은 가난하고 고통 받는 중생들을 성숙시키는 데에만 쓰겠습니다." 하고 원을 세우셨습니다. '돈이 모인다면 그 돈으로 무엇을 해야 하는가'에 대해 중생이 보살로서 성숙해져서 다른 사람들을 위해 좋은 일을 할 수 있게끔 하는 데에 쓰시겠다는 겁니다.

승만 부인은 앞만 보고 나아가는 우리 자신들을 되돌아보게 합니다. "당신은 무엇을 얻기 위해, 당신은 무엇을 하려고, 돈을 법니까?", "왜 돈이 필요합니까?"라고 물으면서.

다시 시작하다, 함께

김 영 란

　살다 보면 예상치도 못한 곳에서 마치 복병처럼 숨어 있다 달려드는 고통스러운 일을 만나곤 한다. 고통은 인생을 포기하고 싶은 좌절을 느끼게도 하지만 한편으로는 성장의 기회가 되기도 한다. 살아온 날을 뒤돌아보면 지금의 내가 이만큼이라도 사람 구실하며 지낼 수 있는 것은 그런 고통과 아픔이 있었기에 가능했고, 그 아픔과 고통은 아주 오래전부터 깊은 곳에서부터 원했던 것 같은 느낌이 들곤 한다.

　그러나 그러한 고통을 겪는 동안은 무엇과도 비할 데 없는 처절한 아픔과 분노에 휩싸여 마치 자신만이 세상에서 가장 불행한 사람인 양 허우적대기 십상이다. 나도 그랬다. 어려서부터 몸서리나는 폭력들을 보며 자

불명은 무비광. 1960년생. 정토회 신도. 연세대 대학원 간호학과 졸업. (사)청소년을위한내일 여성센터 공동대표, 청소년종합지원센터 소장 지냄. 지금은 나무여성인권상담소 소장, YeR성 복지연구소 소장으로 있음.

라서인지 소심하고 비관적이며 때로는 자살을 꿈꾸며 성장하면서도, 한편
으로는 그 저주받은 운명에 절대 굴하지 않겠다는 '오기'로 버티며 결혼도
하고 전문 대학의 교수가 되었다. 그때 어줍게 불의와 권모술수에 저항한
다며 나선 일로 동료들로부터 이간질을 당하고 소외당하고, 어느 줄에 서
느냐에 따라 살아남을지가 선택되는 상황에서 나와 세상의 가치가 일치되
지 않는 모순에 희망이라는 것을 버렸다.

그때, 내동댕이쳐진 밑바닥에서 부처님 법을 만났다. 어디에도 마음 둘
곳 없이 방황하다 우연히 들른 정토회에서, 그리고 '깨달음의 장'이라는 수
련을 통해 내 삶이라고 믿었던 것들을 버리고 나는 다르게 사는 법을 깨달
았다. 1998년, 불교를 잘 알지도 못하면서, 그러나 얼마나 기쁘고 벅찬지
백일기도 입재일에 이렇게 발원문을 올렸다.

부처님.
처음 당신이 제 마음을 두드려 깨워 주셨을 때, 살면서 이렇게 부
끄러웠던 적이 있었을까, 저무는 노을 속으로라도 숨어 버리고 싶
었습니다. 겨우 하나를 알고도 열을 안 것처럼 포장하고, 열을 알
면 백을 아는 것처럼 자랑스러워했던 일, 조금 아끼고 겸손하면
천하에 장한 일을 하는 듯 자부심을 느끼고, 조금 베풀면 마치 고
매한 인격을 갖춘 사람처럼 으스대기도 하였습니다. 소외된 사람
들에 대한 막연한 애처로움과 짓밟는 사람들에 대한 분노가 있으
니……

(중략)

더 위로 올라가는 길목에서 아래로 떨어졌을 때, 제 삶을 지탱해
왔던 모든 의미도 함께 떨어져 내렸습니다. 나를 붙들고 있던 세
상의 가치들이 나를 배신했다며, 당치않은 원망과 분노로 제 밖의
세상을 미워했습니다. 제 존재조차 부정하는 고통 속에서 벗어나
려고 발버둥을 칠 때, 부처님, 당신은 그 고통이 오히려 굳게 닫
힌 마음의 빗장이면서 동시에 그 빗장을 여는 열쇠임을 일깨워 주
셨습니다.
뿌리고 가꾼 만큼 받는 인과의 도리와 모든 괴로움이 내게서 나가
내게로 다시 돌아옴과 세상의 모든 것이 결코 분리되지 않는 하나
임을, 어떤 것에도 이끌리지 않는 자유로움을 알던 날, 세상의 모
든 것은 어제 그대로인데 오늘은 그 모든 것이 다르게 보입니다.
어제 함께 했던 사람들을 오늘은 다르게 대하고, 어제 했던 그 일
을 오늘은 다르게 하겠습니다.

그리고 10여 년간, 나는 NGO 단체에서 성폭력과 성매매의 피해자와
가출 청소년을 지원하는 일들을 해 왔다. 성폭력과 성매매로 죽음 앞에 서
있던 수많은 아이들, 가족으로부터도 내몰려 갈기갈기 찢기고 파괴된 마음
을 끌어안고 가는 아이들, 그 아이들을 잔혹하게 짓밟은 그러나 한편으로
는 선량한 가해자들, 그리고 그런 피해를 방치하고 조장하는 세상에 대한
분노와 억울함이 지금까지 내가 이 일들을 해 오게 한 힘이었다. 나도 내
가 '나'의 '주인됨'을 깨닫지 못했듯, 생각조차 지배당해 왔듯, 다른 많은
사람도 '주인됨'의 권리를 인식하지 못하거나 포기하고 사는 것을 깨닫게
하고 바꾸는 일, 그것이 내가 할 수 있는 일이며 나의 일이다.

2009년, 늘 해 왔던 그 일을 불교계에서 다시 시작한다. 부처님 법의 실천과 전승에서 중요한 역할을 담당하는 여성이 그 역할에 비해 존중받지 못하는 것같이 보이는 것은 단지 염려일 뿐일까. 맹목적인 복종이 아닌 자기 삶의 주인으로서 신앙의 중심에 서는 일은 당연한 것으로 받아들여 오던 관습과 의식을 뒤집어 생각해 보는 일로부터 시작되지 않을까 싶다.

폭력적이고 왜곡된 성문화와 사회 구조를 비판적으로 인식하고 성평등 사회를 이끄는 데 불교계가 맨 앞에 나서게 되기를 희망하며, 아주 작은 시작을 '다시' 여성과 '함께' 한다.

가랑비로 나를 찾아오신 부처님

김 정 숙

1975년 결혼해서 잠실에서 살았습니다. 병원에 근무할 때 일요일이면 집 근처 봉은사에 가서 머리를 식힐 수 있었지요. 딱히 불교를 알아서라거나 알기 위해서는 아니었습니다. 그냥 호기심 반 발길이 끌리는 대로 갔던 거죠. 물론 법당은 들어가지도 않았죠. 그런데 신기하게도 딸아이 태몽에 봉은사를 꾸었지요.

세월이 한참 흐른 후 나에게 큰 시련이 닥쳐왔을 때, 문득 봉은사 부처님이 생각나서 스님을 찾아뵙고 상담을 하고 불교대학에서 불교를 공부하기 시작했습니다. 처음 생각하던 그런 불교가 아니었으며, 내 자신이 부처가 되어야 한다는 것을 깨닫고 생활이 많이 바뀌었지요. 기복이 아닌 깨

불명은 덕운화. 1947년생. 봉은사 신도. 고려대 물리치료학과 졸업. 전국병원불자연합회 부회장, 대한물리치료사협회 중앙회장 지냄. 지금은 전국병원불자연합회 이사로 있으면서 대한불교조계종 포교사단 상담팀 활동.

달음으로, 졸업하면서 포교사 시험에도 합격을 했고, 지금은 상담팀에서 활동을 하고 있습니다.

살다 보면 시련이나 고통스러운 일이 닥칠 수도 있겠지요. 전화위복(轉禍爲福)으로 부처님을 만난 건 나에게 행운이었지요. 가끔은 달아나려 하면 어김없이 호통치며 제자리에 갖다 놓으시는 부처님 덕에 불자로서 정진 또 정진하고 있습니다. 가랑비에 옷 젖는다고, 이따금씩 머리 식히러 드나들던 봉은사로 인해 불교와 만나고 불자로서 일생을 살게 된 것 같습니다.

지금 병원불자연합회 발기 회원으로 이 모임의 발전에 밑거름이 되도록 노력하고 있습니다. 건강을 잃으면 전부를 잃는다고 했습니다. 아픈 사람들에게 희망과 도움이 된다면 전부를 채워 주는 뜻있는 일이라 생각합니다.

얼마 전 일산 여래사의 법당 청소 중 노인 요양 병원 일을 좀 도와달라는 간청을 받고 시골 오지로 갔습니다. '그래 부처님께서 무언가 내게 깨우침을 주시려나 보다.' 하고. 환경도 열악하고 자고 나면 한 분씩 돌아가시는 어르신들, 남의 손에 의존해서 살아가야 하는 어르신들, 최저 임금에 한 달 한 달 살아가시는 직원분들, 그들에 비해 얼마나 많은 것을 가졌는가! 부처님, 감사합니다. 가끔 건방진 생각이 나를 괴롭히면 부처님께서 이렇게 깨닫게 해 주시니, 일체유심조 자족하는 보따리를 들고 올 수 있게 해 주십니다.

평소 아침에 『금강경』을 읽고 하심(下心)을 다짐합니다. 불평이나 불만

보다는 이해하고 배려하는 마음을 갖도록, 공부에만 매달리지 않고 행을 실천하는 참불자가 되려고 노력합니다. 일요법회·관음재일·지장재일 등 재일 법회에 나가고, 능인선원불교대학에서 배운 금강석 같은 생각, 금강석 같은 말, 금강석 같은 행동을 실천하려고 합니다. 일산 여래사에서 불교대학 졸업 후 3년 동안 봉사활동을 했고, 매월 포교사단에서 군법당 봉사활동을 했는데, 그들도 언젠가는 힘들고 지칠 때 가랑비에 비 젖듯 부처님을 만나리라 생각합니다.

불교는 어렵지만 자기 스스로 깨달아 실천할 수 있어 좋고, 떠들썩하지 않아도 되고, 오늘처럼 각박한 사회에서 남을 돌아보고 자족하는 마음으로 자비무적하며 살 수 있어 좋습니다. 언젠가 상사의 오해로 분해했는데, 큰스님의 자비무적 법문을 듣고 순간 깨달아 실행하니 아주 좋은 결과가 있어 행복한 적이 있습니다. 생활불교라는 생각이 듭니다.

앞으로 꼭 기회를 만들어 소외된 계층을 돕고 싶습니다. 가진 자나 못 가진 자나 모두에게 기회는 주어져야 하니까요.

언젠가 화엄사 의료 봉사 때, 각황전 저녁 예불을 드리면서 촛불에 비추이는 부처님을 뵙고 떠오른 생각을 정리해 보았습니다.

아! 이리 먼가?
만나는 건 찰나인데

보도 듣도 말도 아니 하오.

언제 울타리 되어
부처님 주변을 맴도는 잠자리 같은 마음 헤아려 줄까?

화가 났소? 심술이 났소?
그도 아니면 빗장을 걸었소?

품지도 버리지도 않는
님의 마음 모르겠소.

무릎에, 마음에,
피 고일 때쯤
님은 나의 마음 헤아릴까?

촛불 안으로 님과 내가 보이오.
그날이 언제일까?

「화엄사 각황전에서」

그때는 정말 애절한 생각에 '부처님은 나를 품지도 버리지도 않는구나.' 하는 어떤 서운함이 있었죠. 지금은 그런 마음을 넘어서 품거나 말거나입니다. 내 맘대로니까. 부처님의 자비공덕 실천하다 회향하게 해 주십시오.

내가 주는 것도 독이 될 수 있다

김 정 희

　'부름의 전화'는 중증 재가 장애인이 자원 활동가를 부르는 곳이다. 21년 전 우리나라 최초로 중증 재가 장애인들을 대상으로 자원 활동 단체를 출범시켰다. 최초로 시작한 일이고 보니 앞서 간 사람들의 발자국을 밟을 수 없어 어디로 가는지 알 수 없이 앞만 보고 달려왔다. 그러니 시행착오가 없을 수 없었지만 정부의 지원 한 푼 없이 초심을 잃지 않고 21년을 일관되게 달려올 수 있었던 것은 많은 사람의 자발적인 참여와 자원 활동가들의 자비 활동이 있었기 때문이다.

　'장애인 들먹이며 모금 운동하지 말자. 후원금 얻으러 다니지 말자.'를 부름의전화의 신조와 같이 여기며 지로 용지 한 번 만들지 않았고, 전산망

불명은 법성지. 1938년생. 한국부름의전화 자원활동대를 창설, 지금은 한국부름의전화 자원활동대 대장으로 있음.

전화번호 한 번 공개하지 않고 20년을 넘겼다. '10년이면 강산도 바뀐다.' 했는데, 20년이니 강산이 두 번은 바뀌었을 것이다. 그 많은 시간 속에서 2,700명 이상의 전신 마비나 하반신 마비 장애인, 시각 장애인 등 중증 재가 장애인들을 만났다. 만나는 사람마다 나름대로의 사연을 안고 있었으며 눈물과 진한 감동을 전해 주었다. 그러나 가끔은 '이건 아닌데…….', '이래서는 안 되는데…….' 하는 갈등과 상처를 남긴 사람도 있었다.

30도를 웃도는 무더운 날씨였다. 가정용품인데 장애인들에게 선물하고 싶다는 전화였다. "장애인에게 꼭 필요한 물건이 아니면 사양한다." 하는 말을 잊지 않았다. 그런데도 직접 사무실로 가져오겠다고 했다. 그로부터 서너 시간 뒤 사무실 앞에 트럭 한 대가 멈춰 섰다. 주방용품이라는 것뿐 어떤 모양인지 어떻게 사용하는 것인지 자세한 설명도 없이 엄청나게 많은 물건을 싣고 와서 사무실과 좁은 통로에 쌓아 두고 뒤도 돌아보지 않고 돌아갔다. 출입문조차 한 사람이 가까스로 통과할 수밖에 없게 되었다. 사무실은 삽시간에 찜통 속처럼 변해 버렸다. 그 많은 물건은 비닐 봉투를 갈아 끼워 가며 사용할 수 있도록 만들어진 음식물 쓰레기 용기였다. 완제품도 몇 개 있었지만 조립되지 않은 부품들뿐이었다.

어찌 되었거나 두고 간 물건이니 조립해서 완제품으로 만들어 필요한 사람에게 나누어 주기로 했다. 무엇보다 시급히 물건을 처리해야만 현관과 통로를 드나들 수 있겠고 더운 날 바람도 통할 것 같아 서둘러 자원 활동가들을 동원하여 물건을 조립하기로 했다. 그러나 대부분의 부품들이 규격에 맞지 않아 완제품으로 조립할 수 없는 것들이었다. 조립된 물건은 필요한 사람들에게 가져가라고 했지만 반응이 신통치 않았다. 하는 수 없어 길가에 내다 놓고 필요한 사람은 가져가라고 했지만 거들떠보는 사람은 없고, 구청 청소과에서 쓰레기를 무단 폐기했다며 벌과금을 내라고 야단이었다. 어쩔 수 없이 벌과금을 납부하며 씁쓸히 웃을 수밖에 없었다.

이런 일이 새삼스러울 것도 없다. 장애인 돕기에 사용하라며 가져오는 물건 중에는 세탁하지 않은 속옷, 단추를 모두 떼어 낸 옷가지들, 10년은 족히 되었음직한 월간 잡지도 섞여 있다. 이런 물건들을 정리하지 않은 채 그냥 장애인들에게 전달했다면 그들이 얼마나 참담해 했을까! 다 그런 것은 아니지만 장애인이나 거택 보호 노인에 대한 고정 관념은 '불우 이웃'을 뛰어넘지 못하고 있다.

세상에는 주는 자와 받는 자가 있다. 주는 자의 마음은 아름답다고 한다. 그 말에 이의를 제기하려는 사람은 없을 것이다. 그러나 한번쯤 생각하고 싶다. 혹시라도 주는 자는 '내가 주는 것은 좋은 것이고 주었으니까 받아야 하고 감사해야 한다.'라고 생각하는 것은 아닌지 모르겠다. 우리 속담에 "겉보리 서 말만 있어도 처가살이 안 한다." 하는 말이 있다. 받는 사람에게도 자존심이 있다. 무엇을 줄 것인가를 생각하기에 앞서 어떻게 줄 것인가를 먼저 생각하고 받는 자의 입장이 되어야 한다. 혹시나 기대하는 마음이 분노로 발전할 수도 있기 때문이다.

불교에서는 주는 사람, 받는 사람, 보시되는 물건 등 셋 모두 청정해야

진정한 보시가 될 수 있다고 했다. 무주상보시(無住相布施)까지는 바라지도
않는다. 내가 주는 것이 혹시라도 상대방에게 상처가 되지 않기를 바란다.

자비 실천의 복을 더 나누는 일

김 휘 연

나는 조모를 따라 사찰을 따라다니던 어린 시절을 보냈으나 신행생활을 이어가지는 못하였다. 이후 대학 시절 사회복지과에 다니고 있을 무렵 구미 지역에서 문학인, 다도인, 불자들이 만나는 '연다원'이라는 전통차 연구소와 인연이 닿았다. 당시 동아리에서 음악 활동을 하던 때라 강변시인학교 등의 행사에 봉사하면서 인연이 시작되었고, 차츰 불교에도 관심을 가지게 되었다.

대학 졸업 후 사회 복지 기관에 취직되어 바쁘게 생활하던 나에게 닥친 교통사고는 내 인생에 있어 물줄기를 바꾸는 것과 같은 변화를 가져왔는데, 두 길 중에서 사회 복지 현장을 최종 선택하게 하였고, 결혼 시기를

불명은 보정견. 1969년생. 도리사 신도. 경북대 대학원 사회복지학 석사. 보건복지가족부 사회복지시설 평가위원, 구미시 정책위원 지냄. 지금은 구미다문화공동체방송 대표, 금오종합사회복지관 부장, 경북도립대 겸임교수로 있음.

앞당겼고, 불교 교리도 접하게 되었다.

그러나 본격적으로 불교대학을 통해 교리를 접하게 된 것은 현재 근무하는 금오종합사회복지관에서다. 결혼과 출산 과정을 거쳐 2년의 공백을 깨고 대한불교조계종사회복지재단이 운영하는 금오종합사회복지관과 인연을 맺게 됨으로써 신행 활동과 사회 복지 활동이 본격적으로 시작된 것이다.

금오종합사회복지관은 복지 분야에 재진입한 소중한 나의 활동 터전이다. 2009년에 개관 10주년을 맞이하는데 그동안 종합사회복지관 이외에도 구미지역아동센터, 학대아동그룹홈, 아동보호전문기관 등의 3개소 아동복지 시설과, 연꽃어린이집 등의 보육 시설 1개소, 치매어르신주간보호센터 및 농촌가정봉사원파견센터 등의 노인 시설 2개소 등 총 6개의 부설 시설이 개소되어 운영되는 등 양적인 성장을 하게 되었다.

이러한 양적인 성장과 함께, 특히 구미학대아동그룹홈 등은 2000년에 개소하여 불교계에서뿐만 아니라 전국에서도 최초로 운영되어 정착되고 있는 분야이고, 학대 아동의 신고 접수와 개입을 지원하는 경북구미아동보호전문기관도 2005년에 개소하여 불교계에서 최초로 운영되고 있는 아동 위기 개입 시설로서 의미를 지닌다. 이처럼 불교계의 사회 복지 활동이 성장하는 데 기여할 수 있다는 것은 언제나 벅찬 기쁨이 아닐 수 없고, 활동의 과정 속에 만나게 된 스님들과 많은 불자님과의 인연은 한 분 한 분이 모두 소중하다.

지금은 구미다문화공동체방송에 주력하고 있다. 주민들뿐 아니라 외국인 노동자, 결혼 이민자 등 사회적 약자로 분류되어 오던 이들을 대중 매체에 참여시킨다면 지역 사회 내에서 역동적이고 주체적인 집단으로 성장해 나갈 수 있으리라는 기대 때문이다. 다문화 사회에서 우리는, 서비스 대상으로서의 다문화 여성이 아니라 한 가족에서 어머니이고 아내이며 지역 사회 구성원으로서 다문화 여성을 인식하여 그들에게도 긍정적인 역할을 할 수 있는 기회를 주어야 할 것이다. 이러한 시도들은 언제나 열린 마음으로 지원해 주시는 법등 스님, 진오 스님이 계시기에 가능한 일이다. 언제나 나에게 있어 사회 복지 활동은 기도이자 신행 활동이다.

그동안 모자·노인·아동 시설, 지역 사회 복지 시설 등 다양한 분야에서 활동해 왔다. 어떤 분야이든 도움을 받는 대상자에게는, 스스로의 힘을 믿어 주고 신뢰해 주고 자립할 수 있도록 도와 인간답게 생활할 수 있도록 개입하고, 일반 주민들에게는 사회 문제나 타인의 문제를 공통의 문제로 바라보는 시각을 가지고 참여함으로써 인간성을 회복 할 수 있도록 도와야 한다고 생각한다.

앞으로도 처음 같은 생각으로 자비 실천의 복지 현장에서 일할 수 있기를 기도한다. 이미 나는 사회 복지 분야에서 일하는 것으로 가장 큰 복을 받았다. 이런 생각은 이 일을 할수록 더욱 커진다. 이제 받은 이 복을 더 나누는 일에 매진할 수 있도록 노력해야겠다.

나눔과 행복은 동반자

남 해 숙

    1959년 9월 17일 시속 60마일의 강풍과 폭우를 동반한 태풍 '사라'는 꼿꼿이 서 있던 전주, 가로수, 벼 이삭을 모두 눕혀 버렸고, 들판은 토사에 매몰되어 흔적도 없이 사라졌으며, 곧게 뻗은 다리며 도로는 무너지고 덮여 버렸다. '사라'는 어느 것 하나 성한 것 없이 엄청난 피해를 안겨 주었다. '사라'로 인한 피해는 사망자 237명, 이재민 40만 명, 건물 피해 6,000동, 피해 경작지 15만 정보, 도로 유실 3,800개소 등이었다. 총 피해액은 284억 환이었다.(『영남일보』 자료)

    나와 불교의 만남은 부친께서 공주시 계룡면 갑사의 깃대기둥 보수 공사를 하시며 시작되었다. 태풍 '사라'의 등장은 갑사의 깃대기둥 24개를

불명은 자재화(自在華). 1954년생. 만불선원 신도. 대전대 특수대학원 사회복지학과 재학. 대전청소년자원봉사센터 청소년지도사, 성덕노인복지센터 원장 지냄. 지금은 감로봉사회 회장, 그린케어노인복지센터 대전지부장으로 있음.

반으로 나누어 놓았다. 그 당시 갑사의 주지 스님은 토목을 전공하여 화헌 저수지 공사를 하고 계시던 부친을 찾아 깃대기둥의 보수 공사를 부탁하시게 되었고, 그런 인연으로 갑사라는 절을 알게 되어 갑사의 신도가 된 어른들의 손을 잡고 1년에 두세 번 따라 다니게 되며 부처님의 제자가 되었다.

그렇게 싹이 튼 신앙은 고교 1학년 시절 절집 안의 학생 법회에 동참하게 되었으나 학업 성적이 우선인 나는 2, 3학년은 활동을 접게 되었다. 요즘의 청소년들이 성적에 매달려 청소년 법회에 올 수 없는 현실과 일맥상통하다는 생각에 쓴웃음을 짓는다.

대한불교조계종의 포교사가 되어 활동을 시작한 지 어언 11년 차가 되었다. 매일 나의 서원을 되새기면서 새벽 4시 나름대로 경전을 읽고 부처님의 제자임을 다짐하면서 하루의 일과를 시작한다.

금년은 사회 복지 대학원에 등록, 수강 신청을 하여 그동안 나름대로 청소년과 노인 분야에서 실천하고자 노력했던 사회 복지와 자원 봉사의 개념을 학문으로 정립하고자 목표를 삼았다. 홀로 사는 노인 반찬 배달, 노숙자 무료 급식, 소년원생 교화 활동 등 감로봉사회원들과 이곳저곳 뛰어다니며 불교의 보살도를 실현하고자 궁리하고, 지역민과 가까운 불교는 어떤 모습일까 고민할 때 법당의 예불이 우리 모두의 예불로 이어지지 않을까 생각한다.

과학의 발달은 인간 수명 100세의 시대를 열었다. 모든 현장에서 은퇴하여 무위로 살아야 할 시간이 30~40년의 기나긴 세월이다. 2008년 7월부터 시행된 노인장기요양보험제도는 노인 복지의 개념이 공적 부조로 전환되면서 이런저런 부작용도 발생하지만 세대 간 품앗이로 자리매김하여 어르신들의 안녕을 점검하게 되었다.

노인복지센터의 센터장으로서 20여 명의 요양 보호사와 호흡을 맞추어 어르신들의 일상생활, 신체 활동, 정서 안정을 점검하고 봉사에 차질이 없도록 매일 출근 전에 아침 문안을 드리는 일이 습관이 되었다. 오늘 만나야 할 어르신은 몇 분인지 기록을 하고 여기저기 살고 계신 어르신의 건강 상태와 밤새 안녕을 살피고 사무실로 들어온다. 계절이 바뀌고 환절기에 접어들면 어르신들은 변화하는 환경에 적응하기가 어려워 병원 신세를 지거나 사망 소식이 들리기도 한다. 요양 보호사의 다급한 목소리가 전화를 통해 들려온다. "센터장님, ○○○ 어르신이 숨이 차고 식사를 거르시네요."

노인장기요양서비스는 어르신을 지금 살고 계신 그곳에서 가능한 삶을 영위할 수 있도록 돌보는 개념으로, 이전의 생활 시설에 수용하는 제도의 부작용을 개선하고자 시작되었다. 방문요양서비스에서 만나는 모든 어르신을 부처님으로 받들며 건강 악화로 병원이나 시설을 이용해야 하는 단계로 접어드신 어르신의 포근한 보금자리를 마련하는 원을 세운 지 3년이다. 사회 복지가 생산적인 복지 개념이 도입되면서 시장 경제의 원리를 따르고 있다. 보호자나 어르신 누구나 편안한, 작지만 정다운 시설이 부처님의 자비와 신통력으로 이루어질 것으로 믿는다.

대전 지역 사회는 불교에 대한 신뢰가 다른 지역에 비해 떨어진다는 것이 일반적인 평이다. 종교의 사회적 신뢰성은 단순히 교리의 우월성으로만 이루어지지 않고 그 교리를 받들어 따르는 신도의 모습을 통해 드러난다. 불교 신도의 실천행이 신뢰 획득의 관건이 되며 교세의 팽창도 이루어진다. 부처님의 가르침을 대중 속에서 실천하며 사회적 신뢰를 형성하는 것이 불교의 사회적 영향력을 극대화하는 길일 것이다.

기축년 2월은 '추기경 증후군'으로 2002 월드컵 축구 경기 이후 온 국민을 하나로 묶는 시간이었다. 교회의 높은 담을 허물고 지역민과 호흡하는 삶, 가난하지만 봉사하는 교회, 권력에 아부하지 않으며 상식을 얘기하셨던 우리 사회의 어른이었기에 정치인이나 종교인, 남녀노소 모두가 질서정연하게 명동성당으로 향했을 것이다.

어느 종교보다도 우수한 가르침을 전달하는 불교 사찰은 지역 사회 속에서 부처님의 가르침을 실천하는 신도를 양성하고, 신행을 자기만족적 행위로 일관하는 신도들의 왜곡된 신앙관을 바로잡아 적극적인 자비행을 펼쳐 지역 주민에게 실질적인 도움을 줄 수 있는 모범 불자상을 새로 만들어 내야 한다.

물질적 풍요에 매달리는 현대의 사회 구조는 끊임없는 경쟁을 강요함으로써 정신적 고갈을 가져와 상대적 박탈감에 허덕이는 우리 이웃의 조화로운 인간관계를 해치고 있다. 포교는 말이 아닌 행으로 이뤄지는 것이며, 신도들의 지속적인 교육을 통해 동사섭의 정신을 가다듬게 하는 것도 지역 사회에 뿌리내린 불교 지도자의 역할이 아닐까 고민해 본다.

청소년, 그들을 통해 우리 아들을 보다

노 정 임

24년 전 화창한 4월의 봄날, 내 아들이 태어났다. 그때의 감격적인 순간을 떠올리면 지금도 눈시울이 붉어진다. 아들은 7년 만에 세상의 빛을 보았다. 7년 동안 하루도 거르지 않고 부처님께 기도했다. 이제껏 살아오면서 큰 욕심 한 번 내지 않았지만 내 뱃속에서 나온 자식 하나만큼은 포기가 되지 않았다. 그런 내 아들, 어렵게 얻은 자식이 인생의 전부라고 생각했다. 기쁨이 되고 희망이 되었다. 나와 우리 남편에게 준 부처님의 큰 선물이었다.

7년 만에 태어난 자식이기에 아들에 대한 우리 부부의 사랑은 유별났다. 나는 학교에서 아이들을 가르치는 일과 박사 공부를 포기했다. 오로지

불명은 여래심. 1953년생. 보리사 신도. 동국대 대학원 졸업. 강남교육청 청소년 상담원 대표 지냄. 지금은 인성 교육 강사, 서울시교육청 청소년 상담원으로 있음. 국무총리상 수상.

아들 하나만 잘 키워 보겠다는 기대에서 비롯된 행동이었다. 주위에선 모두 나를 말렸다. 꿈까지 포기하면서 아이를 키우겠다고 하는 내가 어리석어 보이는 건 당연한 일이었다. 하지만 그때 내게는 자식에 대한 믿음과 기대가 있었다.

하지만 일 년 이 년 자식이 커가면서 내 기대가 무너져 갔다. 사춘기가 되면서 아들은 극도로 변해 갔다. 언제나 반항적이고 전투적이었다. 내가 시키는 모든 일에 아들은 항상 반항했다. 남편과 나의 무조건적인 사랑이 초래한 부작용인 것 같았다. 매일매일이 전쟁이었다. 학교 가는 것부터 학원 가는 것까지 심지어 아침 밥 먹는 것까지 내 하루는 조용할 날이 없었다. 이런 날이 반복되자 내 마음을 몰라주는 아이가 밉고 원망스러웠다. 쪽마루에 나가 조용히 눈물만 훔쳤던 적도 많다. 그러는 동안에도 항상 부처님을 찾았다. 부처님은 나를 이해하실 것이라 믿었다. 그럼에도 여전히 어떠한 직접적인 답도 얻을 수 없었다.

17년 전 어느 날 내 시각이 조금 변하기 시작했다. 눈앞의 내 자식만 보던 시각은 점차 아들과 비슷한 또래의 소외되고 고민 많은 청소년들에게로 옮겨 갔다. 그들을 바라보니 내가 그들의 아픔과 고민을 함께 나누고 해결해 줄 수 있겠다는 생각을 하게 됐다. 그날 이후 청소년 상담 공부를 시작했다. 그들의 고민과 아픔을 통해 나를 바라보고 더 나아가 내 아들도 좀 더 발전되지 않을까 하는 기대에서 시작한 것이었다.

봉사하는 내 모습에 아이도 뭔가를 느낀 것일까? 시간이 지날수록 아들은 기대에 부응하기 시작했다. 늘 화만 내던 아들의 얼굴에서 웃음을 발견한 것이었다. 전투적이고 반항적인 모습은 차츰 차분하고 온화한 모습으로 바뀌어 갔다. 점차 변해 가는 아들의 모습에 나는 확신을 갖고 이 일을 할 수 있게 되었다.

처음에는 학교에서 단순히 청소년 상담만 하던 것을 인성 교육과 청소년·학부모 전화 상담까지 영역을 넓혀 가게 되었다. 이렇게 내가 맡은 일과 책임이 커짐과 동시에 우리 아들을 다른 시각에서 바라보는 눈이 생겼다. 항상 티격태격하던 아들과 대화하는 법을, 함께 웃는 법을 배울 수 있었다. 이렇듯 점점 내 아들과 동시대를 살아가는 청소년들에게서 내 아들을 바라볼 수 있었다. 그들에게서 아들을 진정으로 사랑하는 방법과 동시에 진정한 상담과 봉사가 무엇인지 배워 갔다.

2009년 1월 15일 오늘은 아침이 분주하다. 2년 동안 조용하던 아침이었지만 오늘부터는 예외다. 2년 전 군대 간다고 온 집안을 울음바다로 만들었던 철부지 아들이 제대하는 날이다.

군대 가기 전 아들은 말썽도 많이 부리고 생전 청소마저도 잘 안 하는 녀석이었다. 하지만 군인이 되어 가끔 휴가를 나와 집에서 하는 짓을 보면 제대 후의 변화가 내심 기대됐었다. 군대 가면 철든다는 말이 맞긴 한가 보다. 군 입대 며칠 전에는 속이 다 후련할 줄 알았다. 2년 동안이나 아들 뒤치다꺼리를 안 해도 된다고 생각하니 말이다. 그런데 입대 후 사정이 조금 달라졌다. 집은 텅 비어 있는 것 같았고 언제나 한기가 도는 것 같았다.

빈 아들 방의 한기는 나를 더욱 그리움에 빠져들게 했다.

　지금 아들은 자기 스스로를 '마마보이'라 부른다. 항상 내 걱정뿐이라나? 이젠 이런 아들의 장난 같은 말 속에 숨겨진 진심이 보인다. 어릴 적에는 속만 썩이던 놈이 이젠 진정한 힘이 되고 친구가 되어 주고 있다. 나중에 알게 된 사실이지만 휴가 나올 때마다 나 몰래 새벽에 절에 가서 기도를 드렸단다. 새벽에 절에 간 사실을 왜 엄마한테 숨겼냐는 질문에 아들은 부끄러워서 그랬다고 말끝을 흐렸다. 이렇게 변화한 아들을 바라볼 때면 가끔 상담해 준 많은 청소년을 떠올린다. 그들도 내 상담으로 어디에선가 저렇게 환한 미소를 짓고 있겠지? 내가 실천한, 보살핌을 말씀하신 부처님의 가르침이 이 시대의 청소년들에게 희망이 되어 주었겠지…….

　옷깃을 여미게 만드는 거센 추위가 계속되는 요즘, 따뜻한 사랑이라면 우리 청소년들의 얼어붙은 마음도 녹일 수 있다는 걸 배워 간다. 지금 나는 청소년 상담과 동시에 새로운 영역에 도전한다. 바로 요즘 사회의 큰 쟁점인 다문화 가정이다. 우리 이웃이 살아가는 대한민국 가정의 또 다른 부분이다. 큰 희망을 안고 오늘도 대한민국 땅에서 힘들게 살아가는 다문화 가정에 부처님의 사랑을 전한다. 이 시대 청소년들에게서 내 아들을 보았듯이…….

다리도 불편한데 무슨 봉사냐고요?

이 영 례

아이들이 나이가 들어 결혼하고 딸 하나도 언어 연수를 한다고 외국으로 떠난 후 저는 삶의 회의와 외로움을 느끼기 시작했습니다. 그러던 15년 전 어느 날 우연히, 젊었을 때 가끔씩 산사에 가면 부처님께 인사드리던 생각이 나, 조계사에 들르게 되었습니다. 그때 3층탑 앞에서 부처님께 진심으로 기도를 드린 걸 시작으로, 계속 부처님을 뵙고자 3년 동안 법회를 다니게 되었습니다.

그 3년간 때로는 여의치 못한 사정으로 못 가게 되면, 신장님과 부처님께서 꿈으로나 환희심으로 저를 다독거리시면서 무사히 회향하게 해 주셨습니다. 그리하여 제 남은 생애는 부처님의 가르침을 위해서 온몸과 마음

불명은 진성화. 1939년생. 조계사 신도. 자광원 노인 봉사활동을 했음. 지금은 국립의료원 봉사를 하고 있고 조계종자원봉사단 한마음 팀장으로 있음. 보건복지부장관상 수상.

으로 살겠노라고 다짐하면서, 저의 이 아름답고 감사한 불자 생활이 시작되었답니다. 감사하게도 제가 다시 사람의 몸을 받고 태어날 수 있다면, 천번 만번 언제까지나 부처님의 가르침 아래 사는 삶을 선택할 것입니다.

조계사 청년회 불자들과 함께 자광원 노인 봉사를 위해 다닌 걸 시작으로 제 봉사 인연이 시작되었는데, 그때는 제가 살아온 지난 삶이 부끄럽더군요. 고개가 스스로 숙여질 정도로 저토록 숭고한 마음으로 남을 위해서 사는 젊은 사람이 많은데, 난 무엇을 하고 살았나 하는 생각에.

그 후로 조계종사회복지재단 간병 교육 과정을 마치고 구로복지관, 궁동복지관 등에서 9년간 식사 배식 봉사를 하고, 지금까지는 줄곧 국립의료원에서 봉사를 합니다.

기억나는 일화는 구로복지관 배식 봉사를 할 때였습니다. 식사하러 오시는 분들께 전 두려움의 대상이었답니다. 음식물을 남기는 건 죄라고 생각하는 저는, 식사 시간 때마다 식탁 사이를 돌아다니며 음식을 남기시는 분들께 말씀드렸지요.

"남기시면 안 돼요. 이 재료를 재배하신 분들, 사서 보내 주신 분들, 조리하신 분들의 공을 생각하면 소중하고 소중하니 다 드셔야 해요, 아시겠죠?"

나중엔 저만 지나가면 수군덕거리는 걸 들을 수 있었습니다.

"아이고, 저 잔소리 아주머니 또 오시네. 남기면 혼나. 빨리 다 먹어야 해."

제가 하는 활동들이 저에게 주는 가르침과 사랑은 저를 더욱 더 불자답게, 더욱 자비와 사랑과 감사의 생활을 할 수 있게 부채질하는 활력소가 된답니다. 인생의 학교나 마찬가지인 셈이죠.

저는 매일 새벽 3시 반 새벽 기도와 108배를 정진하고 있으며, 빠짐없이 재일 때 절에 가 부처님을 찾아뵙고 있습니다. 추운 겨울밤에 '내일은 새벽 기도 빼야지.' 하는 생각으로 잠이 들 때면, 왜 꼭 3시면 부처님께서 꿈에 나타나 어깨를 툭툭 치시며 "일어나서 기도해야지." 하시는지…….

앞으로 남은 생은, 감사드리는 마음으로 정진하고 봉사하여 이제까지 받은 큰 은혜에 보답하고자 노력할 것입니다. 순간순간 나를 돌이켜보며 자신을 채찍질할 수 있게 하는 불교는 삶의 종교이자 철학이라 생각합니다. 작게는 제가 앉은자리에서부터, 크게는 삼라만상 모든 일에서 진리를 다 구할 수 있는 불교, 그래서 그 불교가 좋습니다.

지금 퇴행성관절염으로 불편한 다리를 가지고 있지만 다행히 이웃을 위해 봉사할 수 있어 감사하고, 제 생이 다할 때까지 남을 위해 살고자 노력할 것입니다. 다리도 불편한데 무슨 봉사를 하냐고요? 저보다 더 아프신 분들이 제 손길을 기다리고 계시거든요. 그리고 전 다리는 아파도 마음은 건강하답니다. 저보다 몸도 마음도 아프신 분들과 함께 부처님 말씀 함께 나누고 싶습니다.

부처님의 정법을 만나게 해 주신 감사한 인연들, 모든 불자 여러분, 지구촌 이웃분들, 사랑합니다. 성불하십시오.

봉사는 가늘고 길게 해야

최 종 숙

어릴 적 어머니를 따라 절에 갔을 때 법당 안에 그려진 탱화를 보기가 왠지 무서워 가기가 싫었다. 그러나 어머니와 함께 길 떠나는 것이 행복했고 절에서만 먹을 수 있던, 부처님 전에 올린 떡과 과자를 먹는 것이 좋아 자주 따라 다녔다.

그러나 점점 자라면서 학교에 다니기도 바빴고, 더 커서는 어머니 따라다니는 것이 쑥스러워서 그만 절과는 멀어졌다. 대학을 졸업하고 취업을 하고, 결혼하면서는 아이들 기르고 하느라고 절과는 아예 멀어져 버렸다.

28년이란 긴 세월 동안의 교직 생활을 그만두고 나와서 그야말로 자유로운 시간을 보내고 있을 때, 마음속 깊은 곳에 나도 모르게 나의 부처님

불명은 법보화. 1939년생. 관오사 신도. 경북대 사범대 가정교육학과 졸업. 대구 원화여고 교사, 대구불교사회복지회 노인상담전화 소장 지냄. 지금은 경북여고 28회 동기회 회장으로 있음.

이 숨어 계셨던 모양이었다. 1995년 어느 날, 불교가 무엇인지 공부해 보고 싶었고, 그 길로 대구 동화사 부설 2년제 불교대학에 입학하였다. 그야말로 열심히 불교에 대한 기초를 조금씩 공부하고 알게 되면서 거룩하신 부처님에 대한 존경심과 그 경전에 빠져들어, 밤새워 기도하고 수련도 하며 같은 학번 법우들끼리 여러 사찰을 다니며 하루하루를 행복하게 보냈다.

그 무렵 불교대학에 계시는 스님께서 일찍이 불교 복지에 많은 관심이 있으셨다. 어느 날 그 스님께서 소외되고 외로운 노인을 위해서 상담 전화를 개설하여 봉사를 하는 것이 어떠냐고 물어 오셨는데, 그때는 그 말이 너무도 생소하고 어려워서 선뜻 대답을 하지 못했다. 근 한 달 정도를 고민하다가 드디어 결심했다. 사실 나에게는 교직 생활 동안에 얻은 상담 교사 자격증도 있고 봉사를 해보고 싶은 마음도 생겨서, 노인을 위한 일을 시작하기로 하였다. 이름하여 '노인 상담 전화'였다.

막상 시작하고 보니 정말 무모한 도전이었다. 그때의 노인들은 지금처럼 핸드폰도 없고 전화와도 가까운 세대가 아니라서, 정말 힘들었다. 실전에 임하면서 어르신께 전화를 드렸다.

"할아버지, 진지 드셨어요?"

"무꾸마."('먹었다'는 경상도 사투리)

"아프신 다리는 좀 나으셨어요?"

"맨날 그렇지 뭐."

더 이상 이어질 수 없는 단답형 대답으로 끝났을 때, 그 당황스러움을 어떻게 해야 할지 몰라 얼마나 망설였던가. 그러한 일들이 이튿날도 그 다음날도 계속될 때, 벽에 부딪힌 느낌 그대로였다. 정말 암담했다. 경상도 특유의 무뚝뚝함과 전화로 많은 대화를 나누는 데 익숙지 않은 어른들을 이해는 하지만……. 그만 내 스스로 실의에 빠져 그만두고 싶었다.

그때 스님께서, 봉사는 가늘고 길게 해야 한다고 충고를 해 주셔서 다시 마음을 일으켰다. 오랜 시간을 두고 직접 방문하여 얼굴 마주 보며 손도 잡고 하는 사이, 차츰 마음을 열고 허심탄회한 이야기를 하고 또 하며 오랜 시간 통화가 가능하였다. 그 무렵 수지침도 배워서 뜸도 해 드리면서 더욱 가까워졌다.

그러던 중 또 스님께서, 전화만으로는 부족하니 여러 어르신이 모여 계시는 대구의 달성공원에서 점심 공양을 해드리는 것이 좋겠다고 하여, 그 길로 노인들을 위한 점심 공양 행사가 시작되었다. 1996년 어느 토요일 그때부터 매주 토요일에는 상담 전화를 접고 공원으로 나가서 밥을 하기 시작했다. 처음에는 국수에서부터 미역국, 삼계탕, 호박범벅, 쇠고기국밥 등 다양한 차림으로 매주 바꾸었다. 그것이 '토요나눔마당'의 시작이었다. 오늘날까지 그 행사는 비가 오나 눈이 오나 계속 이어져 오는 자랑스러운 행사이다. 처음에는 200~300명 정도였으나, 차츰 소문을 듣고 많이 오셔서 지금은 1,000그릇 정도씩 만든다. 따뜻한 밥과 국을 맛있게 드시는 어르신들을 보며 뭔가 모를 기쁨을 느꼈고, 그 어른들과도 깊은 정이 들었다.

얼마 지나지 않아 스님께서 또, 공원에도 나오지 못하는 홀로 사시는 노인들에게 무료 도시락 배달을 하여 매일 한 끼의 점심이라도 공양드리자고 하셔서, 도시락 배달도 시작하여 열심히 하였다. 이 모든 봉사활동은 모두 부처님의 가르침을 행으로 하는, 고운 마음씨를 가진 많은 봉사자와 함께 이루어진 것들이었다.

그렇게 10년의 세월이 나도 모르게 바쁘고 즐겁게 흘러가고 있었다. 이제 나도 칠십을 넘어 도시락 배달도, 달성공원의 점심 공양도 모두 후배들에게 물려주고, 가끔씩 공원에 나가 보고는 감회에 젖어 본다. 이 모든 것이 부처님을 향한 그리움으로부터 시작되었고, 그 뜨거웠던 열정도 모두 부처님 덕분이라고 믿어 의심치 않는다.

언제나 내가 어려울 때면 항상 무의식적으로 나오는 말, ‘관세음보살.’ 이제 인생을 마무리할 단계에서 되돌아보면, 그래도 별 탈 없이 오늘까지 행복하고 건강하게 살고 있는 것도 진실로 부처님의 가피인 것을 깊이 생각하고, 이제는 돌아가신 어머님과 나를 이끌어 주신 스님께 감사의 마음을 보낸다.

'참나'를 찾아가는 여심

하 순 정

　　어린 시절 내가 살던 동네에는 심광사라는 절이 있었다. 아마도 같은 반 친구를 따라 처음 발을 들여놓았던 것으로 기억되는데, 새삼 하얀 교복에 사람 좋은 웃음을 짓고 오계(五戒)의 뜻을 차분히 일러 주던 고등학생 언니의 동그란 얼굴이, 그리고 노스님 말씀을 듣느라 무릎 꿇고 앉아 다리가 저려왔던 기억이 아련히 떠오른다.

　　그렇게 시작된 불교와의 첫 만남은 희망과 절망이 하루에도 수십 번씩 교차하던 청소년기에 '참나'라는 화두를 잡고 '어떻게 살 것인가?'에 대한 생각을 키우는 가르침이 되었다. 1980, 1990년대 변혁기에 청년기를 보내면서 숨 가쁘게 돌아가는 현실에 비해 불교의 가르침은 멀게만 느껴졌는

1965년생, 충남대 행정학과 졸업, 광주여성노동자회 고용평등상담실장, 대전동구자활후견기관 실장, 대전민주청년회 간사 지냄. 지금은 광주광역시 여성새로일하기지원본부 취업상담팀장으로 있음

데, 여성 상담을 하고 여성 취업 지원 활동을 하는 요즈음 '참나', '마음 챙김'이라는 화두를 다시 떠올린다.

결혼, 육아로 경력이 단절된 여성의 재취업을 지원하는 일을 하다 보면 누구의 아내, 누구누구의 엄마라는 존재로만 살아온 여성의 뒤늦은 후회를 많이 접하게 된다. 내 생각, 내 느낌, 내 감정, 내 마음을 보지 못하니 현실을 제대로 볼 수가 없고, 눈높이를 못 맞춘 취업 지원은 거듭된 구직 실패로 이어져 자신감을 떨어뜨리는 악순환을 거듭하게 된다. 취업 준비를 하는 첫 단계라 할 수 있는 자기 이해 과정이 필요한 이유다.

자기 이해 과정은 '참나'를 찾아가는 과정이다. '참나'를 찾아가다 보면 자신의 마음에 켜켜이 쌓인, 탐내고 성내고 어리석음의 업으로 만들어진 수많은 상처와 번민으로 고통 받는 자신의 모습과 마주하게 된다. 그렇게 마주한 자신을 있는 그대로 이해하고 스스로의 힘으로 내면이 치유되는 경험을 하게 되면, 자신에 대해 긍정적으로 생각하게 되고 주변 사람들과도 활발하고 건강한 관계를 맺으며 자신감이 향상된다.

IMF 때보다 힘든 경제 위기라고들 한다. 경제 위기가 오면 여성의 실업률이 증가하게 되는데, 그 이유는 여러 측면에서 설명할 수 있겠지만 안정적인 고용 시장에서 생계 보조자라 저항이 덜한 여성 근로자에 대한 구조 조정이 먼저 이루어진다는 것이 일반적인 설명이다.

이렇게 밀려나는 여성이 있는가 하면, 한편 가장의 실직으로 그동안 전업주부로 지낸 여성이 노동 시장에 나오게 된다. 경력 단절 여성인 이들은 주로 불안정한 고용 구조와 저임금, 단순 직종으로 취업이 이루어진다.

'참나'를 찾아 긍정적인 사고를 갖더라도 이런 고용 환경에서 몸과 마음이 평정심을 유지하는 것은 쉬운 일이 아니다. 경제 논리가 강조되고 우선되는 요즈음, 생각의 틀을 바꿔야 행복해진다는 말을 자주 듣게 된다. 직업 상담에서 특히 강조하는 '생각을 바꾸면 행동이 바뀌고 행동이 바뀌면 인생이 바뀐다.'는 내용과 같은 의미로 받아들여진다.

불교는 마음의 종교라고 한다. 마음먹기에 따라 현실은 지옥이 되기도 하고 천국이 되기도 하니 '마음 챙김', '마음공부'가 중요한 것이 아닐까? 상담을 통해 만나는 분들과 마음을 나누고 챙기는 도반의 여정을 함께할 수 있었으면 하는, '참나'를 찾아가는 여심(女心)으로 바람을 가져 본다.

> 잠 못 드는 사람에게 밤은 길고
> 피곤한 나그네에게 길이 멀듯이,
> 진리를 모르는 어리석은 사람에겐
> 생사의 밤길은 길고도 멀어라.
>
> — 『법구경』

대승보살의 꿈을 발원 올리며

황 수 경

어릴 때부터, 왜 사람들에게는 이렇게 아픔과 고통과 차별이 많은 것일까 하는 의문이 늘 나를 괴롭혔다. 어디에서도 시원한 답을 찾을 수가 없었다. 이런 사회에 안주해서 나만의 유익을 추구하며 살 수는 없다고 생각하였다. 초, 중, 고를 거치며 어렵고 힘든 친구들에게 관심을 갖고 도울 수 있는 길을 찾으려고 노력하였다.

사람을 이해하기 위해 대학에서는 역사를 공부했지만, 고통을 해결하는 근본적인 열쇠는 없었다. 대학 시절 3년간은 공장의 근로자들에게 검정고시를 가르치는 야학에서 봉사했다. 공부하고 싶어도 가난해서 학교를 다니지 못하는 청년들에게 도움을 주는 한편 그런 현실에 번민하게 되었다.

불명은 현공(賢空). 1965년생. 한마음선원 신도. 이화여대 사학과, 동 대학원 교육학 석사, 동국대 대학원 선학과 박사과정 수료. 한국전문심리치료원 전문심리치료과정 이수. 동국대 선학과 강사, 불교여성개발원 여성인재개발센터 센터장으로 있음.

야학에서 교육의 중요성을 알게 되어 대학원에서는 교육학을 전공하였다. 나중에는 보다 적극적으로 소외된 사람들을 돕는 길을 찾아 사회 복지 공부도 하였다. 그러나 항상 무엇인가가 결여된 느낌이었다.

결국 참된 해결의 열쇠는 마음에서 찾아졌고, 그것은 불교의 가르침이었다. 모든 것이 마음에서부터 비롯되고 인과법에 의해 이루어짐을 알게 되었다. 가장 놀라운 것은 누구에게나 근본 마음에는 부처님과 똑같은 지혜와 자비가 구족되어 있다는 사실이었다. 드디어 바라던 답을 찾은 나는 불교, 그 중에서도 선(禪)을 전공하리라고 결심했다. 다시 동국대학교 선학과에서 박사 과정을 공부하게 되었다. 그 후 지금까지 부처님법을 배우고 나누며 사는 은혜 가득한 삶을 살게 되었다.

부처님법으로 보면 모두 예외 없이 탐·진·치에 시달리는, 가엾은 중생이다. 악업을 짓는 사람들 또한 미움의 대상이 아니라 무명을 벗어나게 제도해야 하는 자비가 필요한 사람들이다. 누구나 근본은 부처님이라는 희망은 교도소에서 재소자와의 만남을 시작하는 강한 동기가 되었다. 지난 세월 재소자를 만나면서 많은 어려움도 겪었지만 그 희망을 현실에서 보았다. 사형수 불자와 무기수가 진실한 마음으로 바뀌는 것을 목격해 온 것은 큰 축복이라고 생각한다. 가장 어두운 곳에서도 역시 자비와 참회의 마음이 연꽃처럼 피어나는 것을 보며 확신을 가지게 된 것이다.

대승보살들의 서원은 내가 힘들 때마다 진실한 감동과 힘을 준다. 처음 지장보살의 서원을 접하고 얼마나 울었는지 모른다. 단 한 중생도 포기하지 않고 모두 제도하겠다는 그 마음을 나도 본받아야겠다고, 아니 내 안에도 그런 원력이 있다고 믿게 되었다. 불교의 가르침에 심리 상담을 적용하면 보다 쉽고 구체적으로 다가갈 수 있음을 알게 되었다. 부처님의 자비로 상담을 통하여 마음의 병을 치유하는 일에도 전념하게 되었다. 그래서 전문적인 상담과 심리 치료 공부를 병행하며 상담 봉사를 한다.

불자로서 자신을 생각하면 오직 감사한 마음만 가득하다. 아무리 감사해도 부족한 것은 우주의 진리와 수행정진의 길을 알려 주신 일체 부처님과 선지식의 은혜이다. 가족과 도반들에게도 감사한다. 법의 인연으로 만나 함께 이 길을 갈 수 있다는 것은 가슴 벅찬 행복이자 큰 기쁨이다.

포교와 불사와 관련하여 평생 이루고 싶은 10가지 발원을 세운 것이 있다. 이 생에 모두 이루어지기를 간절히 발원한다. 그래서 부처님들의 은혜에 조금이라도 보답하는 불자가 될 수 있기를, 세상을 보다 아름답고 평화롭고 살기 좋은 곳으로 만들 수 있기를 소망한다. 수많은 생 중에서 이 생에 이렇게 태어난 인연은 지중하다. 그래서 불자로서뿐 아니라 한국인으로서, 여성으로서, 전 인류의 평화에 기여하는 대승보살의 원력을 위하여 살아가고 싶다. '누구나 근본은 부처님이요, 마음을 다스리고 노력하면 얼마든지 변화할 수 있다.'는 부처님의 희망과 자비의 바이러스를 전 세계에 퍼뜨리고 싶다. 그것은 진정 내면으로부터의 혁명이다. 더 많은 사람이 이 불법을 만나 마음이 밝아지고 대승보살이 될 수 있도록 헌신하는 삶이 나의 꿈이다.

　좋아하는 찬불가 구절이 있다. "어둠은 한순간 그대로가 빛이라네. 원망은 한순간 그대로가 은혜라네." 가끔 자신에게 혹은 다른 사람들에게 실망하게 될 때, 이 진리를 떠올리며 스스로를 위로하곤 한다. 연꽃은 청정한 곳이 아니라 번뇌 속에서 피어나는 것이니 번뇌 가득한 그 순간에도 부처님의 마음은 여전히 우리 마음속에 생명으로 들어 있다는 것, 지금은 아무리 암흑같이 보일지라도 언젠가는 반드시 활짝 피어날 불씨[佛種子]를 품고 있다는 것이다. 이 믿음을 간직하고, 그 진리와 자비의 꽃을 아름답게 가꾸어나가는 부지런한 보살의 삶을 살고 싶다.

무량무애 와 닿는
가피

오월의 수목과 꽃 같은 마음으로

강 문 숙

　　연록빛 차 한 잔 정갈하게 우려 놓고 오월의 수목과 꽃들을 아담한 나의 서재로 초대해 본다. 올곧게 피어오르는 전단향 사이로 스며드는 달빛과 바람 한 올도 고요히 자리 잡고 보니 어느새 풍성한 찻자리가 되었다. 서너 송이 백합이 내뿜는 향기 속으로 어느 성악가가 부르는 「진달래꽃」은 서실 안을 금방 분홍빛 그리움으로 젖어 들게 한다.

　　마음의 눈으로 감상하는 각양각색의 꽃 속에 오고간 인연의 모습 떠올려 보며 푸름 가득한 나무 위의 바람과 새의 노래에 귀문도 크게 열어 본다. 숲 사이 숨통 틔워 길 열어 주며 낮은 곳으로 흐르는 계곡물 바라보며 주고받는 대화는 한 번도 듣지 못한 천상의 언어 되어 심장 깊은 곳에

불명은 천련화(天蓮華). 1957년생. 한국방송통신대 중어중문학과 및 부산대 행정대학원 수료. 중국 길림사범대 객원교수 지냄. 지금은 우송서예학원장, 한문교육지도사, 국제 펜클럽 부산 지역 부회장으로 있음. 〈한국불교문학본상〉 수상. 시집으로『작은 섬에도 꽃이 핀다』외 다수.

정좌하는 순간 환희심에 젖기도 한다.

이런 날은 문득 생각나는 그 누군가에게 바람의 등 빌려 찻물 든 눈웃음에 넝쿨장미 한 송이 얹어 향기로운 안부 몰래 물어도 본다. 아무런 조건도 바램도 없이 아름답고 싱그러운 모습으로 기쁨만 주는 자연에게 진정한 자비심을 배우고 깨달아 반성도 해 본다.

슬픈 그대에게 수목과 꽃 같은 마음 닮아 가며 살아가자는 추신 적어 붉은 낙관까지 찍어 놓고 보니 오래 전에 돌아가신 어머님 모습이 문득 떠오른다. 한때 수녀가 되고 싶어 한 어린 마음을 전생과 금생의 소중한 인연법을 들어 "고귀한 사람으로 태어났으니 귀한 대접받으며 살게 될 것이다." 하시며 어떤 난관에 처해도 생명을 소중히 여기고 인내하고 베풀며 살라 하신 어머님.

유년 시절부터 유달리 제게 들려주신 많은 말씀 가운데, 기쁨으로 약간 상기되고 미안한 표정까지 지으면서 들려주신 저의 태몽 이야기는 좀 특별한 느낌마저 들기도 했다.

당신께서 초하루, 보름, 생일날, 제삿날, 그 중 한 번도 빠짐없이 단정한 모습으로 우물 옆 소나무 앞에서 두 손 모아 간절히 발원하고 비시던 모습을 나는 이른 새벽에 유심히, 많이 보면서 성장해 왔다. 검정색 소반 위에는 늘 쌀 한 대접과 정화수와 촛불이 올려 있었고, 가끔씩 소지불도 올리시던 기억을 잊을 수가 없다.

갑자기 돌아가신 어머님에 대한 슬픔으로 삶의 진로가 바뀌어, 남동생과 내가 법조인이 되어 집안을 일으켰으면 하시던 소망을 끝내 이루어 드리지 못했다. 그런 연유로 엉겁결에 결혼을 하고, 2대 독자 집안에 귀한 두 아들을 낳아 드렸으니 감사함으로 신앙심을 갖게 되었다.

기독교, 가톨릭, 불교에서 각각 1년 동안 3년을 내리 공부하고 불교 쪽으로 마음을 정했다. 어린 날의 기억에 남은 어머님의 지극한 기도 모습과 절에 따라다닌 불연이 나를 부처님께 귀의하게 만든 듯하다. 어떤 계기로 신행과 수행을 곁들여 기도를 하다 보니, 어머님은 이미 심안과 혜안이 열렸던 분이 아닌가 싶어 참으로 신비함을 느낀다. 당시 꿈을 통해 농담처럼 이승에 머물 당신의 인연이 얼마 남지 않았다고 하셨지만 그냥 흘려들었던 것이다.

나는 부처님과 분명 남다른 인연이 있다는 것을 특별한 체험을 통해서도, 각 신행 단체에서 일을 하면서도 알게 되었다. 당시 나이도 젊고 부족함도 많았지만 부산불교교육대학·부산불교신도회·부산불교홍법회 이사를 지내고 보현봉사회 총무, 우담바라합창단 창립회원으로서 다년간 대보살님들과 함께 미력하나마 불법 홍포에 마음을 쏟았기 때문이다.

각 사찰과 불교대학에서 전문성이 약간 곁든 공부를 하면서, 13년 전에 포교사 자격증을 취득하고 법사대학에서 감히 법사계를 받기도 했지만 아직은 신심과 수행이 너무도 부족하다는 것을 안다. 주변의 권유로 어느 선원에서 불교대학 학장으로서 지도자의 짧은 경험도 하면서, 16년 동안 서예와 시와 한자를 지도하고 배우며 살아가고 있다.

부산여성희망포럼, 해운대문화회관 등에서 운영위원을 맡아 사회와 문화에 대한 작은 지식과 지혜로움도 배우고 있다. 문단에서도 어느새 등단 20년이 넘은 중진이 되었다. 부산시인협회 부회장을 지내고 한국불교문협 등의 부회장으로서 문학을 통해 부족하나마 조금씩 부처님 말씀을 알리려고 조심스레 노력하고 있다.

오래전 『실상문학』 편집국장으로서 열반하신 월하 종정 큰스님 기획특집 기사를 쓰기 위해 친견했을 때 제게 들려주신 그 말씀이 예사롭지 않게 떠오른다. "보살님의 근기는 다른 사람하고 다릅니다. 전생에 우리랑 도반이었으니 잘 닦아 다음 생에는 함께 공부합시다." 하시던 그 엄청난 말씀을 깊이 새겨, 오늘도 묵묵히 정진의 길을 걸으며 조금 모자란 듯한 삶의 길을 걸어가고 있다. 금생에 맺은 가족의 인연이 있어 훌쩍 떠날 순 없지만, 언젠가 마땅히 앉을 자리가 있거나 준비가 되면 나는 훌훌 떠날 마음공부는 이미 오래전부터 되어 있다.

다도 공부를 통해 다심과 시심과 불심이 어우러져 동심으로 마음고향을 찾아가는 지금, 많은 것을 돌아보고 배울 수 있는 기회의 복을 주심에 감사하며 세상사 시련을 녹여 보기도 한다.

수행 과정은 여러 종류의 불교 경전을 체계적으로 읽거나 사경을 해왔고, 각 보살님 명호를 부르며 열심히 절하는 기도와 더불어 각종 진언을 외우며 명상하는 가운데 참선에 드는 시간을 늘리고 있다. 어느 하나만 고집하지 않고 두루 섭렵하는 가운데, 요즘은 참회진언과 광명진언으로 자신을 돌아보며 낮은 마음과 비운 마음이 진정한 수행자임을 알게 되었다. 오늘도 옥상에서 달과 별을 바라보며, 거룩한 불보살님과 천지신명님께 신세를 졌거나 도움을 받았거나 주고 싶은 사람을 위해 아직도 풀 수 없는 인연 한 올 화두로 삼아 남의 눈을 의식하지 않고 간절한 발원기도를 올린다.

가장 힘든 수행은 운문사 사리암에서 3일 동안 운문사 학승과 함께 하루 8시간 정근기도 후 홀로 1만 배의 절을 할 때였다. 큰 인내심을 필요로 하는 기도였는데, 운문사 사리암 금송 스님께서 여러 모로 마음을 써 주셔서 무사히 기도를 성취하고 한겨울 눈을 보며 기쁘게 회향할 수 있었음에 늘 감사의 마음을 잊지 않고 있다.

대자연 앞에선 겸손하지 않을 수 없다. 거룩한 자연인과 자유인 앞에선 고개 숙여 존경하지 않을 수 없다. 오월의 수목과 꽃 같은 마음으로 살아가길 염원하며 삶의 단편과 작은 수행의 기쁨을 더듬어 본다.

전파를 타고 퍼지는 불교의 향기

김 상 준

    어려서부터 어머니가 절에 다니시는 것을 보고 자랐다. 어린 시절 기억에 수유리 화계사와 삼성암에 열심히 기도를 다니시던 엄마를 따라 절에 다니면서 자연스럽게 불교와 가까워졌다. 이사를 한 후에는 회기동에 있는 연화사에 다니게 되었는데 대중 포교에 열심이시던 주지 스님의 노력에 많은 감화를 받아 이후 나의 종교는 불교가 되었다.

    그래서 불교방송의 개국 소식을 듣고 방송사에 입사하였다. 그 후 불교에 대해 공부하게 되어 훌륭하신 스님들과 많은 교수님, 법사님, 재가 불자분을 만나면서 부처님의 가르침에 대한 믿음이 왔다. 특히 잊히지 않는 법문이 있다. 한창 모든 일이 내 뜻대로 되지 않아 불평불만이 쌓이던

불명은 보광화. 1966년생. 학도암 신도. 서울여대 사회사업학과 졸업. 불교방송 포교제작팀장, 편성교양제작팀장, 편성제작국장 직무대행 지냄. 지금은 BBS 불교방송 라디오 제작팀장으로 '정목 스님의 마음으로 듣는 음악', '살며 생각하며' 연출.

시절, 라디오 법회를 녹음하러 나갔는데 돌아가신 해인사 혜암 스님의 법문이었다. 귀 기울이며 녹음하던 중 어느 대목에서 눈물이 뚝뚝 떨어지는 감화를 받게 되었다.

"여러분이 겪고 있는 그 모든 일이 다 남 탓인 것 같으냐? 모두 자신이 지은 대로 받고 사는 것이다……."

모든 일이 다 다른 사람 탓, 주변 환경 탓으로 여기던 나에게 스님의 말씀이 왜 그렇게 사무치게 들려왔을까……. 이후 마음에 많은 변화를 겪게 되었고 삶을 대하는 태도도 이전과 좀 달라졌다. 그리고 지금까지 수없는 큰스님의 법문과 살아 있는 제불보살님 같으신 수많은 주변분들 덕택에 살아가고 있다. 한시도 정진의 고삐를 늦추지 않고 늘 나누는 삶을 살며 주변에 향기를 내뿜는 많은 불자의 모습에서, 어떻게 살아가야 하는지 배우고 있다.

부처님의 가르침이 없었더라면 힘들었던 많은 시간을 어떻게 이겨 낼 수 있었을까, 돌아본다. 모든 일에 깊이 집착하지 않고 그래도 남 탓하지 않으며 살 수 있는 것은 부처님과 수많은 선지식, 나의 곁에 숨 쉬며 나를 이끌어 주시는 많은 도반님의 자비와 사랑 때문이다. 생활에 묻혀서 나태해지면 곁에서 가족이 나를 경책하고 함께 공부하는 많은 도반님이 걱정해 주는 덕택에 삶의 고비를 잘 이겨 나가고 있는 것 같다.

직장 생활을 하다 보니 매일하는 기도정진은 계획으로 끝나기 일쑤다. 나의 신행생활은 일주일 단위, 한 달 정도의 기간을 정해서 집중 기도정진을 하는 쪽이다. 다니는 재적 사찰에서 주로 주말을 이용해 정진하는 시간을 갖거나, 짧게나마 집에서라도 경전 독송, 108배하는 시간을 갖는다. 가장 큰 정진의 시간이라면 불교방송을 듣거나 프로그램을 제작하면서 집중하는 시간이 될 것 같다. 지금은 정목 스님과 '마음으로 듣는 음악'을 제작하는 시간이 바로 정진의 시간이기도 하다. 프로그램 가운데 호흡 관찰 수행 '잠깐'과 나를 정화하는 기도 시간인 '미안합니다, 용서하세요, 고맙습니다, 사랑합니다.'가 그러하다.

'잠깐'은 1분 동안 자신의 호흡에 모든 주의와 관심을 쏟는 수행 방법이다. 방송을 통해서 실시하는 것이므로 더 긴 시간을 해 볼 수는 없지만, 들이마시고 내쉬는 호흡만을 따라가다 보면 1분간이 의외로 절대 짧은 시간이 아니며 그 짧은 시간 동안 얼마나 많은 생각이 나를 스치고 지나가는지 경험해 볼 수 있다.

'마음으로 듣는 음악'이 처음 시작될 때부터 '잠깐'은 코너로 진행하는데 그동안 이 수행을 꾸준히 해 오거나 함께해 온 청취자 중에는 신기한 체험담을 보내오시는 분도 많고 이 시간을 통해 자신이 어떻게 바뀌어 가는지 사연을 보내온다. 실제로 우울증 환자분들이 오랜 우울의 수렁에서 빠져나오게 되었다는 사연이나 자살을 마음먹은 청취자가 다시금 살기로 생각을 바꾸게 되었다는 사연을 많이 만날 수 있다.

'미안합니다, 용서하세요, 고맙습니다, 사랑합니다.', 줄여서 '미용고사'라고 부르는 이 수행 방법은 고대 하와이 인들의 호오포노포노 수행에 뿌리가 있다. 이 방법을 한때 노숙자였던 조 바이텔 씨가 백만장자, 베스트셀러 작가로 바뀌게 되기까지 자신이 직접 체험하고 수행한 방법을 토대로 휴렌 이하레아카라 박사와 함께 『호오포노포노의 비밀』이라는 책을 통해 소개했다.

'마음으로 듣는 음악'에서는 이 '미용고사'를 매일 생각할 수 있도록 정목 스님의 참회 발원문과 함께 소개하는데, 이를 통해 종교와 관계없이 부부간의 문제, 자녀와의 문제, 시댁과의 갈등, 대인 관계에서 받은 상처가 나아간다는 많은 편지를 받았다. 하루를 정리하는 명상 시간을 통해 매일매일 나를 돌아보는 정리의 시간도 가질 수 있다.

불특정 다수가 듣는 방송이고 종교와 관계없이 채널을 돌리다가 방송을 만나 불교를 접하게 되는 사람이 많아서 좋은 음악과 더불어 어떻게 하면 사람들의 귀를 붙잡고 마음을 열게 할 수 있을까 고민하는 것이 우리 프로그램 시간의 특징이기도 하다. 방송을 통해 시도하는 상당히 직접적인 수행의 시간들인데 퇴근 시간인 저녁 7시에 방송되고부터는 청취층이 더욱 넓어져서일까, 진행자인 정목 스님께서 지난해 ≪시사저널≫이 선정한 '우리나라를 이끌어 갈 불교 부문 차세대 뉴 리더'로 뽑히기도 했다. 누가 듣는지 면면을 다 알 수 없지만 많은 사람이 듣고 있다는 것을 느낄 수 있는 단적인 예이기도 하다.

또 이 프로그램을 하면서 청취자분 덕분에 많은 감동을 받았지만, 특히 타 종교의 어느 전도사분의 예리한 지적은 오래도록 기억에 남는다. 방송에 감동을 받아 수십 년 타 종교에 몸담은 그분이 도서관을 찾아다니며 『반야심경』과 『천수경』을 읽고, '왜 불자들은 이렇게 좋은 경전을 널리 알리지 않는가?' 하면서 경전을 쉽게 외우는 방법을 시작으로 처음 불교를 접하면서 얻는 경이로운 느낌을 청취자 사연란에 빼곡히 올려 주곤 했었다. 만일 자신이 불교방송을 듣고 이렇게 글을 올리는 줄 안다면 주변의 지인들이 놀라 까무러치지 않을까 한다면서……

이후에 외국에 가서도 방송을 들으며 많은 사연을 올려 주시고, 도서관을 찾아다니며 최신 불교 도서들을 비치하는 노력까지 보여 주셨다. 불교는, 종교의 울타리를 뛰어넘어 모든 삶의 의문을 풀어 주는 종교가 아닌가 하는 생각을 다시금 갖게 되었던 계기이기도 하다.

오늘날의 사회에서 매체를 통한 불교의 포교는 매우 중요하다. 그런데도 아직 불교계는 타 종교보다 방송매체, 방송 포교에 대한 관심도가 적은 듯하다. 투자가 훨씬 더 이루어져야 하고, 수행 도량인 사찰에서의 예절과 불교 상식도 지속적으로 갖춰져야 하며 방송을 통해 기본적인 홍보가 될 수 있기를 바란다. 무엇보다 중요한 것은 대중매체를 통해 많은 사람을 감화시킬 수 있는 인적 자원에 대한 교육도 이뤄져야 하겠다. 시·청각을 모두 만족시킬 수 있는 불교 프로그램의 소재 개발과 내용의 발전이 매우 시급한 때이다. 불교계가 많은 관심을 기울여야 할 문제이다.

이것 또한 지나가리라

김 혜 옥

　엄마를 따라다니며 절밥을 얻어먹고, 엄마 흉내를 내며 부처님 전에 절을 올리던 일이 엊그제 같은데……, 어느새 까마득한 옛날이다. 그 무렵 내게 불교는 종교라기보다 너무나 당연한 생활의 일부분이었고, 어머니의 일부분이었다. 그렇게 엄마 치마꼬리를 붙잡고 다니던 수줍은 아이는 처녀가 되고, 자신만의 종교를 갖게 되었다. 바로 연극이다.

　초등학교 시절 선생님이 "김혜옥, 일어나서 15쪽 읽어 봐!" 하시면, 개미 같은 목소리로 몇 줄 읽다가 결국 눈물을 뚝뚝 떨어뜨리던 그 수줍던 소녀가 연극에 빠져 버린 것이다. 사실 난 연극보다 그림에 더 관심이 있었는데, 나의 숨은 끼와 잠재력을 알아보신 것일까! 전공 교수님께서 연극

1958년생. 정토사 신도. 서울예술대 연극과 졸업, 중앙대 신문방송대학원 신문방송학 연구과정 수료. 탤런트이자 영화배우로 활동하며 BBS 불교방송 '아름다운 초대'를 진행하고 있음.

을 해보라고 추천해 주셨다. 그런데 어디서 그런 용기가 나왔을까? 나는 교수님의 그 말만 믿고 그날로 연극 무대를 찾아갔고, 그 세계에 반해 버렸다. 그곳에서 반려자를 만나 인연을 맺었다. 지금도 그렇듯이 연극 무대는 배고프고 힘든 곳이었지만, 무대가 있고 사랑하는 사람이 있었기에 행복한 날들이었다. 하지만 남편과의 인연은 길지 않았다.

그 무렵부터 나는 영문도 모른 채 시름시름 앓기 시작했다. 그렇게 생의 기운을 잃어 가고 있을 때, 남동생이 마곡사를 소개해 주었다. 어린 시절 엄마 손잡고 절에 올랐던 그때처럼, 다시금 어머니와 함께 마곡사를 찾았다. 인연이었을까? 그곳 주지 스님께서 우리 모녀를 맞아 주시며 좋은 말씀으로 마음을 다독여 주셨고, 인도 유학 가기 전 잠깐 마곡사에 머물고 계시던 젊은 스님께서는 사찰 안에 있는 서점에 가시더니 손수 책을 사다 주셨다. 초심 불자를 위한 일타 스님의 책이었던 것으로 기억난다. 그날 이후 그 책을 읽으며 108배와 진언수행을 하기 시작했다.

그때부터 불교방송을 듣기 시작했다. 시름시름하는 자식을 지켜보는 어머니의 마음이 오죽했으랴. 어머니는 혹여나 도움이 될까 싶은 마음에 건강 상담 프로그램을 들어 볼 것을 권유하셨고, 그게 인연이 돼 나는 라디오를 끼고 살다시피 했다. 라디오는 방에서 부엌으로, 화장실로, 마당으로 늘 나와 함께였고……. 방송을 통해 스님의 말씀을 들으면서 가슴에 응어리처럼 남아 있던 의문점이 풀리기 시작했고, 거짓말처럼 건강도 돌아오기 시작했다.

건강을 회복하면서 다시 연기활동을 시작했다. 촬영을 위해 여의도로 건너갈 때면, 늘 불교방송국 앞을 지나게 되었고, "능력이 생기면 보답을 하고 싶다."는 원을 세웠다.

그런데 몇 년 후! 삶은 또 한 번 나를 흔들어 놨다. 마곡사로 인도했던 남동생이 세상을 떠난 것이다. 이별에…… 사별에…… 어디 면역성이 생기던가? 몇 번을 겪어도 처음 겪는 것 같고, 생살을 도려내는 것처럼 아프다. 그동안 열심히 마음공부 한다고 했지만 남동생의 죽음 앞에서 또다시 무너져 내렸다. 모든 게 허무했다. 세상이 무서웠다. 무엇을 위해 열심히 살아야 하는지 알 수가 없었다. 온몸이 슬픔에 잠겨 숨을 쉴 수조차 없었다. 그때마저도 부처님께서 손을 내밀어 주셨다.

어느 날, 불교방송에서 내가 몸담은 서울시립극단에 취재를 왔다. 그 만남이 인연이 돼 얼마 후 진행을 맡아 달라는 연락이 왔다. 반가운 동시에 겁도 덜컥 났다. 20대 시절부터 연기를 계속해 왔지만, 천성이 수줍고 내성적이라 마이크 앞에 앉아 과연 잘해 낼 수 있을지 자신이 없었다. 하지만 그 기회를 놓치고 싶지 않았다. 능력이 된다면 꼭 보답을 하고 싶다는 서원까지 세우지 않았던가. '부처님께서 내밀어 주신 구원의 끈이구나, 이걸 놓치면 안 되겠구나.' 싶어 간절하고도 절박한 마음으로 수락했다. 하지만 지금 생각해 보면 참 배짱도 좋았다. 실수투성이였으니 말이다. 그래도 지금은 방송인으로 성숙해 가는 모습이 보기 좋다는 격려와 칭찬도 받고 있으니, 배짱 좋게 용기를 낸 것이 잘한 일이다 싶다.

요즘은 방송에, 연기활동에 하루 24시간이 부족하다. 주위에서 건강을 걱정할 정도로 강행군하고 있어서 법문을 들으러 가거나 따로 공부할 시간을 내지 못하지만, 새벽기도로 하루를 시작하고 방송 진행을 공부 삼는다. 함께 방송을 만드시는 여러 출연자분과의 만남, 또 애청자분이 보내주시는 진솔한 사연은 그 자체로 공부가 되고도 남는다.

연기자의 삶이라는 게 그렇다. 배역에 따라 억척 아줌마가 되었다가 우아한 공주가 되기도 하고, 철없는 푼수가 되었다가 똑소리 나는 전문인이 되기도 하고, 상스러운 욕을 내뱉으며 악을 쓰다가 어느새 눈물 펑펑 쏟는, 그야말로 변화무쌍, 롤러코스터 같은 삶이다. 그 와중에도 중심을 잃지 않을 수 있는 것은 부처님의 가르침에 의존하며 살아가기 때문이다.

우여곡절 없는, 마냥 순탄한 삶이 어디 있을까마는, 막상 삶의 질곡에 빠지면 그 고통은 오직 자신만 겪는 것 같고, 그 시간이 영원할 것 같다. 하지만, 그렇지 않다는 걸 이제는 안다. 그런 시도 있지 않은가.

슬픔이 그대의 삶으로 밀려와 마음을 흔들고
소중한 것들을 쓸어가 버릴 때면
그대 가슴에 대고 다만 말하라.
이것 또한 지나가리라.
행운이 그대에게 미소 짓고 기쁨과 환희로 가득할 때
근심 없는 날들이 스쳐갈 때면
세속적인 것들에만 의존하지 않도록
이 진실을 조용히 가슴에 새기라.

이것 또한 지나가리라.

- 랜터 윌슨 스미스의 「이것 또한 지나가리라」 중에서

모든 것이 다 지나가기 마련이니, 지금 이 순간, 이 자리에서 최선을 다하는 삶을 살고자 한다. 그래서일까, 나는 참 행복하다. 그리고 발원한다. "행복하세요!"

어머니께 드리는 편지

노 채 숙

    스물일곱에 결혼을 했고 두 아이 키우며 남편 뒷바라지만 하고 살았다. 그러던 나를 항상 안타까워하시던 친정어머니는 내 나이 마흔하나가 되던 어느 날 대학원에서 불교를 전공해 보라고 권하셨다. 나는 주저하고 망설였다. ‘일모도원(日暮途遠)’이라 했던가, “해는 지고 길은 멀다.”, 즉 뜻하는 바는 큰데 너무 늦어서 이루기 어렵다고 생각했다. 공부할 자신이 없었던 것이다.

    하지만 어머니는 물러서지 않았다. 한번 마음먹으면 이루어질 때까지 포기하지 않는 성격이셨으므로 할 수 없이 내가 지기로 하였다. 사실 내가 마음을 돌리게 된 것은 40여 년을 살면서 어머니께 변변한 기쁨 한 번 드

불명은 무애심. 1962년생. 분당 대광사 신도. 이화여대 경제학과 졸업, 동국대 대학원 불교학과 석사·박사. 법화학천태학연구소 연구원, 불교여성개발원 웰다잉운동본부 교육위원으로 있음.

린 적 없다는 자책감 때문이었다. 그래서 일생의 마지막 **효도**라 생각하고 어지간히 굳어 버린 머리를 다시 훈련시켜야 했다.

결코 쉽지 않았다. 각오는 했지만 석사 과정, 박사 과정 그리고 박사 학위 논문을 완성하기까지 생각한 것보다 몇 배 힘들었다. 이대로 끝을 내지 못할 것만 같았고, 적당히 하고도 싶었다. 그저 나의 신앙을 지키며 수행만 하면서 편안하게 살아도 충분할 것 같은데, 이렇게까지 마음고생, 몸고생 해 가며 공부해야 할 필요가 있는지 주저앉고 싶은 적이 한두 번이 아니었다.

그럴 때마다 항상 나를 응원해 주는 남편과 두 아이를 실망시킬 수 없었고, 쉽게 포기하는 부끄러운 엄마가 되기 싫었다. 그래서 반드시 해내고야 말겠다고 다짐했다.

그 무엇보다도 나를 강하게 채찍질한 것은 어머니였다. 만날 때마다 "도대체 논문은 언제 쓸 거냐?", "박사 학위는 언제 받을 거냐?"며 여간 책망이 아니셨다. "그게 그렇게 쉬운 일이에요? 하루아침에 되는 게 아니에요." 해도 막무가내셨다.

그러니 쉴 수가 없었다. 게으름을 부릴 수 없었던 것이다. 용맹 정진하듯이 계속 밀어 붙여 나가야만 했었다. 그렇게 7년이 흘러 올해 마흔여덟에 박사 학위를 받았다. 돌이켜 보니 어머니의 그치지 않는 질책이 약이 되었다.

어머니 고맙습니다. 오늘의 이 결과가 당신께 기쁨을 드리는 것이라면 제가 많이 행복할 것입니다. 그리고 정말 죄송했습니다. 저는 오십 년 가까이 당신께 너무나도 많은 아픔을 드렸습니다. 행여 아플까, 행여 고단해할까, 괜히 공부 다시 하라고 했다며 후회하셨고, 늘 마음 졸이셨지요.

제가 두 아이를 키우다 보니 '자식이라는 존재 자체가 어머니에게 고통이고 근심이고 상처라는 것'을 이제야 알겠습니다. 용서해 주세요. 그간 베이고 다치신 마음, 얼마나 힘드셨는지요. 깊이 사죄드립니다.

아직도 저보다 더 무거운 짐을 들고 가시려는 어머니! 어머니, 왜 그걸 모르세요, 제가 더 힘이 있고 젊다는 것을? 항상 가벼운 짐은 제게 주시고 당신 자신은 제 것보다 훨씬 무거운 짐을 기꺼이 드십니다. 아무리 말려도 고집부리십니다. 그런 어머니가 가슴 아픕니다. 어머니, 오늘 하루 어떤 마음이셨나요? 여전히 힘겨운가요? 그렇다면 그 짐 제게 주세요. 제가 들게요. 이제부터 저 때문에 웃을 일 많기 바랍니다. 저에게 괜한 헛공을 들이셨다는 생각이 들지 않도록 할 겁니다.

애교라고는 조금도 없는 무뚝뚝한 저를 영 재미없어 하시는 어머니, 그건 어머니 닮아서 그래요. 그러니 그냥 넘어가 주세요. 어머니는 제가 이 세상에서 가장 아끼는 벗입니다. 한미모 하시는 어머니, 계속 예뻐지세요, 마음도, 얼굴도.

그렇지만 아프지는 마세요. 지금처럼 식사 잘 하시고 건강하세요. 제발 서두르지 마세요. 4년 전, 막상 아버지께서 떠나시고 나니 이렇게도 그리울 줄 몰랐어요. 우울해 하지도 마세요. '그럴 수도 있다.' 하고 생각하세요. 울고 싶을 때는 크게 우세요. 힘들지 않다고 애쓰며 말하지 마세요.
그리고 걱정하지 마세요. 저희를 그토록 보살펴 주신 것, 넘칠 만큼 충분
했습니다.

이제 짐을 벗고 편안해지세요. 어머니는 충분히 그럴 자격 있으세요.
제발 제 말 좀 들어 주세요, 어머니!

마음의 빛

방 혜 자

티끌만큼　꿈에서였습니다. 맑은 하늘가에 아기 부처님께서 미소를 띠고 허공에 떠 계셨습니다. 저는 어떻게 그곳에 닿을 수 있을까 골똘히 생각해 보았습니다. 1밀리미터씩 티끌만큼씩 아주 천천히 오르면 될 것 같아 몸을 들어 올려보았습니다. 아주 조금씩 조금씩……. 그러자 어느덧 아기 부처님 계신 곳에 닿았습니다.

　또 꿈에서였습니다. 저는 산꼭대기를 오르고 있었습니다. 문득 절벽 아래를 내려다보니 커다란 바위 속에 부처님께서 앉아 계셨습니다. 많은 사람이 그 앞에서 절을 하고 있었습니다. 가까이 가서 뵙고 절을 올리고 싶었습니다. 저는 어떻게 이 깎아지른 절벽 아래로 뛰어내릴 수 있을까 골똘

불명은 연화장. 1937년생. 프랑스 길상사 신도. 서울대 미대 졸업 후 프랑스 유학. 한국, 프랑스, 스위스, 독일, 스웨덴, 미국, 캐나다, 일본 등지에서 전시. 저서로 『마음의 소리』, 『천산월: 한국고승시선』(시화집. 프랑스 어 출판)등이 있음.

히 생각해 보았습니다. 1밀리미터씩 티끌만큼씩 아주 천천히 내려가면 될 것 같아 몸을 낮추며 내려보았습니다. 아주 조금씩 조금씩……. 그러자 어느덧 절벽 아래 계신 부처님께 닿았습니다.

제가 석가모니불께로 다가가는 길은 이렇게 조금씩 천천히 가는 길이었습니다. 아직도 저는 불자라고 할 수도 없을 정도의 길 위에 서 있습니다. 그래도 티끌만큼씩이라도 걸어가면 깨달음의 세계에 이르게 되리라고 믿습니다. 이승에서 피안으로 가는 길이 몇 겁이 걸린다 하여도 천천히 티끌만큼씩이라도 수행의 길을 걸어가고 싶습니다.

후불벽화　　1992년, 파리 길상사의 개원식 때였습니다. 불자 모두 법정 스님께 계를 받는다고 했습니다. 저는 오계를 잘 지키고 신심이 깊은 사람만이 계를 받는 것인 줄 알았습니다. 그래서 스스로 계를 받을 자격이 없다고 생각했었습니다. 나중에 알고 보니 저만 빼놓고 모두 계를 받았습니다. 스님께서는 귀국하신 후 편지를 보내 주셨습니다. 이다음에 불명이 필요하면 '연화장'으로 하라는 말씀이셨습니다. 스님께서는 저를 위하여 수계증까지 써 놓으셨던 것을 미처 모르고 수계식에 참석하지 못하였습니다.

파리 길상사는 전통 후불탱화가 없는 절입니다. 스님께서 파리는 예술의 중심지이니까 후불탱화를 현대화로 그려 보라고 하셔서 추상화로 그리게 되었습니다. 지상에서 모든 생명체가 빛으로 오르게 하고 중앙의 원공 안에 불상을 모셨습니다. 빛의 숨결이 천상천하에 가득 찬 세계를 현대화로 그렸습니다.

이 그림의 인연으로 고국의 여러 곳에 후불 벽화를 그리게 되었습니다. 원불교 중앙중도훈련원에서 부탁하신 세 폭 그림 「진공묘유」를 그려 보내 드렸습니다. 그 후 익산을 지나다가 우연히 그곳에 들러 보았습니다. 입구 큰 홀에 세 폭 그림을 조성해 놓으셨습니다. 서울 보각사에도 주지 스님의 부탁으로 후불 벽화를 그렸습니다. 최근 몇 년 동안에 개화산 개화사 송강 스님께서도 법당 그림을 추상화로 부탁하셔서 전부 일곱 점을 조성해 드리게 되었습니다.

그 이전에도 이미 용인에 있는 금강경독송회의 김정섭 선생님과 이광옥 선생님께서는 저의 추상화를 법당 입구에 걸어 놓으셨습니다. 새로운 예술에 대한 혜안을 가지고 과감히 현대 예술을 법당에 조성해 주신 스님들께 깊은 감사를 드립니다. 현대 예술이 법당이나 선원에 새로이 들어서게 된 것은 크나큰 축복입니다. 「자비 광명, 마음의 빛」을 그리면서, 빛의 입자 하나하나가 보는 분들께 깊은 사랑과 평화를 드릴 수 있으면 기쁘겠습니다.

삶과 죽음　제가 이 세상에 와서 훌륭하신 스님들의 삶을 뵈올 수 있었던 것은 참으로 기쁜 일입니다. 탄허 스님께 『화엄경』 강의를 들을 수 있었고, 석주 스님께 붓글씨를 배울 수 있었던 것과 두 분 스님의 서예 작품을 몇 폭이나 모시고 사는 것은 너무나도 감사한 일입니다.

제가 불교를 처음으로 만나게 된 것은 대학 시절이었습니다. 몸이 아파서 수덕사에 가서 휴양을 하고 있을 때 노스님 한 분을 뵈옵게 되었습니다. 스님께서는 항상 누더기 옷을 꿰매고 계신 기억이 납니다. 매일 고승들의 이야기를 통해 불법을 알려 주셨습니다.

하루는 스님께 찾아 갔을 때 방에 계시지 않아 그냥 혼자서 산에 다녀오니, 모든 스님께서 바쁘게 움직이고 계셨습니다. 저는 원주 스님께 노스님 계신 곳을 여쭈어 보았습니다. 노스님께서는 그날 아침 개울가에 가서 목욕하신 후 바위 위에 좌정하고 참선 중 앉으신 채로 열반하셨다 합니다. 절에서는 관을 네모로 짜 다비식을 해 드렸습니다.

가장 아름다운 마무리를 하신 노스님의 삶은 제 마음에 깊이 새겨져, 항상 잊지 않고 삶과 죽음에 대하여 생각하게 됩니다. 노스님에 대한 찬탄과 경외심으로 숙연해지며, 삶과 죽음이 하나임을 알겠습니다. 어둠 속에도 영혼의 빛이 있고, 밝은 빛 속에도 어둠의 씨앗이 있으며, 어둠과 빛이 모든 생명 속에 하나임을 믿습니다.

어머니 가르침이
부처님 가르침과 똑같아요

선우용녀

평소에 나를 되돌아보게 하는 가르침은 "모가 나면 안 된다. 느끼기만 하고 표현할 때 조심해라."는 것이어요. 지나고 나면 후회스러워서 '그러지 말았어야지.' 하면서도 나도 모르게 튀어나오는 그런 말이나 행동을 보면 부족하다는 생각이 들어요.

어머니는 말도 못할 보살이셨어요. 여태까지 지나고 보니 어머니의 가르침이 그대로 부처님의 가르침이어요. "너무 좋다고 유난 떨지 마라.", "너무 안 좋다 하지 마라.", "좋은 얘기는 이 귀로 듣고 다른 쪽 귀로 흘리고, 나쁜 얘기는 이 귀로 듣고 삼켜라." …… 우리 어머니들은 배우지 않으

선우용녀 일우성(日宇星). 1945년생. 도선사 신도. 중앙대 연극영화과 졸업. TBC TV 공채 1기 탤런트로 연기활동을 하고 있음.

섰어도 지혜가 많으셨어요. 머리가 아니라 마음으로 정말 행하면서 사셨기에 어머니의 가르침이 부처님 가르침과 똑같아요. 하나도 다른 게 없어요.

어머니는 제가 어릴 때부터 "형제는 배만 빌렸지, 복이 다 각각이다. 잘사는 형제 넘볼 필요 없다. 제 복대로 살아라. 잘사는 형제는 돈을 주지, 꿔 주지는 마라. 도와주려면 부모가 도와주어야 하니 형제끼리 부담주지 마라." 하셨어요. 또 시집·장가가고 나서는 "집에 행사나 생일 때 꼭 오지 않아도 좋다. 너희 무소식이 희소식이다. 노는 날 편하게 오는 날이 내 생일이고 우리 집에 좋은 날이다." 하셔서 등한시한 적도 있었지만, 어머니 말씀이 다 옳았어요. 또 "나는 어머니가 내게 베푼 은혜를 도로 갚았을 뿐이니, 너희에게 손을 벌리지 않겠다." 하셨어요. 열심히 살아 빌딩을 갖고 계시지만 여섯 형제에게 나누어 주지 않으셨어요. 자식이라도 제각기 자기 몫의 복이 있기에 자기 복대로 살아야 한다는 신념이셨어요. 만약 재산을 나누어 받았다면 자식은 잠시 편히 살겠지만 이내 게을러져서 잘살지 못했을 것이기에, 오히려 어머니는 편안히 사시지 못했을 거여요. 그것을 내다보신 것이지요.

6남매 모두 대학까지 보내고 취직시켜, 저마다 짝을 만나 결혼할 때는 방 한 칸씩 얻어 주시고는 그걸로 끝이어요. 우리 형제가 온갖 우여곡절을 겪어도 어머니는 인내심을 갖고 지켜보셨는데, 지켜보시는 그런 가르침이 참 좋았어요. 손자손녀 어렸을 때는 알아서 키우라고 절대로 안아 주신 적이 없어요. 이름 부른 적도 없고 옆에 앉힌 적도 없어요. 그러다가 애들이

자라서 대학에 갈 때가 되니 어머니는 "이번 등록금은 내가 해 줄게." 하시며 척척 해 주셔서, 요즘은 어머니에게 무슨 일 생기면 손자손녀가 모두 먼저 달려가요.

오늘날의 우리는 그러지 못하지만, 옛날 어른은 몸소 행하셨어요. 마음으로 기도하고 그걸 진짜 몸으로 보여 주셨어요. 그래서 자식이 다 잘된 것 같아요. 어머니가 행하신 것 그대로가 부처님 사상이어요. 아버지의 속옷을 입으셔서 "어머니는 새것 안 사 입어?" 하면, "새거는 무슨 새거……." 하셨어요. 불교 공부에 1등은 많지만, 그 공부를 그대로 행하지는 않잖아요. 우리 어머니는 어떤 장수가 와도 하나라도 사 줘요. 하루는 아버지 어머니가 서로 티격태격하시기에 "무언대요?" 하니, 아버지는 어머니에게 "집세 5만 원 올려라." 하시고, 어머니는 아버지께 미루고 하시는 거여요. 그러다 어머니가 "그럼 올리지 마세요, 그 사람들 힘드니까. 우리 먹을 만큼만 받으면 되지." 하고 지나가셨어요. 친정 동네에서는 우리 어머니라 하면 다 알아요. 2대째 세를 사는 사람도 있을 정도니까요.

너무 공부공부 하는데, 삶의 지혜가 어디서 뚝 떨어지는 게 아니잖아요. 행하냐 행하지 않냐 그게 중요해요. 돈으로 행하는 게 아니잖아요. 눈으로 보거나 귀로 듣는 공부가 대단한 거여요. 자식들 키우면서 보니까 어머니 말씀이 참 맞다는 걸 느껴요. 어머니는 한 달에 한두 번 절에 가시지만 부처님 말씀대로 늘 행하는 삶을 사셨어요. 그래서인지 높고 낮음 없이 균일한 마음을 지니셔서, 보는 사람이 편안하고 온화한 기운을 느껴요.

3년 전 집을 개보수하면서 잠깐 동안 25평짜리 작은 집으로 이사를 했어요. 짐을 다 버리니 얼마나 홀가분하고 편한지 몰라요. '아 이런 거구나!' 모든 건 가르쳐서 되는 게 아니고 깨달아야 된다는 것을 알았어요. '본인이 깨달아야 함을…….'

그런데 그렇게 깨달은 것을 행하지 않으면 무섭게 벌이 와요. 어머니께 가서 용돈을 드리려 했으면서도 드릴까 말까 망설일 때가 많아요. 그러다 조금만 드렸을 때는, 영락없이 영화 계약할 때 깎이고 말아요. 어쩜 꼭 그런지 몰라요. 부모에 대한 보시, 형제에 대한 보시는 주는 기쁨이지 받는 사람은 미안하잖아요. 우리가 줄 때 미안한 마음이 들지 않게 기분 좋게 해드린 날 모든 게 잘 풀려요. 줄 때 기분 좋게 주어 기분 좋게 받게 하는 것, 그 좋은 저금을 왜 받아먹지 않겠어요? 세상 살면서 나쁜 저금도 다 찾아먹어요. 좋은 일을 하든 나쁜 일을 하든 모두 세상에 저금하는 거라 생각해요.

시집을 가 보니 시어머니께서 교회 집사셔서 잘 다니시라고 용돈도 드리고 했어요. 우리 어머니도 제사 지내니까 "저도 제사 지내겠습니다." 하니, 시어머니께서 제사 지내라 하셔서 그렇게 했어요. 딸아이가 뱃속에 들었을 때는 새벽 4시에 도선사에 기도하러 갔어요. 남편 사업 잘되게 해 달라고. 그때는 마음을 닦을 생각은 안 하고 그냥 막 잘되게 해 달라고 기복 신앙으로 그랬어요. 딸이 예닐곱 살 되었을 때 영화 서너 편, TV 두 편 찍느라 너무 바빴어요. 하루는 일찍 집에 갔더니 딸이 "엄마, 저 집은 왜 엄마가 집에 있어?" 하는데, 그 소리에 정신이 번쩍 났어요.

네 식구 같이 살려고 미국에 가서 식당을 했어요. 집 네 채를 까먹으면서 많은 걸 깨달았어요. 8남매 맏며느리로 나만 일하고…… 분하잖아요. 부처님 말씀 아니면 이혼 몇 번 했을 겁니다. '8형제와 어머니, 참 받을 복이 있구나. 나는 일할 복을 받았고.'

부처님은 자기 그릇을 주시는 것 같아요. 나에게 주어지지 않은 남의 그릇 넘볼 필요 없어요. 넘치면 안 되잖아요. 넘칠 때는 남의 것이라 생각하고 집착하지 말아야 해요. 그러면 세상사는 게 너무 편해서 없으면 없는 대로 편하고, 있으면 조금 더 편안하고요.

따뜻한 차 한잔 좋아요

성 의 순

불교와의 인연　1970년 어느 날 백합꽃이 만발할 때 다섯째 막내 숙모님이 말씀하셨습니다.

"꽃 공양이 제일이야."

나는 미아동 숭인 시장에서 숙모님과 함께 흰 백합꽃 한 다발씩 사 가지고 도선사에 갔습니다.

"의순아, 염불도 각각, 쇠뿔도 각각이란다. 네 차비는 네가 내고 내 차비는 내가 낼 터이니, 차비 내줄 생각은 하지 말아라."

막내 숙모님이 그렇게 말씀하셔서, 내가 물었습니다.

"왜 그래요?"

불명은 관음행. 1938년생. 도선사 신도. 숙명여대 상학과, 숙명여대 대학원 경제학과 졸업. 유치원 및 초등·중등·고등학교 전통 다례 및 예절 강사, 서울 북촌문화센터 전통 세시풍속 강사로 있음.

"네 정성, 내 정성."

"의순아, 너 처음 절에 왔으니 정지간에 가서 설거지해야 한다."

나는 끝도 없이 설거지를 하였습니다. 가사불사 편수 스님 따라서 접고, 다림질하고, 바느질하고, 청소도 하였습니다. 울긋불긋 단청이 무섭게 느껴지기도 하고, 향내로 목이 좀 아프고, 머리가 띵한 것 같기도 했습니다. 절 문을 나설 때 막내 숙모님이 말씀하셨습니다.

"의순아, 내려갈 때는 걸어서 가자."

우리는 걸어서 걸어서 내려왔습니다.

그 후 조계사가 큰집이라는 이야기를 듣고 조계사를 묻고 물어서 찾아왔습니다. 아침, 점심, 저녁 틈만 있으면 풀 방구리 드나들듯이 다녔습니다. 조계사 대웅전에서 저녁에 죽비에 맞춰 500배씩 6일 3,000배를 하였습니다.

성철 스님을 친견하려고 조계사 도반들이 해인사 백련암을 찾아가는데 백련암 안 가도 해인사에서 친견할 수 있다고 모두 기뻐하였습니다. 성철 스님께서 해인사에 내려와 계시다는 거예요. 『팔만대장경』 장경판전 뜰에서 땅바닥에 엎드려 성철 스님께 3배 드리고, 주저앉아서 즉석 법문을 들었습니다. 검정 고무신에 맨발이셨는데, 어린아이들을 좋아하여 "이리 오너라." 하시면서 우리 도반의 어린아이들을 무릎에 앉히셨습니다. 지금도 눈 크시고 웃으시는 모습이 생생합니다.

2005년 불교여성개발원에서 여성 리더십 교육 1기생으로 공부하게 되면서 조금 눈뜨게 되었습니다.

예절 공부 시작　　1999년 2월 초, 경복궁 민속박물관에서 한국전례연구원 김득중 원장님의 '설날 차례상 차리기' 공개 강의가 있었습니다. 강의 참석 후 '왜 설날이라 하나?', '예절이란 무엇일까?' 하는 의문이 생겨서 공부하기 시작했습니다.

한국전례연구원 제13기, 성균관 여성 유도회 예학원 제13기, 명덕학당 제15기, 한국전례원 연구 과정, 한국예절교육협회 예절사, 전통문화지도사, 전통예절지도사, 실천예절지도사, 범국민예의생활실천운동본부 등에서 예절에 대한 관심이 커 갔습니다.

2002년부터 현재까지 유치원, 초등·중등·고등학교, 서울특별시 북촌문화센터 전통다례·예절·세시풍속 강사로 활동하고 있습니다. "여러분, 전통 예절이 무엇이라고 생각하십니까?" 하고 먼저 물으면 선뜻 대답하질 못합니다.

전통 예절이란 우리 조상님이 지켜 오시던 생활 방식으로서, 현대를 사는 우리에게도 그것이 좋고 필요해서 실천할 뿐만 아니라 우리 자손에게 물려줄 가치가 있는 것입니다. 예절은 저절로 배워지는 것이 아니고 끊임없는 노력을 기울여야 합니다. 예를 들면 설날에 흰 가래떡으로 떡국을 끓여 조상님 차례를 모시는 것이라든지, 정월이면 어른들께 세배로 큰절을 올리는 것이라든지, 설빔으로 한복을 곱게 차려입는다든지 다 우리의 아름다운 전통 예절입니다.

금전이 얼마나 있고 없고 간에 부모님이 계시면 부자라고 합니다. 왜

냐하면 나를 위해 걱정해 주실 분이 계시기 때문이지요. 그런데 제가 지도하는 어린아이들은 생활 예절로 더욱 더 사랑스럽고 아름다운 심성을 — 시온원에서 생활하는 어린이들은 부모 없는 아이들이므로 — 길러 주고, 인사 예절로 반듯하게 지도합니다. 건강이 허락하는 한 부모 없는 어린아이들의 볼을 부비며 자원 봉사자로 성의순은 생활해 나갈 것입니다.

따뜻한 차 한잔 좋아요 내 나이 일흔이 넘었는데 어느 날 갑자기 가 버리면 아무 소용이 없잖아요……. 그래서 요즘은 재미있고 즐겁게 신나고 행복하게 생활하면서, '내가 알고 있는 모든 것을 아낌없이 주련다.' 하는 생각으로 살아가고 있습니다.

조계사 대설법전에서 오후 7시 반 『승만경』 공부할 때, 감국 노란 국화차 한 잔씩 콩가루 다식과 함께 할 때 좋아요, 좋아요, 좋아요.

금장사 '보리 방과 후 교실' 어린이들과 함께 공손한 자세로 공수. 오늘은 즐거운 설날입니다. 큰절 올리겠습니다. 남자 큰절, 여자 큰절. 한 살 더 먹는 떡국. 세뱃돈 받는 예절 공부도 하고요. 노란 콩가루, 파란 콩가루에 꿀을 넣어 반죽해서 다식판에 넣고 길상 문양, 나비 문양, 물고기 문양 등 여러 문양으로 다식 만들고, 따뜻한 녹차 한 잔. 좋아요, 좋아요, 좋아요. 부모님께 갖다 드리라고 다식을 싸 주었지요.

올해 2월 18일 한국불교역사문화기념관 2층 국제회의장에서 (사)지혜로운여성 정기 총회, 나무여성인권상담소의 개소식 때 로비에서 다식 만들어서 따뜻한 녹차 한잔. 좋아요, 좋아요, 좋아요.

꿈에서 찾은 불연

손 경 수

　　15년 전 꿈이었다. 절은 아니었는데 부처님이 계셨고 남녀 두 분이 보였다. 부처님께 절을 하고 그곳을 둘러보며 두 분과 얘기를 나눈 후 헤어지면서 내가 "안녕히 계세요."라고 인사를 했더니, 남자 분께서 내게 "당신은 그렇게 절을 하면 안 되고 두 손 모아 합장하고 고개 숙여 깊이 절을 해야 한다." 하셨다.

　　깨어나 간밤에 꿈이 기이해서 불심이 깊은 친척 언니에게 꿈 얘기를 하고 그런 곳이 있느냐고 물었더니, 그곳이 여주에 있는 목아박물관 아닌가 싶다고 했다. 궁금해 직접 목아박물관에 가 보니, 꿈에 본 남녀 두 분은 관장님 부부였고 정경은 꿈속에서 본 것과 똑같았다.

1953년생. 법련사 신도. 고려대 의과대학 졸업. 손안과의원 원장 지냄. 지금은 건양대 의대 김안과병원 교수, 마하의료회 회장으로 있음.

지금까지 불교 집안에서 태어나 자랐고 불교 집안으로 시집왔지만, 제 발로 사찰을 찾아가 참배하지는 않았다. 부모 따라 초파일에 등 켜는 것 말고는 이렇다 할 신행 활동이 없어 불자라고 할 수 없었다. 그러나 그 꿈은 현실이었고 기연으로 생각되었다. 그 후 주부와 의사로서 생활은 너무 바빴지만, 틈나는 대로 불교 서적을 읽기 시작했다.

공부해 보니 수행하여 마음을 청정하게 하고 자비를 행함이 불교의 요체라 생각되었다. 삼라만상의 존재함이 서로 상의상존의 연기적 관계에 있음을 알았다. 인간의 평화와 행복은 연기적 관계를 원활하게 하는 데 있고 그 실천적 행이 베풂과 나눔의 보살행임을 알았다. 수행의 일환으로 우선 가정에서 할 수 있는 방법이 무언가 생각해 보니 108배였다. 매일 108배를 하는 날들이 쌓여 가면서, 오로지 가족만 위해 사는 자신의 옹졸함이 보였고 의사이면서도 남을 돕지 못하고 있는 자신의 부끄러움이 가슴을 채웠다.

개인 안과를 운영하고 있으면서 항상 가슴속에는 의사로서 자신의 인생을 어떻게 회향할 것인가에 대한 고민이 깊어 갔다. 그럭저럭 세월이 지나면서 집안에 여러 길흉사를 겪었고, 급기야 개업의 생활을 중단하고 2000년 김안과병원에 들어가게 되었다. 이때부터 불교 의료 봉사 단체에 들어가 사찰에서 하는 외국인 노동자 봉사에 참여하였다. 김안과병원에 들어와 늦은 나이에 새로운 의료 지식과 수술 방법을 익혀 백내장 수술을 새롭게 시술할 수 있게 되었다.

병원 생활이 너무 바쁘고 봉사 등 여러 일로 대중 법회는 참석하지 못하지만, 108배를 하고 명상을 통해 마음의 관찰은 계속하고 있었다. 망상이 일어나면 그때그때 마음을 집중하려 꾸준히 정진하였다. 이러한 노력으로 집중력이 강화되고, 환자를 치료하거나 수술할 때도 상황과 감정에 치우치지 않는 안정감을 얻어 많은 도움이 되었다.

2005년에는 활안 스님이 계시는 몽골 고려사로 현고 스님(당시 총무부장 스님)을 따라 처음으로 해외 의료 봉사를 다녀왔다. 이후로 스리랑카, 캄보디아, 필리핀 등으로 해외 의료 봉사를 다닌다. 이듬해 뜻 맞는 가족 같은 의료인들과 마하의료회를 구성하여 해외 의료 봉사와 국내 의료 봉사(외국인 노동자, 사찰)를 계속한다.

2007년에는 캄보디아 씨엠립에 위치한 아름다운 세상(Beautiful World of Cambodia, BWC) 아동센터로 의료 봉사를 갔다. 성관 스님께서 만들어 놓은 아동센터는 너무 훌륭하고 아름답다. BWC 아동센터를 보면 내가 불자임이 자랑스럽다. 캄보디아 씨엠립에는 안과 병원이 없고 백내장을 수술할 의사는 한 명도 없다. 2008년 2월에는 병원장의 도움으로 BWC 아동센터에 김안과병원 해외 진료소를 설치하고 1년에 3차례 방문하여 백내장 수술과 여러 안과 수술을 한다. 두 눈 모두 백내장으로 실명 상태이던 사람이 한 눈을 수술한 후 다시 세상을 보게 되자 어쩔 줄 몰라 하는 모습을 보면 베풂과 나눔의 행복이 그보다 내게 있음을 느낀다.

해외 봉사를 시작하면서 항상 어려움이 따랐으나 자연스럽게 모든 일이 해결되어 무사히 끝나곤 했다. 이 모든 것이 부처님의 가피라 여기고,

108배와 보시 공덕을 잊지 않는다. 자기 수행과 자비 보살행의 공덕은 헛되지 않고 항상 있음을 온몸으로 느낀다. 공덕의 성취는 심은 만큼 나오고 베푸는 만큼 나온다고 믿으며, 공덕의 성취는 기적이 아니라 일상 속에 있음을 안다.

앞으로 자식들이 자립하면 직업으로서의 의사는 그만하고 인술을 베푸는 의사가 되고 싶다. 국내외 발길 닿는 대로 가다 병고에 시달리는 사람을 보면 돕고 싶다. 마음을 찾기 위한 치열한 정진도 하고 싶다. 이생에서 정신적으로 자유로운 많은 것을 나한테보다 남에게 줄 수 있는 내가 되고 싶다. 내가 더 일찍 이 법을 알았더라면 더 큰 원력을 세워서 더 많은 도움을 줄 수 있는 내가 되어 있지 않았을까 생각한다. 이제 젊은이들이 젊었을 때 부처님 법을 알아 올바른 생각과 행동으로 자신과 가족 그리고 세상을 이끌어 가는 참된 부처님 제자가 되어지도록, 이 법을 널리 알릴 수 있는 자신이 되기를 서원한다.

나의 수행 생활

이 매 옥

어린 시절 나는 어머니께서 자식들을 위하여 정성을 드리는 모습을 보고 자랐는데, 결혼할 때가 되니 나도 자식을 위해서 그렇게 자식을 키워야겠다는 생각이 들었습니다. 그러던 어느 날 어머니를 따라 절에 가게 되었습니다. 너무 평화롭고 감성이 살아나 내가 무아(無我)의 시인과 소설가가 된 것 같았습니다. 절에 다녀야겠다고 마음먹었으나 그때 당시에 절은 너무 먼 산 속에 있어 쉽게 갈 수가 없었습니다.

그러나 운명은 나를 절로 이끌어 주었습니다. 결혼할 배우자가 열심히 절에 다니시는 분이었습니다. 결혼을 하자마자 부처님께 인사를 올려야 한다며 삼배를 가르쳐 주고 불교에 대해 아는 것이 많아 존경심을 갖게 되었

불명은 연포도. 1955년생. 만년사, 도선사 신도. 하룡건설 기획실장으로 있으면서 선방을 운영하고 있음.

는데, 불교에 대해 내가 물으면 본인이 스스로 알아서 하는 거라며 제 자존심을 상하게 했습니다.

그런 남편이 서운하여 불교에 대해 내 스스로 배우자는 생각이 들었습니다. 어느 보살님께 여쭤보니 초하룻날과 보름날은 빠뜨리지 말고 절에 와서 열심히 배우라고 하여, 뱃속에 아이가 든 것도 알지 못하고 열심히 다녔습니다. 나중에 알고는 뱃속 아이에게 미안하고 아이가 태어나면 이 험난한 세상을 헤쳐 나갈 일이 너무 걱정돼서, 기도로 태교를 대신했습니다.

절에 다니다 보니 기복 신앙은 되지 않고 떳떳하게 부처님 말씀을 전하는 사람이 되고 싶어 경전 공부를 시작하게 되었고, 매일같이 백팔 배와 참회도 하고 정근과 주력, 『반야심경』 사경도 하였습니다. 주변 사람들을 설득해 매년 백일기도도 했는데, 어느 날 찾아온 시련 때문에 부처님을 원망하게 되었습니다.

세상에 부처가 있다면 만나고 싶어 전국을 돌아다니며 내 몸을 혹독하게 고생시켰지만, 돌아오는 것은 만신창이가 된 나 자신뿐이었습니다. 그래도 생각을 버리지 않고 나의 선지식을 찾으려고 노력한 결과, 오만한 생각밖에 들지 않던 마음을 다시 한 번 가다듬어 수행자라면 무조건 하심하게 되었습니다.

그리하여 저에게 선지식이 나타났습니다. 그분은 일명 '야전수좌(野田首座)' 정오 스님이셨습니다. 스님은 "부처님께서는 생로병사를 해결할 수 있다."라는 말씀을 해 주셨습니다. 가르쳐 주신 자세를 열심히 행하니 몸은 건강을 찾아 가고, 편안하고 긍정적인 생각으로 나를 수행하는 사람으로 이끌어 주셨습니다.

여러 도반들에게 그 스승님으로부터 배운 결가부좌를 가르쳐 주니, 아픈 사람은 나아지고, 빙의가 있던 사람은 빠져나가고, 가정에 불화가 잦은 사람은 평안해져, 화목한 가정이 되니 자녀들이 따라 와 같이 하니 공부하는 데 긴장이 풀려 몸과 마음이 가벼워진다고 합니다.

그래서 지금은 세 군데 선방을 내 놓아 부처님의 앉은 자세를 가르쳐 주고 무료 급식도 하면서, 부처님의 지혜와 법륜을 굴리며 보현행원(普賢行願)까지 하는 모습을 보여 주고 있습니다.

어느 따뜻한 봄날, 부처님께 다가서다

이 순 이

이제, 얼마지 않아 봄 내음이 물씬 나는 3월이다. '3월' 하면, 모든 이에게 겨울의 시린 웅크림을 벗어던지고 부푼 가슴으로 새로운 무언가를 기다리게 하는 설렘을 가져다주는 달이 아닌가! 3월의 문턱을 들어서며 나는, 내가 아는 모든 이와 알지 못하는 이들 모두까지 따스한 봄과 같은 부처님의 기운을 함께 느끼고 싶다.

10여 년 전쯤인가, 계절이 따뜻한 봄을 알리기 시작할 즈음, 아마 지금의 이맘때쯤이었을 것이다. 당시의 나는 두터운 신심 없이 그냥 내 마음 편하고자 절에 다니던 때였다. 그날도 스님께 인사라도 여쭙고자 간 길이었다. 스님께서는 나를 반갑게 맞으시고는, 이런저런 얘기 중에 내게 슬며

불명은 대각심. 1949년생. 진관사 신도. 명지전문대 새마을금고학과 졸업, 중앙대 대학원 최고여성개발과정 수료. 걸스카우트 동대문지구위원장 지냄. 지금은 걸스카우트 아태위원, 새마을학회 부회장, 불교여성개발원 자문위원으로 있음.

시 말씀을 건네셨다.

"보살님, 「광명진언」 더도 덜도 말고 딱 100일만 읽으십시오."

"제가 100일을 어떻게 읽어요? 스님도, 참……."

나는 너무나 내 대답이 당연한 듯 당돌하게 스님 말을 되받았다.

"보살님께 쉽지는 않겠지만, 그래도 제 말 믿고 100일만 읽으셔요."

나는 더 이상 스님의 말씀에 토를 달 수가 없었다. 그 길로 집에 돌아와 스님 말씀대로 나의 첫 100일의 염송이 시작되었다. 100일의 염송을 마치고난 뒤, 나는 스님을 다시 찾아뵈었다. 찾아뵙고는, 스님이 주신 과제를 다 했음을 은근히 자랑스러운 마음으로 고했다. 그런데 이게 웬일인가! 스님은 살포시 웃으시며,

"보살님, 이제 1년만 더 하십시오."

"네에? 스님께서 100일만 하라 하지 않으셨습니까? 이제 와서 1년이라 하시면 어찌합니까?"

"보살님, 제가 처음에 1년이라 말씀드렸다면 보살님께서 시작인들 하셨겠어요?"

스님의 말씀에, 아득한 마음과 함께 '과연, 내가 1년을 할 수 있을까?' 하는 의구심이 들었다. 이유인즉, 나는 처녀 적부터 불교를 믿고 절에 다니기는 하였지만, 특별하게 무언가를 염송하거나 독송을 해 본 적이 없었다. 아마 그때까지는 나의 신심이 그리 두텁지 않았던 듯싶다. 절에는 다니지만 내 양심과 소신대로 살면 모든 것이 다 잘될 거라는 오만함이 있었다.

그런데 이제껏 살아 보니, 인간의 삶에는 예기치 않은 많은 일이 항시 존재하며, 특히 사랑하는 가족 앞에서는 조건 없이 약해지는 것이 인간이 아닌가 하는 생각을 하루하루 절감하게 된다.

그러나 그때는 그런 깨달음보다는, 스님의 말씀이 누구도 아닌 나를 위한 말씀이라는 것을 알았기에 그 말씀을 따르지 않을 수가 없었다. 그렇게 또 「광명진언」을 염송하기 시작하여 1년이 지났고, 그 후 어느 때부터인가 관세음보살을 기도하려 하면 나도 모르게 「광명진언」으로 기도가 저절로 바뀌어 있었다. 습관이란 그런 것이다. 그 기도는 나의 마음을 무척이나 편하게 만들어 주었다. 스님 덕분에 믿고 기댈 든든한 버팀목이 하나 생긴 것이다. 정말로 신기한 일이 아닐 수 없다.

그렇게 시간이 흘러 몇 해가 지나면서 어느 땐가부터, 나는 마음을 가누기 힘든 복잡한 심경에 이르게 되면 부처님을 찾게 되었고, 그 말씀을 써 놓은 무언가를 간절히 읽고 싶어졌다. 그렇지만 무슨 경을 읽어야 좋을지 알 수가 없었다. 40여 년간을 불제자로 살아왔지만, 교리에 있어서만큼은 문외한인 나는 난감하기만 하였다.

그러던 중에 눈에 들어온 것이 책장 한켠에 꽂혀 있던 『지장경』이었다. 『지장경』을 한 번 읽으려면 아무리 빨리 읽는다 하여도 내게는 한 시간하고도 삼십 분이 걸렸다. 평소 어깨가 아파 신문 외의 다른 읽을거리는 항상 누워서 읽던 내가, 『지장경』을 읽을 때만큼은 거짓말같이 어깨의 통증이 전혀 느껴지지 않았다. 오히려 지루함 없이 너무나도 가뿐한 마음으로 읽혀지는 게 아닌가! 참으로 신기한 일이었다.

그러다 어느 날 나는 『지장경』을 읽으며 마음속으로 서원을 하였다. '100일간 하루도 쉼 없이 『지장경』을 읽으면 그 서원이 이루어지리라. 그 서원이 이루어지지 않으면 다시는 『지장경』을 읽지 않으리라.' 하고 스스로에게 다짐하고는 100일간의 독송을 시작하였다. 100일간의 독송을 끝마치었지만 나의 서원은 이루어지지 않았다. 감출 수 없는 허탈감이 들었다.

그런데 얼마 후, 전혀 생각하지도 않던 다른 일이 이루어졌다. 내가 서원한 일은 아니었지만, 이것도 지장보살님의 가피임을 알 수 있었다. 부처님께서 나의 간절한 마음과 기도를 저버리지 않고 계신다 생각하니, 그때부터 손에서 『지장경』을 내려놓을 수가 없었다.

나의 이러한 모습이 전도되었을까, 나를 따라 절에 다니기는 하였지만 그 외의 일에는 무심하던 남편이, 얼마 전부터 『천지팔양경』을 매일같이 독송하는 것이 아닌가! 이른 아침이면 시작되는 남편의 독송을 들으면, 인생의 중반을 훌쩍 지난 지금, 이렇게 불제자로서 함께하는 우리 부부의 모습에 행복하기도 하고, 재미있기도 하고, 절로 즐거운 웃음이 난다.

사랑은 마음만큼이나 말과 행동을 함께함이 중요하다고 한다. 그래야 상대가 느끼고, 함께 서로 사랑하지 않겠는가? 이제부터는 불교를 마음으로뿐만 아니라, 하루에 조금씩이나마 경구를 읽고 마음에 담으며 행동으로 실천하고자 한다. 마치 부처님께 조금 더 가까워지기 위해 그분의 말씀을 매일같이 듣고 대답하는 자세로 말이다. 나만의 소망일는지 모르지만 지금 함께 글을 싣는 108분과 그분들의 가족, 더 나아가 세상의 모든 이가 부처님을 사랑하고 부처님의 말씀이 늘 함께 하시길 기원한다. 2009년 2월의 끝자락에서.

불교 이야기

이 인 수

내가 어릴 때부터 친정어머니는 절에 다니셨다. 당시 나는 절은 어른들만 가는 곳으로 알았으며, 어머니가 절에 가실 때도 특별히 따라나서지 않았다. 그렇다고 동네 친구들이 교회 가면 먹을 것을 준다고 교회에 다니곤 했는데 나는 교회엘 나간 것도 아니었다.

그랬는데 내가 불교와 그야말로 첫 인연을 맺은 것은, 결혼 후 이웃에 살던 아주머니 소개로 삼각산 도선사에 갔을 때였다. 이웃의 소개로 처음 도선사에 들어서니 왠지 웅장하고 엄숙해지는 느낌이 들었다. 마음도 편안해졌다. 그때 주지 스님으로 주석하시던 청담 스님과 혜성 스님을 처음 만나 뵈었다.

불명은 정각심. 1935년생. 도선사 신도. 고등학교 졸업. 국제부인회 운영위원, 민족통일협의회 여성부회장을 지냄. 지금은 서울 용산구여성단체연합회 회장, 용산구건강가정지원센터 운영위원으로 있음.

이후 도선사에 계속 나갔는데, 특히 관음 재일이나 지장 재일은 꼭 챙겨서 다녔다. 그 시절 도선사는 지금같이 길이 넓게 닦이지 않아서 풀을 붙잡고 오를 정도로 가파르고 힘에 부치는 오솔길이었다. 절에 갈 때마다 딸아이 혜성이도 데리고 다녔는데, 법당에서 그 자그마한 손을 야무지게 합장하고 예쁘게 절을 올리니 청담 스님께서 딸아이 머리를 쓰다듬어 주시고 당시 귀했던 사탕도 자주 주시던 기억이 난다. 혜성 스님 역시 당신과 이름이 같다며 귀여워해 주셨다.

큰스님 법문을 들으며, 남을 배려하는 자비와 전생 등 부처님의 가르침을 차차 알게 되면서 봉사하는 마음도 그때부터 생기게 된 것 같다. 법문을 듣는 날이면 법당 앞 댓돌에 사람들이 신고 온 신발이 엉켜, 종종 잘못 신고 가서 누군가 잃어버리게 되는 속상한 일이 생기기도 했다. 스님은 그럴 때, 잘못 신고 간 사람을 원망하지 말라며 인연 따라 이뤄지는 것이니 마음 편히 가지라고 하셨다.

그 시절 염불이나 절 수행, 새벽 기도 등 남들 하듯이 신행생활을 하였고, 가족에게 불상사가 생겼을 때 크게 그르치지 않고 보호를 받는 등 부처님의 가피도 입었다. 혜성 스님은 요즈음도 동작동 국립묘지 안에 있는 호국지장사에서 뵙기도 한다.

용산구에서 오래 살다 보니 주로 용산구에서 사회단체 활동을 하게 되었다. 막상 활동을 하고 보니 소년·소녀 가장, 홀로 사는 노인 등 정부의 도움을 받지 못하고 어렵게 살아가는 사람이 참으로 많다는 것을 알게 되었다. 때로는 개인적으로, 때로는 단체와 연계해서 홀로 사시는 노인분들을 도왔는데, 생신 잔치를 챙겨 드리거나 따뜻하게 겨울을 나시도록 이불을 사 드리기도 했다. 특히 롯데백화점 여직원 모임인 ‘사나사회’와 함께 용산에 있는 ‘사랑의 집’의 의지할 곳 없으신 노인분들을 돕고 있다.

현재 몸담고 있는 용산구여성단체연합회에서도 매년 바자회를 열어 불우 이웃을 돕고 있다. 특히 작년 겨울에는, 개인 사정으로 결혼식을 올리지 못한 관내 저소득층 부부와 결혼 이민자 부부 등 총 6쌍의 합동결혼식을 개최하였다. 다문화 가정뿐 아니라 구민 가정 아이들도 돌보고 있다.

법당에서 절하던 딸아이가 어느덧 장성하여 아들딸 낳고 살고 있으니, 세월이 참 많이 흘렀다. 젊어서부터 사회 활동에 관심이 많아서 여기까지 왔지만, 앞으로도 건강이 유하는 한 봉사활동을 열심히 하려고 한다.

이제까지 주변에 좋은 불교 인연들을 만나며 연합회 일을 이끌어 온 것도, 별 탈 없이 살아온 것도 가피라 여기며 부처님 덕으로 알고 있다. 모든 것이 마음 뿌듯하다. 앞으로도 모든 일에 관심을 갖고 열심히 살려고 마음먹고 있다. ‘공수래공수거(空手來空手去)’라고 하듯이 나누며 살고, ‘그 사람, 괜찮은 사람이었지.’ 이런 말을 들을 수 있도록 매사 긍정적으로 받아들이고 남을 배려하며 부처님 뜻대로 살려고 한다.

도선사 석불님

이 정 순

　지난 초하룻날(양력 2월 25일) 도선사에 다녀왔다. 친정엄마와 동생과 함께였다. 도선사는 초하룻날이면 언제나 붐비는데, 그날은 오후여서 사람이 많지 않고 조용했다. 날씨가 맑았고, 예년에 비해 춥지도 않았다. 큰 법당에 참배하고, 석불님 전에 108배를 하고 내려왔다. 초하룻날 석불님 전에 참배함으로써 한 달이 소중하고 경건하게 시작된다는 생각에 벌써 수십 년째 그렇게 한다.

　도선사에는 대학교 때 추억이 많이 깃들어 있다. 대학에 들어가서 한국대학생불교연합회(대불련)의 회원이 되었는데, 대불련에서는 법회를 열어 교수님이나 스님의 법문도 듣고, 방학 때는 큰 절에 가서 수련 대회도

불명은 영락행. 1949년생. 도선사, 대성사 신도. 이화여대 가정관리학과 졸업. 한국대학생불교연합회 총동문회 이사 지냄. 지금은 한국여성불교연합회 감사, 경기대 사회교육원 강사로 있음.

했다. 때로는 서울 근교 봉은사나 도선사 같은 절에 가서 큰스님 법문도 듣고, 기도도 하고, 거기서 공양도 했다. 그때 나도 대불련을 따라 도선사에 갔다.

당시 도선사에는 청담 스님이 계셨다. 조계종 종정까지 하신 큰스님이셨는데, 대불련 학생이 찾아가면, 반갑게 맞아 주시면서 좋은 법문도 해 주시고, 한 사람 한 사람에게 친히 붓글도 써 주셨다. 나도 그 때 '心淸淨是佛(마음이 깨끗하면 그것이 곧 부처이니라)'이라는 글을 받았다.

나는 기독교 계통의 이화여자대학교에 들어갔다. 하지만 어려서부터 불교와 친숙하여 자연스럽게 대불련에 들었고, 다른 학교 학생과 어울려 법회도 참석하고 수련 대회도 참가하였다. 들어가서 알게 되었지만, 이화여대에서는 나보다 선배들이 일찍부터 대불련에 참가하였다. 그러나 학교 측에서는 우리의 불교 활동을 마땅치 않게 여겼다.

다른 학교 학생과 어울리다 보니, 그들 학교에는 대학별로 불교학생회가 있어 학교 단위의 활동도 많다는 것을 알았다. 대불련은 그런 대학별 불교 학생회가 모여서 이루어진 조직이었다. 나는 우리 학교에도 불교 학생회가 있어야겠다고 생각했다. 그래서 몇몇 선배와 의논도 하고 다른 학생의 의견도 물어보고 해서 이화여대 안에 불교학생회를 창립하였다. 이름은 '이불회(梨佛會)'라고 지었다.

이불회 창립에는 박문숙·백경임 법우의 힘이 컸다. 학교 측에서는 지도 교수이신 국문과 이남덕 교수님이 전적으로 지원해 주셔서 이불회 창립

이 가능했다. 이불회 창립을 위해 동국대학교 리영자 교수님이 물심양면으로 크게 지원해 주셨고, 같은 대학교 곽만연 법우가 일 처리를 많이 도와 주었다. 창립 법회를 하던 날 청담 큰스님이 오셔서 법문을 해 주시고, 불교계의 교수님도 여러 분 오셔서 격려해 주셨다. 대불련 본부에서도 회장과 간부들이 와서 축하해 주었다. 기독교 계통인 이화여대에서는 매우 이례적인 일이었다. 대학교 3학년 때의 일이니, 벌써 40년이 지난 일이었다.

이불회는 지난해 11월에 창립 40주년 행사를 했다. 행사에서는 재학생이 이화여대 법당에서 기도하는 모습을 담은 영상과 함께 춤·노래 공연이 있었다. 후배들이 예쁘고, 자랑스러웠다.

대학을 졸업하고 나는 종립 학교인 명성여자중학교 교사로 임명받았다. 그리고 곧 결혼을 했는데, 이불회 창립을 지원해 주었던 대불련 회장이 내 남편이 되었다. 신혼생활은 시댁에서 시작했지만, 곧 봉은사 옆 조그마한 아파트로 이사를 했다. 둘 다 불교 신자인 우리 부부는 봉은사에 자주 다녔고, 아이를 낳은 후에는 데리고 다녔다. 마치 친정엄마가 절에 가실 때 꼭 나를 데리고 다니셨던 것처럼 말이다. 절에 가서, 우리 아이들이 건강하고 훌륭한 인물이 되게 해 달라고 부처님께 빌고 또 빌었다. 그 당시 봉은사에는 다래헌에 법정 스님이 계셔서 자주 친견할 수 있었다.

우리는 딸 셋에 아들 하나, 모두 4남매를 두었다. 석불님 전에 기도한 덕분인지 4남매가 모두 원하던 학교에 잘 들어갔다. 큰딸은 연세대를 수석으로 들어갔고, 둘째 딸은 미국의 명문 대학 유학에 성공했고, 셋째 딸은

사법 시험에 합격, 아들은 변리사 시험에 합격했다. 그래서 지금 모두 사회적으로 중요한 일을 하고 있다. 지금까지 우리 가족이 모두 건강하고, 규모 있게 살아온 것 모두가 부처님의 크나큰 가피력이 아닌가 싶다.

그동안 나는 부처님의 보살핌을 많이 받아 왔다. 너무 감사한 일이다. 앞으로는 이런 공덕을 회향하여 보다 남을 생각하고, 불행에 처한 이웃을 돕는 일을 많이 해야겠다고 다짐한다.

처하는 곳마다 주인이 되어

임 희 근

저는 중년에 들어서야 부처님께 귀의한 늦깎이 불자입니다. 하지만 어린 시절부터 절과 인연은 많았습니다. 할머니 손을 잡고 초파일 연등이 빼곡히 매달린 회기동 연화사에서 맛나게 먹던 절밥, 아기 때 살았던 안암동 개운사 마당의 나뭇잎들은 저의 유년을 아직도 환히 빛내 주는 등불 같은 추억으로 간직되어 있습니다. 어린 시절의 어떤 인연으로 타 종교에 입문해 오래 몸담았지만, 언젠가는 부처님께 귀의하리라는 예감이 있었습니다. 마치 인등처럼 저를 이끄는 그 빛을 따라 왔습니다. 부처님의 자비광명이었지요.

어느 저녁 퇴근 길, 올라탄 만원 버스에서 불교방송을 틀어 놓은 기사

불명은 소나. 1958년생. 상도선원 신도. 서울대 불문학과 졸업, 프랑스 파리 제3(소르본누벨) 대학교 프랑스문학 박사과정 수료. 한울출판사 이사, 김영사 해외기획실장 지냄. 지금은 출판 기획·번역 네트워크 '사이에' 대표로 있음.

님 덕분에 『반야심경』이 나왔습니다. 그 경의 내용을 전혀 모를 때였는데
도 주르륵 눈물이 흘렀습니다. 그 뒤로 늘 외고 다니던 타 종교의 기도문
이 제 입에서 저절로, 누가 시키지도 가르쳐 주지도 않았는데 '관세음보살'
로 바뀌었습니다.

그 후 좀 더 강한 계기를 맞아 동네 절로 달려가 단숨에 108배로 삼보
에 귀의한 뒤 어언 열 몇 해가 훌쩍 흘러갔고, 그간 많은 변화를 체험했지
만 무엇보다 중요한 것은 원죄를 인정하고 유일신에 의탁하는 신앙을 가졌
을 때보다 훨씬 심신이 편안해졌음을 실감한다는 것입니다. 너 자신을 의
지하고, 네 등불을 밝히고, 네 발부리를 보라는 불법 말씀이 마음에 들어
온 덕분이지요. 아직 많이 모자란 불자이지만, 편한 낯과 편한 마음으로
웃으면서 살아갑니다. 법당에서 부처님께 절할 때, 스님의 법문을 들을
때, 입정하여 호흡을 관할 때, 도반들과 모여 경전을 읽을 때, 찬불가를
합창할 때면 절로 환희심이 납니다. 어느 봄날 친구 따라 뵈러 갔던 스님
의 도량에 인연이 닿아, 햇수로 5년째 서울 백운암 상도선원에 다니고 있
습니다.

항상 수행 정진의 귀감이 되어 주시는 선원장 미산 스님, 그리고 마치
형제같이 친근한 도반들과 함께 법회를 하고 모임을 갖고 정진하면서, 이
제는 어떤 일에 대해 심지어 죽음을 생각해 보아도 옛날 같은 조바심이나
불안감이 많이 줄어들었다는 것을 느낍니다. 가야할 길 아직 까마득히 멀
지만, 항상 무상·고·무아를 통찰하고 지금–여기를 챙김(사띠)하며 놓치

지 않으려고 합니다.

저의 생업인 도서 기획과 번역에 있어서도, 수많은 번역서 중에 겨우 몇 권의 해외 불서를 번역하여 소개하기는 했지만 아직 많이 미흡함을 알고 있습니다. 더욱 매진하여 책을 읽고, 찾고, 기획하고 번역하는 일, 마음 수행과 관련된 책을 엮어 내는 일 자체를 저의 수행으로 삼아 깨어 있는 마음으로 집중할 것입니다.

부처님께서 피나는 수행을 통해 몸소 깨우치시고 알려 주신 우주의 이치와 열반의 진리, 그리로 가는 이정표를 금생에 만난 이 인연 귀하고 또 귀하게 여기면서, 제가 타고난 혹은 닦은 재주가 조금이라도 있다면 남은 생에 부처님 법을 펴는 일에 도움 되게 바칠 생각입니다.

> 걱정하지 말아라. 단지 이 세상의 모든 것의 무상함, 괴로움, 그리고 '나 없음'을 깨우쳐 열반에 이르도록 게으름 없이 수행하고 정진하라.

오늘도 일하면서 마주하는 컴퓨터 화면에서 부처님의 이 음성을 듣고, 인터넷이라는 인드라 그물 속에 자비로이 화현하시는 부처님을 뵈오며, 찰나찰나 선심을 내고 나날이 좋은 날을 만들어 수처(隨處)에 작주(作主)하렵니다. 부처님 감사합니다.

나를 거둬 내는 소리

전 승 희

20대 초, 투병을 위해 고향에 내려 온 지 서너 달쯤 됐을 무렵, 광주에서 조카가 내려왔다. 진즉부터 벼르던 도갑사를 찾아가기로 했다. 어머니가 다니시고 그 절 스님께서 우리 집에 다녀가신 터라, 가벼운 마음으로 하룻밤 자고 오기로 한 것이다.

초여름 신록이 우거진 고즈넉한 산문을 들어서다 우리는 걸음을 멈추고 말았다. 정적 속에 울리는 소리는 내 귀를 의심케 하는 가야금 소리였다. 떨리는 마음으로 다가가니, 우리 집에 오셨던 그 스님께서 가야금을 타고 계시는 게 아닌가! 산사의 가야금 소리…… 그 밤 달빛아래 툇마루에서 12줄이 아닌 22줄로 착각하며 내가 처음 배운 곡은 「진도 아리랑」이

불명은 성오(性悟). 1954년생. 한마음선원 신도. 동국대 대학원 한국음악학과 석사. 구음회 회장, 초등·중학교 국악 강사 지냄. 지금은 맛노픈소리 악장, 중앙오픈 운율예술원 대표로 있음. 중요무형문화재 제85호 구례향제줄풍류 이수자.

었다. 이렇게 해서 불교와 가야금과 나의 인연은 시작되었다.

여고 시절, 일요일이면 화단에 물 주시며 가야금 LP판을 크게 틀어 놓곤 하시던 오빠의 취미 때문에 싫든 좋든 들을 수밖에 없었고, 올케언니와 함께 눈 흘기며 싫어하던 그 소리가 이제 이렇게 감동으로 다가올 줄이야……. 참으로 알 수 없는 일이다. 매화꽃 수가 놓인 녹색 보는 없어졌지만, 30년 전 그 스님이 주신 가야금은 지금도 방 한켠에 그대로 낡은 세월을 이고 세워져 있다.

20대 중반까지의 삶은 투병 생활(용문사에서 요양한 적도 있으니 절과의 인연은 많았나보다)과 가야금과 책 속에서 늘 전전하다 보니, 현실 인식이 결여되고 미숙했다. 가야금을 배우던 초기에 선생님 따라 경연장에 구경 갔다가 공정치 못한 심사 결과를 보고서, 내 인격을 이루는 한 부분으로 예(藝)를 하지 절대로 직업으로는 하지 않겠다고 다짐했었다. 또한 60, 70세가 됐을 때의 모습을 그려 보며, 좋게 나이 들려면 어떻게 해야 하나 하는 고민을 하는가 하면, 늘 마음 한켠에는 '내가 이 세상에 온 것은 그냥은 아닐 거야. 분명히 어떤 소명 의식이 있어서일 거야.' 하는 막연한 생각을 하고 세상일엔 관심이 없었다.

결혼 후 1983년부터 안양 한마음선원에 나가며 마음공부를 시작했다. 처음엔 여느 절과 다른 점에 의아심도 들었고, 자신이 납득해야만 믿는 성품이다 보니 공부는 더디기만 했다. 조금 눈이 밝아지는가 싶으면 다시 답보 상태였고, "닥치는 모든 경계를 주인공에 놓으라." 하는 큰스님 가르침은 늘 여일했으나 경계에 끄달리기 일쑤였고, 편할 땐 자기 합리화에 빠지기도 했다.

마음먹고 108배를 시작했다. 무엇을 바라기 전에 무조건 참회가 먼저일 것 같았고, 비워 내는 방법으로 절이 좋을 것이란 생각이 든 것이다. 언제부턴가는 마음이 울적할 때나 짜증나고 힘들 때면, 자신만의 방법으로 평온을 찾는 습관도 생겼다. 자리에 편히 누워서 눈을 감고, 기억 저편의 영상을 하나하나 떠올려 본다. 유년의 고향 집 뒤안 — 따사로운 햇볕이 나른히 깔리고, 커다란 동백나무에 꽃이 만개하여, 윙윙대며 꽃 위로 날아드는 벌떼가 적막을 깨는 평화로운 모습 — 등 대부분 자연과 고요가 함께한 영상들을 끄집어내다 보면, 내 몸이 저 아래로 가라앉는 느낌을 받으면서 편안해지곤 했다.

이슬에 옷 젖는다고 했던가! 시간이 가면서 조금씩 명료해지는 것은 분명 부처님 가피였으리라. 자신의 의식 세계와 현실에서 벌어지는 일들과의 차이에서 오는 괴리감과 답답함의 실체가 하나씩 벗겨지면서 체득된 것은 '아, 이번 생은 좌천되어 왔구나! 지난 생에 좋은 여건 속에서도 잘 살지를 못했어!' 하는 생각이 들었다. 그랬다. 의식의 차원은 높은데 현실은 받쳐 주질 못하니 답답할 수밖에……. 어떻게 하는 것이 정말 잘 사는 길일까? 100일 기도를 하며 찾은 답은 그동안 참으로 많이 받고 누리며 살아 왔다는 것이다. 내가 해야 될 일은, 조금이라도 갚고 나눠야 하는 일임을 깨달았다. 또 20대에 품었던, '이 세상에 그냥 오진 않았을 거야.' 하던 의문은, '그래 난 이생에 진화하기 위하여 온 것이고, 우리 삶 자체가 어차피 깨달음으로 향해 가는 과정이야.' 하는 것으로 풀려 나갔다.

늦은 나이지만 대학원에서 국악을 전공하여, 많은 나라를 다니며 공연도 하고, 풍류 음악도 즐기면서, 학교 수업에서 보람도 느끼고, 필요에 따라 개인이나 단체 가야금 지도도 한다. 직업으로는 안 하겠다 했는데, 그만 일이 되어 있다. 그러나 늘 경계한다. 진심으로 최선을 다하고 있는지를. 난민 봉사하는 스님을 통하여 헌 옷 모으기 등 몸으로 작은 실천을 해 보았지만, 몇 년으로 끝났다. 지금은 하고 있는 일에서 나누는 마음을 잊지 않으려 한다. 인연 따라 할 것이다.

염원이 있다면 '그물에 걸리지 않는 바람처럼' 나(我)를 거둬 낸 소리를 내고 싶다. 그런 삶을 살고 싶다.

전구넌지넌 모따모따 사빠

정 향 숙

12남매를 낳으셨지만, 위로 오빠 둘, 아래로 여동생 하나 해서 겨우 4
남매만 남기고 8남매를 가슴에 묻어야 하셨던 우리 어머니. 비탄에 잠겨
눈물 마를 날이 없으시던 우리 어머니는, 자식을 키울 수만 있다면 무슨
짓을 못하랴 하는 그 절박한 심정으로 이곳저곳 용하다는 점쟁이, 무당을
찾아 시키는 대로 숱하게 굿도 해보고 수차례 100일 정성도 드려 보았다고
한다. 뿐만 아니라 무작정 교회나 성당에도 찾아가 십자가에 매달려 제발
자식을 키우게 해 달라고 통곡의 기도로 몇 날 몇 밤을 지새우기도 하셨다
고 한다.

그렇게 방황하시던 어머니는 인척분의 조언으로 마지막 지푸라기를 잡

1950년생. 강원도 영감사 신도. 『은평신문』 편집국장을 지냄. 지금은 가수로 활동하면서 열린
신협 주부교실 노래 강사로 있음.

는 심정에 무작정 절로 찾아가시게 되었다. 인과응보, 윤회, ……. 모든 업은 전생의 인(因)으로 하여 그 과보(果報)를 받는 것임을 깨닫게 되신 어머니는, 그로부터 60여 년을 한결같이 부처님에 의지하여 평생을 다 하실 때까지 불심 속에서 살아오셨고, 94세를 일기로 2001년에 작고하셨으니 생존하셨다면 102세가 되신다.

어쩌면 나의 불교 입문은 모태 신앙과도 같이 그렇게 시작되었다고 해야겠다. 나의 유년 시절은 걸음마도 떼지 못할 만큼 병약했던지, 병치레 때문에 거의 누워서만 보내야 했다. 지금도 어렴풋이 기억 저편에서 떠오른다. 또래들과 어울려 놀 수 없었던 나는, 가끔 양지바른 툇마루에 앉아 어미 닭 뒤를 종종 따라다니는 병아리를 보면서 "전구넌지넌[정구업진언] 모따모따[못쟈못쟈] 사빠[사바하]……." 마치 외계어 같은 단어들을 종알거렸다. 거의 누워서 지내던 나는 늘 귓전에 들려오는 어머니의 독송하는 염불소리가 내게는 동요였던 셈이다.

지금 나는 전통 트로트 가수이자 찬불가 가수이다. '트로트 가수'로 불리는 것보다 '찬불가 가수'로 불리는 게 더 듣기 좋다. 1989년 KBS 가요무대 전통트로트가수선발대회에서 금상을 수상하면서 가수로 등단하여, 그동안 전통 가요만 고집스레 불러 왔다. 그러다 우연히 — 어쩜 필연인지도 — 불교방송국에서 작곡가이신 오해균 님을 만나 찬불가요를 접하게 되었고, 지난해 연말에는 대한불교찬불가제정위원회로부터 내가 부른 찬불가요 「보살의 마음」과 「산사에 들어」가 최우수 가사상, 최우수 가창곡으로 선정되어, 수상의 영광을 안았다.

　사실 이 모든 일련의 일은 부처님의 인연법에 의한 필연이며, 내게 주어진 사명이 아닐까? 부처님 말씀을 선율에 실어 널리 대중에게 불심을 심어 주고 불국정토를 이루는 데 일익을 하라는, 부처님의 가피가 아닐까? 앞으로 더욱 정진하여, 찬불가요를 통한 포교를 위해 혼을 담아 노래하고 싶다.

　'찬불가요 가수 정향숙'으로 거듭나게 해 주신 부처님, 고맙습니다. 나무관세음보살…….

부처님의 분에 넘치는 가피를 입고

홍 성 숙

큰스님의 법문과 신심 깊은 불자님으로부터 듣게 되는 "무슨 일이든 간절한 마음으로 원을 세워 기도하면 반드시 이루어진다." 하는 말씀이 참으로 가슴에 와 닿고 사실임을 깨닫게 되어 스스로 놀란다.

수만 리 머나먼 타국에서 부처님을 모셔오는 데 함께하는 큰 복을 두 번씩이나 가졌으니, 아직도 많이 부족한 저에게 부처님은 분에 넘치는 큰 복을 주셨구나 하는 생각만 하면 가슴이 벅차오르곤 한다.

첫 번째 부처님 이운의 행운은 2004년 1월로 기억되는데, 여수 석천사 진옥 큰스님의 주관으로 저 멀리 인도 북부 히말라야 산기슭 다람살라에서 달라이 라마 존자님 친견 법회에 참석한 후 존자님으로부터 받자온 대형

불명은 홍련화. 1942년생. 법룡사(전국비구니회관) 신도. 동국대 불교학과 졸업. 걸스카우트 한국본부 국제분과위원 지냄. 지금은 WFB 한국본부 이사로 있음.

관세음보살님을 모셔온 일이다. 그 과정에서 뉴델리 공항에서 반출허가 공문서 등 아무것도 없이 ― 설사 증빙이 있어도 인도 세관 당국이 불허할 때의 대책이 없었음 ― 너무 무거워 기중기나 지게차로 운반해야 하는 큰 난관에 봉착했다.

그 난감함을 무사히 넘길 수 있도록 해 달라는 간절한 기도의 원력인지는 모르겠으나, 내 마음의 눈에는, 믿기지 않을 정도로 신기하게 결정적인 순간에 관세음보살님 스스로가 "내가 대한민국 여수의 하얀연꽃마을(무의탁 노인 복지회관)로 갈 것이니 길을 열라." 하고 명하시는 듯 보였다. 막아서던 세관원과 항공사 책임자가 마치 무엇에 홀린 사람같이 허겁지겁 지게차를 구해 오고, 큰 나무 상자 안의 관세음보살님은 그 지게차를 타고 빙긋이 미소 지으며 편안하게 비행기에 오르시는 것처럼 보였다.

인천공항에 도착해서도 처음에는 세관원이 무어라 일을 만들어 시끄러울 즈음에 또다시 관세음보살님은 희한하게도 그를 무엇에 씌운 것처럼 해 놓고 스스로 걸어 나오다시피 하여 여수로 가시었던 것이다. 당시 우리를 이끌고 어려운 여정을 함께하셨던 송광사 방장 보성 큰스님은 지금도 그때의 아슬아슬하였던 고비를 떠올리며 저희 부부를 치하하시곤 한다.

그랬는데, 황공스럽게 이번에도 멀리 태국 국왕이 탄신 80주년 기념으로 세계 평화를 기원하기 위하여 세계불교도우의회(World Fellowship of Buddhists, WFB) 회원국 중 19개국의 역사적인 주요 사찰에 안치하도록 한 석가모니 부처님상을 조성하여 봉헌하는 자리에 참석하고 부처님을 이

운해 오는 일에도 함께하였으니, 참으로 부처님께 엎드려 감사할 일이 아니겠는가!

2009년 1월 30일 태국 왕실 사찰인 에메랄드 사원 대법당에서 석가모니 부처님의 모습 — 항마촉지인상 — 으로 조성된 수코타이 양식의 좌불상 봉헌식을 태국 국왕을 대리하여 마하챠크리 시린돈 공주(Crown Princess)의 주재로 열었다.

세계 각국의 불교도 대표들이 참석한 그 행사에 우리는 부처님이 안치될 한국의 천년 고찰이자 유네스코 세계문화유산으로 지정된 불국사의 성타 회주 큰스님과 종상 관장 큰스님을 모시고 함께한, 부처님의 분에 넘치는 가피에 감사드린다. 더욱이 이런 큰 복덕을 구족한 행사에 참여한 공덕으로, 두 분 큰스님께서 저희 부부를 불국사 신도회의 일원(고문)으로 함께하게 해 주신 데 대하여도 엎드려 감사드린다.

108인 명단

◇ 경제

권금자	중소기업은행 인천 구월동지점 지점장
노경자	영진기업사 대표
박풍자	(주)용원레미콘 대표이사
이매옥	(주)하룡건설 기획실장

◇ 교계단체

김묘주	(사)한국여성불교연합회 중앙회장
백명숙	한일불교문화교류협의회 여성부 회장
장영각	대전 백제불교회관 사무국장
조현숙	불교생협연합회준비위 소비자모임 대표
최미선	(사)동련 사무국장
홍성숙	동국대학교 총동문회 지도위원
황채운	대한불교조계종중앙신도회 불교의료지원단 '반갑다 연우야' 의료 봉사단장

◇ 교육연구

김선희	국토연구원 연구위원
김승목	세명대학교 디자인학부 겸임교수
노채숙	동국대학교 법화학천태학연구소 연구원
박금표	한국외국어대학교 남아시아연구소 전임연구원
성민선	가톨릭대학교 사회복지학전공 교수

손수자	부산 명지초등학교 교사, 동화작가
이미령	동국역경원 역경위원
이봉순	서울불교대학원대학교 불교학과 교수
이수경	동국대학교 불교아동학과 교수
이윤정	성균관 전례연구위원
이정순	경기대학교 사회교육원 강사
정외진	오산대학 교양학과 겸임교수
진정순	전국교육경영직불자연합회 푸루나 회장
홍정애	한국치료놀이연구소 상임연구원
황수경	동국대학교 선학과 강사

◇ 문화예술

강문숙	한국불교문인협회·부산불교문인협회 부회장, 시인
고조자	광주아시아문화교류재단 부설 인도박물관 관장
김정묵	서울미술협회 부이사장
방혜자	재불 화가
배영자	한국ShadowBox연구회 부회장
성의순	서울 북촌문화센터 전통다례·예절풍습 강사
안옥선	중요무형문화재 제23호 가야금 및 가야금병창 이수자
오명숙	소향화예회 회장
이영희	한복 디자이너
전승희	중요무형문화재 제85호 구례향제줄풍류 전수자

정영애	아르데미 회장
정진희	동국대학교 사회교육원 불교전통꽃꽂이 강사
한기늠	조각가

◇ 보건의료

권혁란	부산 신창한의원 원장
김숙자	대구 인재약국 약사
김정숙	전국병원불자연합회 이사
김정순	마하의료회 부회장
손경수	서울 김안과병원 전문의, 마하의료회 회장
윤덕자	대구 공평약국 약사
이상희	전직 의사
이종숙	약사, 수원시약사불자회 창립
임윤정	일산 동국대학교병원 소화기내과 조교수
조영숙	약사, 전 대한약사회 부산지부 여약사회 회장
피상순	인천중앙병원 신경정신과 과장

◇ 사회단체

김영란	내일청소년상담소 소장
김정희	한국부름의전화 자원활동대 대장
이순이	한국걸스카우트 아태지역 위원
이인수	서울 용산구여성단체연합회 회장

하순정　광주여성노동자회 정책위원

◇ 사회복지
　김휘연　구미 금오종합사회복지관 부장
　노정임　서울특별시교육청 청소년 상담교사
　오선희　법륜사 부설 아란유치원 원장
　유순경　(사)자행회 명예회장
　이명희　서울노인복지센터 총괄부장
　이영호　서울 중랑구건강가정지원센터 센터장

◇ 언론출판
　강보향　월간 「우먼라이프」 편집국장
　김상준　불교방송 편성제작국 제작위원
　김윤희　월간 「맑은소리 맑은나라」 발행인
　남동화　월간 「불광」 편집국장
　노희순　불교여성개발원 회보 「우바이 예찬」 편집장
　이선희　불교방송 아나운서팀장
　임희근　출판 기획·번역 네트워크 '사이에' 대표
　장계수　디자인나무 대표

◇ 연예
　김혜연　가수

김혜옥	연기자
선우용녀	연기자
엄앵란	연기자
전원주	연기자
정향숙	가수

◇ 자원봉사

남혜정	(사)자행회 이사
양순자	대한불교조계종사회복지재단 자원봉사단 보리회장
오용순	사회복지법인 성불복지회 진여원 사무국장
이영례	대한불교조계종사회복지재단 자원봉사단 한마음팀장
전영자	(사)자행회 이사
최종숙	전 대구불교사회복지회 노인상담전화 소장

◇ 전문인

김인숙	전 (사)한국여성건축가협회 회장

◇ 포교신행

강선희	재가 법사
구준서	능인신문 편집팀장
김명자	금강선원 신도
김 석	전 대한불교조계종전국신도회 상임이사

김숙자	안국선원 신도
김영순	불이회 회원
남해숙	대전 만불선원 사무장
박경자	화엄사 미타암 신도
박선규	전 대구불교사회복지회 희망의집 소장
백승희	금강선원 신도
오응옥	봉원사 신도
윤순옥	서울구치소 교정위원
이남숙	대한불교조계종포교사단 포교사
이순옥	양평 사나사 신도
이영채	대흥사 신도
이인옥	백양사 신도
임기자	범어사 원효암 신도, 참선수행
채정희	제주 약천사 총신도회 자문위원
최숙희	서울구치소 불교분과위원회 위원장
최윤정	전 용인 법륜사 부회장
최지원	(사)청년여성문화원 이사
추미실	용인문화원 이사
황남수	봉은사 신도회 회장

※ 본 자료는 선정 당시 기준이므로 현재와 다를 수 있습니다.

마음의 빛으로

1판 1쇄 발행 2009년 6월 15일

엮은이 불교여성개발원 **펴낸이** 이혜총 **펴낸곳** 조계종출판사

출판등록 제300-2007-78호 **등록일자** 2007년 5월 1일
주소 서울시 종로구 견지동 13번지 대한불교조계종 전법회관 7층
전화 02 733 6390 **팩스** 02 720 6019 **홈페이지** www.jogyebook.com

ⓒ 불교여성개발원, 2009

ISBN 978-89-93629-24-8 03220